SICILE

CALMANN-LÉVY, ÉDITEURS

DU MÊME AUTEUR

Format grand in-18

ÉDITION ILLUSTRÉE

LES OBERLÉ, un volume in-8° jésus, aquarelles et dessins de CHARLES SPINDLER.

ÉMILE COLIN — IMPRIMERIE DE LAGNY

RENÉ BAZIN

DE L'ACADÉMIE FRANÇAISE

SICILE

— CROQUIS ITALIENS —

OUVRAGE COURONNÉ PAR L'ACADÉMIE FRANÇAISE

PARIS

CALMANN-LÉVY, ÉDITEURS

3, RUE AUBER, 3

SICILE

— CROQUIS ITALIENS —

I

De Marseille à la Goulette. — Une course à Tunis.

A Marseille, le 22 août, trois heures de l'après-midi. — Il fait une belle chaleur sur le quai de la Joliette. La terre brûle les pieds. Le soleil rejaillit en éclaboussures comme une pluie d'orage : reflets de la poussière, des maisons blanches, de l'eau qui miroite, des coques noires et rouges où courent des rubans de flamme. Où est le bateau ? Vingt paquebots chauffent à la fois, alignés côte à côte, leurs proues aiguës vers le large. Où est celui qui part pour la Tunisie ? Voici des marchands de casquettes et d'éventails, là-bas, une machine qui souffle et enlève en hâte de gros ballots au bout d'un palan, le pavillon de la Compagnie transatlantique au mât d'artimon. Ce doit être là. Nous montons à bord. Derrière la coupée, trois domestiques des premières guettent « leurs » passagers. Hélas ! nous ne sommes que deux. Songez donc ! Au mois d'août, les volontaires sont peu nombreux pour l'Afrique. S'en aller en Sicile, passe encore ; mais choisir comme préface la Goulette et Malte, quand les dépêches annoncent quarante-quatre degrés à Alger et quarante-sept degrés à Tenez ! Nous n'aurons pas de voisins de cabine, mon compagnon à droite, ni moi à gauche. Le sort en est jeté. La coupée se ferme. Les amarres tombent. Autour de nous, je lis sur les hauts bordages pareils aux nôtres : *Mendoza*, *Sénégal*, *Niger*, *Tigre*, *Calédonien*, *Ville-d'Oran*, des noms de grands courriers qui vont s'échapper dans toutes les directions, groupés ce soir, et demain séparés par des centaines de lieues. Sur le pont du *Saint-Augustin*, qui prend le large avec nous, et file sur Philippeville, j'aperçois deux Arabes, enveloppés de burnous d'une blancheur éclatante.

Un premier tour d'hélice, un frémissement de l'énorme masse de fer et de bois, et, doucement, puissamment, nous sommes portés vers la haute mer lumineuse. Nous passons devant une jetée, où sont beaucoup de curieux, et de parents, et d'amis. Des mouchoirs s'agitent, des bras se lèvent et saluent. Mais pas un de ces adieux n'est pour moi. Et cela mêle une petite amertume à cette joie de partir. Ceux que j'aime sont bien loin, dans les pays où il fait frais à l'ombre, sous les chênes. S'ils aperçoivent une nuée l'orage, ils doivent penser : « Pourvu qu'il n'en ait pas autant là-bas ! » Oh ! rien de pareil. Le lieutenant vient de passer. Il a dit : « Vent du nord, mer houleuse, beau temps. » Quand il dit vent du nord, vous savez, il faut s'entendre. C'est du nord de Marseille, et c'est chaud tout à fait.

Le bateau prend sa route. Nous avons déjà tout un horizon derrière nous. Les navires du port, si nombreux, ne sont plus qu'une ligne noire, comme un rideau de bois taillis, au pied de l'église byzantine. Bien réduites les maisons jaunes de la Joliette. Au-dessus de Marseille, comme un point d'or, Notre-Dame de la Garde, vers qui tant de prières sont montées, quand ils partaient, quand ils revenaient ! Les côtes rocheuses, aux sommets ardents, aux creux pleins d'arbres et de villas, commencent aussi à diminuer. Nous allons vite. Encore un peu, et elles se fondent, elles deviennent un long ruban de nuances indécises, puis un banc de brume, puis elles disparaissent. Nous sommes en haute mer.

Alors l'esprit se concentre sur ce bâtiment qui s'en va, d'une allure égale, avec un soupir régulier, dans la splendeur du couchant. Ceux qui, jusque-là, observaient l'horizon, muets, appuyés aux bastingages, se retournent, et se promènent. Sous la tente d'arrière, nous sommes huit autour d'un mannequin de géraniums en pots, de simples géraniums rouges, bien vivants, aux branches tendres et charnues. Un matelot vient de les apporter : « Commandant, que faut-il en faire? On ne peut pas f... ça dans la cale, des fleurs ! » Ils ont déjà leur petite histoire, ces géraniums. Ils sont envoyés par une jeune femme, que nous avons vue sur le quai de Marseille, à son mari, fonctionnaire dans une petite ville de la côte tunisienne. Pauvres fleurs chargées d'un souvenir d'amour, arriveront-elles? Le vent s'acharne contre elles. Il les couche, il fait claquer leurs feuilles, il a l'air de leur dire : « Vous n'êtes pas d'ici, petites. Allez-vous-en ! C'est moi qui sème et qui fauche le pré bleu. Je n'ai pas de fleurs rouges, je n'ai que des fleurs blanches, et qui ne durent pas. Allez-vous-en ! » Le capitaine, qui doit comprendre ce que dit le vent, tortille sa barbiche, et répond : « Porte dans ma cabine ! » Et le mannequin descend, avec ses plantes tordues, secouées, affolées. Consul de France, avez-vous reçu vos géraniums?

Le capitaine descend aussi pour surveiller l'arrimage. A présent que nous sommes dans la route, sans un navire en vue, sans un écueil, il est plus libre. Je le retrouve, un instant après, dans le salon. C'est un Marseillais de la Charente, mais qui a vingt ans de Marseille, petit et nerveux, l'œil intelligent, la tête fine et ferme. On devinerait, rien qu'à le voir passer, l'officier énergique, marin dans l'âme. Ce qu'il l'aime, son métier! Autant que son midi d'adoption, dont il parle avec humour, dont il a pris jusqu'à l'accent. « Le plus joli accent du monde, monsieur. Et quel pays, ce Marseille! Un pays où l'on cause, au moins, où l'on est gai et pas farouche, où l'on se dit ses petites affaires sans se connaître, par besoin de cœur. Ainsi, moi, j'ai une campagne, une bastide aux environs. J'y vais entre deux voyages, n'est-ce pas? Dans le tramway, une grosse dame s'assied près de moi, et me met son panier sur les genoux. Elle ne m'a jamais vu qu'une fois. « Té! vous voilà? me dit-elle. Je vous ai déjà rencontré. Où allez-vous comme ça? — A la campagne. — Il y fait bon, à la campagne, bagasse! Une bastide à vous, dites? — Oui. — Peste, voyez! Vous avez une femme? — Et pour sûr! — Elle va bien? — Je vous crois. — Et de frères, vous en avez? — Un seulement. — Il vous ressemble? — On le dit. — Un brave, alors! Je suis sûre que vous naviguez? — Oui. — Comme cuisinier, n'est-ce pas? — Non! capitaine. — Capitaine commandant? — — Oui, de la Compagnie transatlantique. — Bonne place, mon bon! Le mien n'a pas tant de chance, pécaïre! il est pêcheur!... »

Pendant ce temps, mon compagnon, un prêtre français, fort aimable et érudit, avec lequel je dois faire la majeure partie du voyage, s'est assis sur l'escalier de la passerelle, pour chercher un navire qu'on ne voit pas encore. Il a demandé un renseignement à l'officier de quart, un vieux qui attend sa retraite. Celui-ci a répondu trois mots, puis deux autres, en regardant toujours dans sa lunette. Après vingt minutes et une trentaine de mots de part et d'autre, il s'est senti pris de sympathie pour mon ami. Et comme il appartient, ce vieux marin, à l'espèce naïve et populaire que j'aime tant, il a fouillé les replis de sa mémoire, pour trouver quelque chose d'édifiant à dire. Il a rencontré l'histoire du Père Degorce, missionnaire en Chine. Et il demanda ingénument : « Un bien bon homme, le père Degorce! Vous l'avez connu, pas vrai, monsieur l'abbé? — Non. — Pas possible!... » Puis, se ravisant : « En effet, dans vos cadres, c'est comme dans les nôtres, on se perd de vue. »

Les heures s'en vont ainsi.

. . . .

Huit heures du soir. — Le soleil s'est couché parmi les nuages d'un rose ardent, qui se sont éteints lentement. Ils barrent maintenant le ciel en longues écharpes décolorées. De rares étoiles dans les intervalles des bancs de brume, la mer toute grise, et nulle part de limite précise, rien qui passe non plus, ou qui flotte, ou qui se dresse dans l'immense cercle morne. Le navire s'enfonce seul dans la nuit, avec ses trois feux qui ne chassent aucunes ténèbres.

Onze heures du soir. — Je m'éveille dans ma cabine, où trois ceintures de sauvetage pendent au plafond, et j'ai tout de suite l'impression que tout a changé dehors. Il semble que le bateau poursuive plus librement sa course de bête énorme et sûre d'elle-même. Un bruit léger se mêle au ronflement de l'hélice : le clapotis de la lame sur les parois de la chambre. J'ouvre le hublot cerclé de cuivre. Comme c'est joli ! Tout est clair, d'une clarté nocturne infiniment douce. Le long de la coque, on dirait un ruisseau de nacre qui frissonne, s'étire, forme des tourbillons qui s'enfoncent dans le bleu de la mer, s'y tordent un instant, et s'épanouissent en lumière diffuse. Parfois, dans ces blancheurs irisées, de grosses gouttes de phosphore s'allument, des lueurs qui restent longtemps dans le sillage. Peut-être des yeux de poissons qui nous suivent. Je monte sur le pont. Nous sommes dans les étoiles. Les mâts y touchent. L'avant monte et descend parmi les constellations. Il n'y a plus de vent, plus de brume, plus de ténèbres. Le double pli que le navire laisse derrière lui s'épanouit, jusqu'où porte la vue, en éventail d'écume blanche.

23 août, quatre heures et demie du matin. — Je l'ai guetté longtemps, ce soleil qui se lève! L'Orient, rougeâtre depuis une demi-heure, est passé au jaune très fin. La mer ondule, jaune et azur, à l'infini. Les deux couleurs se déplacent et se succèdent au gré des houles. Elles sont la joie et la vie revenues. Tout à coup, une gerbe de rayons rouges s'élance en un point du cercle. Une ligne de feu paraît au-dessous, puis un arc, puis un globe énorme couleur d'orange. Des brumes qui flottaient, inaperçues, au ras de l'horizon, se teignent de mauve tendre. La surface de l'eau demeure azur et jaune. Seulement une raie de pourpre, droite et tremblante, vient jusqu'à nous...

La journée s'est en partie passée en vue des côtes de Sardaigne. Nous sommes trop au large pour les bien voir. Elles semblent arides, inhabitées : de grandes montagnes brûlées de soleil. Tout le monde les regarde, cependant, et s'ingénie à découvrir un village, un coin plus vert, un groupe d'écueils, parce que nos yeux n'ont pas le vol bien long, et qu'il leur faut se poser, n'importe où, sur une terre. Un petit cercle de passagers s'est formé à l'arrière. Il y a d'abord deux officiers qui se rendent, l'un à Tunis, l'autre dans le sud, très loin. Celui-ci est de vraie race militaire, entreprenante, hardie, contente de la misère même. Il connaît l'Afrique, il y retourne, et ne cesse de causer gaiement. Sa femme, blonde, toute jeune, laisse errer son regard en avant, du côté où la proue taille sa silhouette mince sur le ciel. Elle sait qu'elle va trouver bientôt, derrière cet horizon de mer, un pays où elle n'a pas de souvenirs, pas d'amis. Et une inquiétude passe dans ses yeux, un peu de peur, qui s'efface et disparaît derrière un joli sourire, quand le mari interrompant l'étude de la Sardaigne, demande : « Eh bien, Louise, pas le moindre mal de mer? — Pas le moindre. — Vous êtes vaillante ! — En doutiez-vous? » Près de la jeune femme, une enfant qui n'est pas à elle, une petite brune de dix ans, qui vient de se faire traiter contre la rage, à l'Institut Pasteur. Elle voyage avec son père, colon français de Tunis. Toute seule enfant, toute seule courant, jouant aux barres avec des compagnes invisibles, elle a l'air, parmi nous, d'un être singulier, dépaysé, d'un oiseau des îles dans une volière de moineaux francs. Plusieurs la suivent avec émotion. Le père, étendu sur un banc, semble très indifférent à l'admiration qu'elle éveille. aussi bien qu'à la fuite des heures. Il y a aussi une vieille Italienne qui dut avoir de beaux yeux, et deux Allemands, qui voyagent ensemble. L'un d'eux, le plus grand, a le type hautain et dur, la parole brève, la moustache rousse et relevée. Son compagnon l'écoute, bien plus épais, taciturne, l'œil bleu vague. Il a l'air malheureux et gêné sur ce bateau français.

La température s'est beaucoup élevée. La nuit vient, et n'apporte avec elle aucune fraîcheur. Pas un souffle d'air, un calme plat et une sorte de brume chaude qui nous enveloppe. Longtemps avant le jour, je suis monté sur le pont, avec plusieurs passagers éveillés par l'émotion de l'arrivée prochaine. On cherche à découvrir la terre dans le brouillard. Rien ne paraît encore. A trois heures, nous traversons une première bande d'oiseaux. Quelqu'un croit sentir une odeur de caramel, peut-être même de tentes en poils de chameau, de nattes d'alfa... Vérification faite, on reconnaît que c'est tout bonnement la peinture qui mijote sur les flancs du navire... Enfin, à quatre heures, nous apercevons le cap Carthage, énorme, tombant à pic dans la mer, et nous entrons, à petite vitesse, dans le golfe de Tunis.

Toute la partie gauche et le fond du golfe, les montagnes de Hammamlif et de Zaghouan sont voilées de vapeurs grises, mais la rive droite est déjà entièrement dégagée. Bien haut, sur le revers du cap Carthage, un village arabe est perché, comme un peu de neige tombée dans le pli d'un roc. C'est Sidi-Bou-Saïd. Quelques palmiers lèvent leur tête échevelée parmi ses maisons blanches. Au delà, le promontoire s'abaisse. La pente rocailleuse, désolée, brûlée, est celle même où s'étendait jadis la grande ville rivale de Rome. Elle se prolonge assez longtemps, avec un mouvement monotone de dunes. Tout à coup, la ligne se trouve rompue par la masse éclatante d'une cathédrale dressant ses tourelles dans l'air bleu. Autour de l'église, bâtie par monseigneur Lavigerie, un couvent, la petite chapelle brune de Saint-Louis entourée de jardins clos. Et la côte s'abaisse encore, et le désert recommence. Mais il n'est pas long, cette fois. Des maisons sortent de la mer, disséminées, groupées, des villas, le palais du bey, le village de Khram, la nouvelle Goulette. Des pointes de jaune et de rose étincellent, çà et là, sur les rives bâties. La vieille Goulette surgit à son tour. Son fort, dont l'ample muraille fait draperie au-dessus de l'eau, a des embrasures effondrées. Un bouquet d'arbres le couronne. Une jetée part de sa base, et s'avance dans la baie. On songe à Venise. D'autant mieux que par-dessus la jetée, au delà d'une mince bande de terre, on aperçoit un lac et, dans le fond du lac, une ville blanche, très lointaine, la nouvelle capitale française : Tunis.

Le navire jette l'ancre au milieu de la rade, en face de la vieille Goulette. Tous les passagers sont sur le pont, appuyés aux rampes. La vieille dame italienne ne se sent pas de joie.

— Comme elle a gagné depuis dix ans, notre Goulette! dit-elle. Voyez, monsieur, le clocher derrière le château. C'est l'église franciscaine. Nous sommes là beaucoup d'Italiens. On parle partout italien à la Goulette.

— C'est vrai, dit le père de la petite fille brune. Mais cela changera. Dans vingt ans, toutes ces maisons disséminées le long de la côte seront une seule ville. Et c'est la France qui aura fait cela. Si l'on voulait s'occuper un peu de nous, et ne pas nous lâcher!

L'officier désigné pour le poste du sud orientait sa lorgnette à gauche de Tunis, vers les montagnes dentelées, maintenant bien nettes, superbes de tons violets. Il se pencha vers sa femme.

— La route passe là, dit-il en étendant le bras. Regardez!

Elle essaya de voir, et ne vit rien que l'effrayante profondeur de ces chaînes de montagnes. Et elle ne put sourire.

Le colon français reprit, très haut, pour tous ceux qui étaient là :

— Quand la France aura fortifié le port de Bizerte, Malte elle-même ne sera plus rien. Nous aurons le premier port qui commandera l'Orient.

L'Allemand, qui écoutait et contemplait avec un étonnement discret, se tourna vers son compagnon, resté derrière lui, et lui dit en français :

— On prétend qu'ils ne tiennent pas beaucoup à ce pays-ci. C'est pourtant fort beau.

Un quart d'heure plus tard, la chaloupe à vapeur de la Compagnie transatlantique nous emportait vers la terre. Un premier spectacle curieux : deux juives en costume, pantalons blancs collants, vestes de soie courtes et bouffantes, l'une bleue, l'autre rose, une petite mitre noire sur la tête. Elles se dandinent, et sont grasses affreusement. Nous passons. La chaloupe tourne à droite, dans un chenal encaissé, et nous accostons devant des baraquements où sont debout, assis, couchés, tous immobiles et nous regardant, des hommes à bournous, à turbans de toutes les couleurs, arabes, juifs, turcs, levantins, nègres et moricauds de vingt races, ayant le regard à demi éteint et impassible. Ils ne vendent rien, ils ne font rien, ils n'aident à rien. Ils sont là. Nous sommes quelque chose qui traverse la voie devant eux. Ils ne se détournent même pas pour nous suivre. Ils attendent que la chaloupe reparte. Cela fera le second acte. Quand elle reviendra, ce sera le troisième. Derrière eux, une inscription très occidentale : « Buvette transatlantique. »

Il est six heures et demie du matin, et le soleil est déjà brûlant.

Je longe le canal où dorment des tartanes, leur grande voile pliée. A droite, les remparts délabrés, garnis de mauvais canons. Deux ou trois soldats du bey s'y promènent. Ils ne tricotent plus. Derrière le château, un reste de vieille ville, des ruelles descendant au port. On monte l'une d'elles, et on trouve une place, de larges rues, des avenues plantées d'arbres, à l'européenne. Mais la foule est bien orientale. J'y vois les mêmes burnous, les mêmes turbans que tout à l'heure, des juives encore, en sarraux de soie courts ornés de fleurs éclatantes, Les cafés maures sont pleins de monde. Le long des trottoirs, des marchands, qui ont la couleur et l'immobilité des statues de bronze, sont accroupis derrière des tas de fruits et de légumes dévorés de mouches. Un Arabe tient le milieu de la chaussée, les bras étendus, offrant deux petits chevreaux vivants, qui bêlent lamentablement.

J'attends le train qui va partir pour Tunis. Au moment où je m'approche du guichet pour prendre mon billet, un gamin français, qu'on dirait échappé des Batignolles, et qui rôde autour de moi depuis cinq minutes, porte la main à sa casquette, et, de l'air dont il demanderait du feu :

— Vous allez à Tunis, m'sieu?

— Oui.

— En troisième, n'est-ce pas, m'sieu?

— Voilà une question, par exemple!

Alors, fixant un employé italien galonné, debout à dix pas de nous :

— Sans doute, une question! Faut pas faire gagner le Rubattino, voyons! Tous les m'sieus ici vont en troisième!

J'avoue que je suis peu sensible à ces formes du patriotisme. J'ai pris néanmoins une place de troisième, parce qu'on a toujours la chance d'y faire des études curieuses, et que les wagons ici sont tout ouverts, n'ayant qu'un toit posé sur des colonnes : disposition merveilleuse, dans un pays très chaud et que l'on veut bien voir.

Le train part. Il n'est pas de ceux qui se dirigent directement sur Tunis en contournant le lac. Celui qui nous emporte est d'une autre catégorie, alternant avec la première. Il pousse une pointe au nord, jusqu'à la Marsa, et revient sur Tunis, enfermant le lac entre les deux lignes d'un angle aigu. Peu de voyageurs au début. Dans mon wagon, deux matelots du petit stationnaire l'*Hirondelle*. Ils reviennent du marché avec des provisions dans des cabas. J'entrevois des perdrix rouges, des grives, des feuilles vertes, des oranges. Soudain l'un d'eux, un tout jeune, imberbe, s'écrie : « T'as pas mon raisin ? — Non. — Tu l'as pas vu ? — Non. — Malheur ! c'est ce chien de Bédouin qui l'a chapardé, alors ! Il aura sa ration, j'y vais ! » Et, comme nous arrivons à Khram, la première station, il saute sur la voie, et traverse, seul courant, seul se démenant et se hâtant, la foule bien drôle qui monte dans le train : des femmes voilées, toutes enveloppées et embarrassées dans les plis de l'étoffe, noire ou blanche, qui les drape jusqu'aux yeux, de jeunes élégants portant la culotte de calicot bouffante et chaussés de souliers vernis dont ils écrasent le talon.

Sur la route que côtoie le chemin de fer, des Arabes passent, à cheval sur des ânes tout petits et soulevant des nuages de poussière. Une caravane de chameaux, dandinant leurs longs cous, arrive de Tunis. Une calèche vient en sens contraire. Les deux civilisations se croisent sans paraître trop étonnées l'une de l'autre. De l'autre côté de la route il y a une haie de cactus et d'aloès, des terrains plantés d'oliviers maigres, d'autres où peut-être il a poussé du blé, de l'avoine, du maïs, mais l'accablante chaleur a desséché les feuilles, confondu les nuances, elle n'a laissé que des squelettes d'arbres et de plantes, et tout est gris, du même gris de cendre, jusqu'aux chardons qui foisonnent, jusqu'aux herbes dont on n'exprimerait pas une goutte de sève. Parfois seulement une ondulation du sol ouvre plus largement à la vue la plaine de Tunis, et. dans l'épaisseur de ces végétations mortes, on retrouve un peu de verdure pâle.

Arrivés à la Marsa, nous retournons vers le Sud, nous gagnons rapidement le bord du lac, et le paysage devient admirable.

Entre nous et le lac, un espace étroit et ras, où errent des troupeaux de moutons, conduits par des bergers habillés comme au temps de Jacob et portant la houlette. Puis la grande nappe d'eau dormante, entièrement du même ton mauve, et où se reflètent, jusqu'à moitié, les ombres des montagnes qui sont en face. Tunis, au fond, là-bas se dresse un peu, très blanche. L'air est merveilleusement limpide et léger. Et les flamants ! les flamants que j'ai tant souhaité voir, ils sont là, immobiles, par troupes. Ils ont l'air d'émaux plaqués sur une coupe. Lorsque l'un d'eux lève une aile, cela fait comme une déchirure dans le paysage, l'arête des plumes se dessine avec une netteté singulière, puis l'aile reprend sa place, bien lisse et courbée au-dessus des pattes fines et longues. Pas un ne vole. Que de fois, ô mes illusions, je vous avais ainsi suivies en songe, emporté avec vous, très vite et très loin, et, quand j'approchais, vous demeuriez l'aile pliée, sans vous enlever, comme les flamants du lac El Bahira !

On descend du train dans la Tunis moderne, et l'impression première est à peu près la même qu'à la Goulette. Des rues bordées d'hôtels et de maisons neuves, des trottoirs, des boulevards, des promenades, des magasins, des voitures et une population bizarre composée de quelques Européens mêlés à tous les spécimens des races africaines. Mais le contraste est plus frappant encore. A côté d'un monument très européen, d'une blancheur aveuglante, un groupe de chameliers, ou des mendiants dont la robe échancrée sur la poitrine, trouée de vingt plaies dans le dos, absente jusqu'au milieu des cuisses, serait notoirement insuffisante pour un pauvre du pont des Arts.

Au café militaire, des officiers français et des Arabes à barbe noire, vêtus de fins burnous, causent ensemble, et boivent le café autour des tables. D'énormes bonshommes à turban, en tunique de soie de couleurs vives, s'avancent gravement, protégés du soleil par une ombrelle crème doublée de vert, venue en droite ligne du Bon Marché. Mais, dès qu'on s'écarte de quelque cent mètres, avant même de pénétrer dans le quartier arabe, on aperçoit des façades aux fenêtres grillagées, des cours de caravansérails, profondes, autour desquelles dorment à l'ombre des files de chameaux, on rencontre des groupes de trafiquants du Sud, appuyés sur des matraques et bruns comme des dattes. Et, dès qu'on a franchi la porte du quartier arabe, plus une note discordante. On recule de trois siècles en arrière. On est à cent lieues des côtes, dans une vieille ville du Coran. Tout s'unifie et s'harmonise, hommes et choses. Des ruelles étroites, souvent voûtées, bordées d'échoppes, montent vers la Kasbah. Partout des maisons carrées, sans toit, aux fenêtres rares et fermées par des treillis de bois, des boutiques sombres où sont assis trois, quatre, dix hommes quelquefois, serrés les uns contre les autres, et qui ne font rien, qui vous regardent passer, de l'ombre, un air épais et chaud, d'affreuses odeurs de viande morte qui s'échappent de boucheries noires et enfoncées dans le sol, et puis, tout à coup, une raie de lumière ardente, une coupure de la rue, un coup de soleil sur une terrasse qui avance. On se sent dans un monde où l'on n'est pas né, qui n'a rien de nous, qui ne veut rien de nous et qui nous hait secrètement. A la longue, le regard de tous ces hommes assis aux portes ou dans les caves, muets, impassibles en apparence, poursuit comme un cauchemar. La journée est torride. Pas un Européen devant ou derrière nous. Dans le haut de la Kasbah seulement, un zouave arrêté regarde, comme il lirait une affiche, un groupe de fidèles musulmans superbes, debout au grand soleil, le long du mur d'une mosquée. De là, en trois minutes, nous atteignons les souks célèbres de Tunis. Je n'ai pas à revenir sur une description souvent faite. Ils me produisent l'impression d'un cloître ou d'une ancienne université, dont les cellules profanées seraient pleines de marchandises. Aux deux côtés des rues voûtées, on retrouve, assemblés par métiers, les mêmes types qu'on a pu voir à l'Exposition, les gros marchands à lunettes et à bajoues, qui déploient des voiles de gaze, des écharpes lamées d'argent, font sonner du doigt les plats de cuivre repoussé, s'entourent de sébiles ou de mannes remplies de feuilles odoriférantes, alignent d'un coup d'ongle les fioles d'essence de roses. Tous ils vivent là, dans la chaleur lourde et dans les bouffées de parfums violents, joailliers, potiers, cordonniers, fabricants de poignards et d'étriers niellés, déballeurs de toutes sortes à têtes de patriarches iduméens, représentants d'une industrie immobile comme eux et d'un art qui ne s'est pas renouvelé. Je sais, et surtout je sens bien que tous ces gens-là sont de faux endormis, des passionnés, et que, sous leurs paupières à demi closes, une étincelle peut passer encore. Mais je voudrais connaître à quel âge ils commencent à perdre l'apparence de la vie. Leurs enfants sont si vivants, eux, si gentils et souvent si beaux ! Ils sortent des coins d'ombre, des taudis, et ils viennent, les dents éclatantes, les yeux caressants, drôles et menteurs, vous offrir en zézayant de vous conduire aux étalages les mieux assortis, de vous mener au palais du bey, à la porte Bab-Sidi-Abdallah, aux promenades de la Fontana ou au village de l'Ariana, dont les roses sont encore fameuses.

Mais je n'ai pas le temps de voir tout cela. Tunis n'est pour nous qu'une escale rapide. La chaleur est devenue intolérable, et il faut regagner le bord.

Quand je rentre sous l'abri de la gare, il est plus de midi. Le train est bondé, car il y a fête à Khram. Dans mon wagon, quarante ou cinquante personnes peut-être sont entassées, offrant, je pense, le tableau complet de tous les types de la population tunisienne. Au fond, notamment, un groupe de juives en grand costume, dont une jeune et très jolie, coiffée d'une mitre d'or et, près de moi, une famille italienne. La mère, un peu forte, a cet air nonchalant et distrait des Italiennes au repos. Elle ne s'occupe pas de ses quatre enfants qui grimpent sur les genoux du père, actif et nerveux, lui, de belle apparence et d'une indulgence paternelle à toute épreuve. Il se laisse tirer la barbe par les deux aînés, boutonne le pantalon du troisième, mouche le petit dernier. Pour être plus libre de continuer le jeu, la fillette de huit ans, impérieuse et charmante, qui semble mener la bande, tend son ombrelle à un domestique arabe, vieux, tanné, qui a de grandes dents blanches entre des joues noires. Il faut voir de quel air elle commande, et avec quel sourire d'esclave, lui, reçoit l'ombrelle.

Je quitte, à la Goulette, cette foule bariolée, qui s'en va vers Khram où l'on entend un bruit de tambours. Je regagne le port, par les rues presque désertes, changées en fournaises. Les dilettanti en burnous que j'avais, le matin, rencontrés sous les baraquements de la douane, se sont eux mêmes retirés de cet endroit trop chaud. Peut-être est-ce quelques-uns d'entre eux que je retrouve autour du navire, sur des galiotes pleines de marchandises, où ils dansent une sarabande effrénée, pieds nus, jambes nues, ruisselants de sueur, se tenant aux cordages avec les dents, avec l'orteil, et criant, dans la hâte de décharger les ballots et de partir. Car le vent s'est levé. Il souffle de la terre brûlante. La mer, coupée en vagues courtes, a pris une teinte de vieux bronze. Les barques qui se rendent à Khram, toutes italiennes et portant pavillon italien, sont secouées rudement. Nous voyons au loin celles des régates, disséminées sur la rade, en face du village. L'une d'elles sombre tout à coup, et j'aperçois longtemps sa voile brisée, traînante et allongée sur l'eau, tandis que les hommes, grimpés sur la coque, attendent du secours.

Le soir vient. Il tombe brusquement. Des points brillants dessinent la côte, d'où arrivent, par moments, des accords de musique foraine et des rumeurs de foule.

Le lendemain, vers onze heures, nous levons l'ancre. Une dernière fois, je regarde la blanche Tunis au fond de son lac, la côte claire et joyeuse de la Goulette à la Malka, les champs mornes qui suivent, avec leur cathédrale de neige, le cap de si fière allure qui porte un village aussi légèrement que d'autres un nid de mouettes. Oui, tout cela est beau, l'Allemand avait raison. Tout cela, même entrevu seulement, laisse dans l'esprit une impression grande, comme une idée d'empire.

Après des heures, nous doublons l'extrême pointe de la Tunisie, le cap Bon, pyramide monstrueuse de roches stratifiées, nues, brûlées par le vent et le soleil. Les côtes s'éloignent. Nous sommes sur la grande route des Indes. Des navires passent, jusqu'au soir, de toutes formes et de tous pavillons.

Demain, nous serons à Malte.

II

Malte. Le port de la Valette. Les deux amours d'un Maltais. — « Vive la France! » — Le *Manderaggio*. — Les bains de la Fortina. — « *Melitensium amor et Europæ vox* ».

Au moment où je quittais Paris, un ami me disait : « Vous allez à Malte? Facile à décrire, mon cher : une sole frite. »

S'il y a du vrai dans cette définition, cela n'apparaît nullement lorsqu'on entre dans le port magnifique de la Valette. Le navire y pénètre au lever du soleil. Il s'avance lentement, dans un canal ramifié, qui ne semble pas large tant sont hauts les amoncellements de constructions qui l'enserrent : des remparts, des maisons, des arcades, des longueurs crénelées, d'autres maisons, se pressant, s'étageant en pente rapide à droite et à gauche, sans une coupure sur l'horizon, sans un jour. On est ébloui par cette œuvre énorme de l'homme, qui vous enferme et vous domine de toutes parts. On se demande où sont les chevaliers de Saint-Jean de Jérusalem. Car leur vieille forteresse est intacte. La ville est toute moyen âge, d'un seul style et d'une seule couleur. Pas une note ardoisée, pas une toiture rouge, pas un arbre. Toute cette masse, qui sort du flot bleu et s'enlève sur le ciel bleu, est d'une seule pierre d'un blanc jaune, faite pour le soleil, pénétrée de rayons. Du fond du ravin où nous continuons d'avancer, les lignes brisées des terrasses et des murs font d'innombrables dessins, jaune sur jaune, une dentelle qui s'en va se déroulant. L'ensemble est imposant, et les détails sont fins. Le sommet a des arêtes vives et superbes. Les cheminées d'usines elles-mêmes, bâties en pentagones avec la pierre du pays, prennent, parmi les masses carrées, des airs de minarets. Il semble qu'avec de la toile ou du carton-pâte on pourrait reproduire quelque chose de ce décor extraordinaire. Mais ce qu'on ne pourrait rendre, c'est le développement majestueux de ce port enfonçant ses bras bleus parmi les escarpements criblés de maisons jaunes, c'est la limpidité orientale de l'air, c'est l'animation de tout un monde de barques et de navires au pied des grandes murailles immobiles.

Dans cette flottille. les gondoles dominent, non

plus noires et de cette élégance suprême de celles de Venise, mais courtes, peintes en vert, ornées d'un œil de chaque côté de la proue, de quelques dessins rouges courant sur les bordages et surmontées d'un baldaquin de toile à franges voyantes. Elles attendent le débarquement des passagers. Mais les formalités sont longues. Il est monté à bord un petit homme à tête comprimée et barbue, qui représente le service de santé. Dieu sait qu'il remplit ses fonctions en conscience, et que, s'il entre un microbe à la Valette, ce ne sera pas sa faute. Sous prétexte que Malte a été éprouvée par le choléra, lors de la dernière épidémie, il exigeait, jusqu'à présent, que chaque passager jurât, sur le crucifix, n'avoir pas touché le plus petit port espagnol depuis moins de trois mois. Pour cette fois, les menaces du fléau étant diminuées, il se contentera de notre simple affirmation. Nous défilons devant lui, dans le carré des premières. J'avoue, avec une nuance d'inquiétude, que j'ai parcouru Fontarabie l'espagnole, vers 1876. On me fait signe que cela suffit, et nous débarquons, Français, Italiens, Maltais, même une douzaine de moricauds, qui ont l'air, dans ce paysage, de pièces d'exposition.

La douane franchie, vingt cochers se disputent nos valises et nos personnes, et l'un d'eux nous enlève de haute lutte. La rue ressemble à une échelle dressée. Il met quand même son cheval au galop, et nous emmène, d'un train désordonné, parmi les mannequins de fruits, les groupes de marins et d'oisifs, jusqu'à la place San-Giorgio, l'une des plus belles de la Valette, tout en haut de la colline et bordée, d'un côté, par le palais du gouverneur, de l'autre par un monument à colonnade où loge la garde anglaise. Je revois le soldat en petite veste rouge, blond, un peu raide, qui promène son fusil entre la facade étincelante déjà de soleil et une ligne de lauriers-roses en caisses. C'est le même partout, ici et là, sous les climats chauds et sous les climats froids, la même tenue correcte, le même air de conquérant inassimilable, montant la garde pour la reine lointaine qui collectionne les îles du monde.

Une visite à travers la ville ne détruit pas l'impression vive de l'arrivée. Quand on part de la place San-Giorgio, de quelque côté qu'on descende, on rencontre une ramification du port et cette vue étonnante de l'eau bleue emprisonnée entre deux collines toutes bâties. Plusieurs rues, tant la pente est rapide, sont disposées en escaliers, notamment la rue Santa-Lucia, la plupart sont bordées de hautes maisons aux toits plats, renflés vers le milieu en forme de coupoles blanches, aux balcons vitrés, protégés contre le soleil et le regard des passants par des voiles de couleur ou des nattes. Au fond de ces galeries mauresques, on devine des yeux qui observent. Les carrefours ont leurs statues de saints devant lesquelles brûle une lampe. Et comme, dans ces pays méridionaux, la superstition se mêle toujours, en quantité variable, à la foi, on aperçoit sur une terrasse, au coin d'un mur et bien en évidence, des cornes de bœuf ou de chèvre contre la *jettatura*.

La foule est plus intéressante encore. « Regardez bien les Maltais, m'avait dit un ethnographe de mes amis, leurs gros cheveux d'un noir bleu, le sourcil épais, la joue plate, l'oreille large et collée au crâne. Vous reconnaîtrez l'origine phénicienne. » N'étant pas versé dans l'étude des peintures et sculptures bourgeoises du temps de Tyr et de Sidon, j'ai simplement reconnu que les Maltais d'aujourd'hui, sous leur apparence un peu terrible à force d'être noire, cachaient une âme courtoise, bon enfant et ingénieuse au gain. Les femmes sont charmantes.

D'abord, elles marchent délicieusement. Elles ont des têtes brunes, de grands yeux d'Orient, des cheveux souvent crêpelés. Elles aiment les longues boucles d'oreilles d'or. La couleur favorite de leurs vêtements était le brun carmélite autrefois. Maintenant que la mode détruit partout les traditions, on voit des corselets et des robes d'autres nuances.

Cependant le brun a gardé un jour, le mercredi. Ce jour-là, toutes les femmes, riches et pauvres, portent la couleur de Notre-Dame du Carmel, et l'on m'a même assuré que les filles de mœurs légères ferment leur porte, « pour ne pas faire de peine à la Madone, qui aurait trop de déplaisir ».

Et puis la *faldetta* est restée, et avec elle un peu de cet air monastique, un peu de cette grâce sobre et voilée qui distinguait l'ancien costume. Imaginez une mantille de soie noire tombant jusqu'à mi-corps, tendue et formant demi-cercle d'un côté du visage, plissée de l'autre en éventail et rasant la joue. C'est la *faldetta*. Avec un art savant, les jeunes femmes manœuvrent le bord cintré du capulet, s'abritent du soleil, du vent ou du regard. Dans les plis tombants elles se drapent, elles enveloppent le panier du marché ou l'enfant qu'elles portent. Quand elles sont nourrices, et qu'on les aperçoit, assises sur le banc d'une promenade, aux heures tièdes du matin, souvent plusieurs ensemble : le bambino couché sur la poitrine blanche, la tête penchée de la mère, le sourire qui va souvent de l'une à l'autre, se trouvent rapprochés encore et divinement mêlés dans ce petit berceau d'ombre. Je n'en voudrais pas trop dire sur ce joli vêtement. Cependant un souvenir m'est venu, dès que j'ai découvert la première Maltaise marchandant des aubergines sur le port. J'ai songé à la *Vierge au Donataire*, à l'ample pli d'étoffe qui se gonfle à droite du visage de la Vierge, et suit, de l'autre côté, l'ovale aminci de la joue, et je me suis demandé si Raphaël, pour peindre l'apparition superbe, ne s'était pas inspiré des grâces de la *faldetta*.

Je ne m'en allais pas seul dans les rues de la Valette. Outre mon ami, j'étais accompagné d'un Maltais, homme fort distingué, d'une grande érudition locale et parlant à ravir le français. Comme je l'interrogeais à propos des femmes de Malte :

— Avec l'église catholique, me dit-il, ce sont nos deux passions. Nous sommes, sur l'un et l'autre point, d'une extrême susceptibilité.

— Par exemple ?

— Eh bien, vous venez d'acheter la photographie d'une femme en costume national, et vous croyez avoir le portrait d'une femme de l'île ?

— Assurément !

— Vous vous trompez. Vous n'avez qu'à remarquer ces traits plus lourds, la coloration moins brune du visage, les yeux moins longs et moins voilés, pour reconnaître que cette femme n'est pas de notre race. C'est une actrice italienne affublée d'un costume maltais. Il a fallu que le photographe s'en contentât, n'ayant pu trouver de mari ou de père qui consentît à laisser vendre le portrait de sa femme ou de sa fille au premier venu qui passe. Est-ce un trait de mœurs?

— Très oriental. Mais cette jalousie, monsieur, doit avoir son côté tragique?

— Assez souvent. La moindre impertinence en public, la moindre manque de respect à une femme maltaise, surtout de la part d'étrangers, échaufferaient vite les esprits. Nous ne sommes pas encore très loin de la mode des jupes bouffantes. Alors, comme aujourd'hui, toute la société de la Valette se réunissait sur la place San-Giorgio pour entendre de la musique. Il arriva que deux jeunes officiers anglais, qui se promenaient parmi les groupes, rencontrant sur leur route une traîne de robe encombrante, la soulevèrent du bout de leurs sticks. Immédiatement des hommes protestèrent. Il y eut une altercation violente. La foule devint houleuse et menaçante. La soirée fut interrompue, et il fallut un régiment pour rétablir l'ordre.

— Vous défendez gaillardement vos droits, dis-je à mon Maltais.

Il me répondit avec cette fermeté de coup d'œil assez intimidante au premier abord :

— En toute occasion, monsieur. Notre île est petite, notre peuple n'est pas nombreux, mais il ne manque pas de courage dans l'affirmation de ses idées. Je vous disais que nous étions très attachés à la religion. L'Angleterre nous laisse, à cet égard, une entière liberté. Si vous viviez quelque temps ici, vous verriez que les manifestations religieuses, les processions notamment, y revêtent un éclat singulier, qu'elles sont l'œuvre et l'affaire de la population tout entière. Demain, sans qu'il soit besoin de séjour, vous pourrez observer que les Maltais, — je parle des hommes, — sont coutumiers d'aller passer quelques minutes à l'église, chaque matin, avant de se mettre au travail. Vous n'aurez qu'à vous rendre à Saint-Jean, qui est proche de votre hôtel, pour les voir entrer, s'agenouiller sur les dalles splendides où sont représentées les armes des grands maîtres, les lions, les licornes, les casques aux plumes éclatantes, et repartir presque aussitôt : bateliers, cochers, ouvriers ou bourgeois.

— Il me semble qu'on pourrait observer les mêmes traits dans certaines villes italiennes.

Il répondit, avec une nuance de dédain, et sans achever sa pensée :

— Oh ! l'Italie !...

— Vous n'êtes pas, je crois, en relations très chaudes avec vos proches voisins ?

— C'est vrai.

— Cependant vous parlez leur langue ?

— Non, un italien mêlé d'arabe et d'hébreu. Mais nous sommes surtout bien différents des Italiens par la race et par le tempérament. La nation qui possède peut-être le plus de sympathies à Malte ce n'est pas celle-là, monsieur, c'en est une autre... une autre qui est loin.

Je demandai, avec un sourire :

— L'Angleterre ?

— La France, me répondit le Maltais sérieusement. Oui, la France. Cela vous semble étrange, n'est-ce pas, cette sympathie pour un peuple qui ne nous est lié par aucun lien de langue ou d'origine ? Et cela l'est, en effet, d'autant plus que vous usez envers nos compatriotes, — il insista sur ces mots, — d'une indifférence voisine de l'injustice. Cependant le fait n'est pas niable. Je ne prétends nullement que notre attachement pour vous renferme un secret désir de dépendance, ni que Malte soit disposée à secouer le joug de l'Angleterre. Je dis seulement que le nom de la France éveille ici un écho singulier. J'ai vu, dernièrement, un prestidigitateur faire devant une salle comble ce tour bien connu qui consiste à tirer d'un chapeau les drapeaux de toutes les nations. Quand le drapeau italien est sorti, ou même le drapeau anglais, personne n'a bougé. Mais quand ç'a été le tour de vos trois couleurs, un spectateur a saisi la hampe minuscule du joujou tricolore, l'a élevé au-dessus de sa tête, et s'est mis à crier : « Vive la France ! » Et la salle a battu des mains, en présence, notez-le bien, de l'amiral et du gouverneur anglais. Le fait est peu de chose, si vous le prenez isolément, j'en conviens. Mais il se renouvelle assez fréquemment. Toutes les fois que nous sommes mécontents du lieutenant de la reine, ici, nous allons manifester sous les fenêtres du palais, en criant : « Vive la France ! » Récemment encore, à propos de questions politico-religieuses dont vous entendrez sûrement parler, nous n'y avons pas manqué, et les murs de la place San-Giorgio ont répété le nom de votre pays, acclamé en signe de protestation, par des centaines de Maltais. Voulez-vous un autre exemple? En voici un plus caractéristique peut-être qui me revient en mémoire. Il s'est produit à l'occasion du jubilé du Pape, en août 1887. La Compagnie italienne Florio-Rubattino accordait cinquante pour cent de réduction aux pèlerins se rendant à Rome. La Compagnie française transatlantique fréta, de son côté, le *Kléber*. Quand on l'apprit, ce fut un engouement général pour partir sur le *Kléber*. Plus de quatre cents Maltais s'y entassèrent. On en vit, qui eussent pu voyager en première sur le navire italien, se résigner à voyager en quatrième classe sur le navire français. Et les journaux du temps vous raconteront que le départ, qui fut une vraie fête populaire, avec volée de cloches et fanfares, fut encore salué du cri de : « Vive la France ! »

— C'est fort curieux, en effet, monsieur. Mais, les raisons?

— Je vous les dirai tout à l'heure, du moins celles qui me semblent vraies. Nous sommes maintenant tout près d'un quartier populaire, le plus misérable de la Valette, bien peu connu des étrangers : le *Manderaggio*. Traversons-le ensemble. Vous verrez que le menu peuple, qui grouille dans cette sorte de lazaret sans lumière et sans air, saura trouver pour vous un sourire d'amitié.

La rue que nous longions était suffisamment large et propre. Rien ne faisait deviner le voisinage de tant de misère. Tout à coup, notre guide tourne à gauche, s'enfonce sous un porche. Nous le suivons. Le porche conduit à un escalier étroit, tournant entre des rangées de maisons si rapprochées que, de nos deux mains étendues, nous touchons les deux façades. Il semble que nous descendions dans les entrailles de la terre. Les pieds glissent sur une boue qui ne doit jamais sécher, sur des détritus de légumes, de fruits, de cuisine, qui pourrissent dans ce gouffre bâti, et que personne n'enlève. L'air est lourd, humide. Au-dessus des murs, très haut, on aperçoit une mince bande de ciel, d'un ciel très éloigné, qui n'envoie aucun souffle, aucun rayon joyeux jusqu'à nous. On se sent enveloppé, dominé, écrasé par les quartiers des riches, construits sur les collines, et qui prennent, eux, toute la bonne brise, toute la bonne lumière. Bientôt, autour de nous, les ruelles se croisent, toujours tournantes. Nous sommes au fond, sans doute au-dessous du niveau de la mer. Les habitants du Manderaggio font leur toilette, peignent leurs enfants, battent leur literie, cuisent leurs tomates à la graisse, raccommodent leurs souliers ou leurs bas en public. Ils sont assurés que pas une voiture ne les troublera. Nous passons entre des fourneaux à friture, des enfants nus qui se roulent, des groupes de ménagères et d'artisans qui s'interrompent dans leurs besognes. On nous reconnaît pour gens de France. Quelquefois notre guide nous présente, sans s'arrêter, en disant : « Ce sont des Français, qui viennent voir le Manderaggio. » Et sur les figures brunes, hâlées, maigres de misère, un bon sourire de bienvenue s'épanouit. On nous dit, de tous côtés : « *Bon giornu*, » et il est bien évident que, dans ce milieu primitif, incapable de feindre une impression, le passage d'un Français éveille, avec beaucoup de curiosité, un peu de sympathie.

— Maintenant, dis-je en sortant de là, j'attends que vous m'expliquiez cette sympathie. Elle n'est pas due, je pense, aux Français qui habitent Malte?

— Ils sont trop peu nombreux pour exercer une telle nfluence, monsieur. Nous avons un grand nombre de familles, établies ici au temps des chevaliers ou de la courte occupation de Bonaparte, et qui portent des noms français : des Lebrun, des Olivier, des Trévisan, des Petit, des Segond, des Duclos, des Darbois, des Clinchant. Mais ces familles sont maltaises depuis des générations. Les Français proprement dits sont plus faciles à compter : tout juste cinq, un négociant en fruits et primeurs, un horloger, un boulanger et deux autres. Quatre d'entre eux sont mariés. Encore leurs enfants ayant opté ou devant opter, selon toute vraisemblance, pour la nationalité anglaise qui leur assure des avantages fort sérieux, ne peuvent être comptés avec eux. Vous comprenez qu'une simple escouade comme celle-là....

— Sans nul doute. Alors, ce sont nos colonies africaines qui nous valent de telles sympathies?

— Cela, et autre chose. Si le nom de la France est respecté et populaire ici, monsieur, c'est d'abord, croyez-le bien, parce qu'elle est considérée par le peuple maltais comme la nation catholique par excellence. Il y a là une manifestation de cette puissance que ceux qui vous gouvernent aujourd'hui administrent d'héritage, sans toujours la bien comprendre, qui existe malgré le temps, malgré bien des oublis, je puis dire presque malgré vous. Nous nous rattachons à vous de la même manière que d'autres peuples isolés, combattus pour leur foi ou simplement étrangers par elle au maître qui les régit. Nous faisons un peu partie de votre clientèle orientale, et le contact que nous avons avec vous en Afrique ne vient, dans l'ordre des raisons, qu'après celle-là.

— Vous émigrez beaucoup ?

— Oui, mais toujours, remarquez-le, avec la pensée du retour, d'une petite maison jaune, péniblement acquise, où l'on finira ses jours, dans la chère patrie. On trouverait bien cinquante mille de nos compatriotes, en Algérie et en Tunisie seulement : gens d'humbles métiers pour la plupart, cochers de fiacre, bateliers, boutiquiers. Ils se montrent là-bas ce qu'ils sont ici. Avez-vous appris ce qui s'est passé lors de la première visite du cardinal Lavigerie à Philippeville ?

— En tout cas, je l'ai oublié.

— Nos Maltais décidèrent de le recevoir en grande pompe. Ils construisirent donc, à frais communs, une belle barque, qu'ils ornèrent de leur mieux, Une députation monta à bord, alla chercher en rade le prélat, l'amena jusqu'à terre au milieu d'acclamations enthousiastes, et puis, tout aussitôt, on brûla la barque neuve, pour qu'elle ne servît plus à personne, pour qu'elle fût un don désintéressé du peuple maltais. Avouez que le trait n'est pas commun ?

— Pas vulgaire, surtout.

— Ajoutez que ce petit peuple de colons est laborieux, fidèle, naturellement porté vers vous. Eh bien !

vous ne savez pas assez vous l'attacher. Personne, ou presque personne, dans vos colonies africaines, ne s'est préoccupé d'améliorer le sort de cette race maltaise. On n'a rien fait pour la favoriser. C'est un tort, et un tort qu'exploitent très habilement les Italiens, si nombreux, eux aussi, dans vos colonies africaines.

Nous étions parvenus, causant ainsi, jusqu'à une voûte longue et obscure, qui traverse le rempart et débouche sur le port. L'eau clapotait radieusement sur le flanc des petites gondoles vertes qui dormaient. Les bateliers dormaient aussi, profitant du moindre coin d'ombre. Les marchands de melons et de tomates, n'ayant plus d'acheteurs, n'inquiétaient plus les mouches qui ne bourdonnaient pas même, et dévoraient le sucre abondant des fruits. C'était l'heure morte de l'après-midi. Cependant un peu de brise qui se levait, et deux ou trois barques s'éloignant à la rame, indiquaient la fin prochaine des siestes.

— Bienheureux soleil ! dis-je à mon compagnon maltais, en désignant les gens étendus autour de nous : vos hommes ont deux fois moins de travail et deux fois plus d'oubli que les nôtres. De quoi vivent-ils ?

De peu de chose. Quelques-uns ont un champ entouré de murs, dans la campagne, qui leur donne une récolte de coton ou deux récoltes de pommes de terre. La plupart exercent des métiers que la concurrence rend très aléatoires. Croiriez-vous qu'à la Valette il y a près de mille barques pour le service du port et près de mille voitures de place dans nos rues? Mais, baste! la peinture n'est pas très chère, et les chevaux sont d'une frugalité heureuse. Ils mangent un peu de pain noir, du trèfle d'Espagne pressé et des gousses de caroubier, dont tous les cochers de Malte ont des provisions dans leurs poches.

— Et ce que vous appelez la société de Malte?

— Mon Dieu, en dehors des autorités et de la colonie anglaise, nous avons surtout de grands négociants, qui vivent du transit des marchandises. Il y a de belles fortunes, beaucoup d'urbanité, beaucoup de bonne humeur méridionale. Je regrette que vous ne puissiez pas voir notre monde en hiver. On donne beaucoup de soirées et les réceptions sont très amusantes. En ce moment...

Il s'interrompit pour regarder en face, de l'autre côté de l'eau bleue, où s'élevait une forteresse avec une rangée de petites cabanes au pied, et ajouta :

— En ce moment, si vous voulez entrevoir quelques spécimens de nos familles maltaises, il faut aller aux bains de la Fortina.

— Allons à la Fortina!

Nous louons une gondole verte, et nous piquons droit sur un talus de roches que couronne le fort. En avant, sur une étroite banquette, on a construit des salles de bains assez curieuses. Elles sont en planches. Chacune renferme une piscine profonde d'un mètre et taillée dans le roc, avec un petit escalier. Une table de toilette, un miroir et une carafe en composent tout l'ameublement. Mais le point original de l'installation, c'est que la piscine est percée d'une ouverture en voûte du côté de la mer. Le pli léger de la vague, un peu de lumière au-dessus entrent par cette ouverture, par laquelle le baigneur peut sortir à son tour, ou plutôt les baigneurs, car on se baigne en famille à la Fortina. Je vois, en effet, lorsque nous approchons, des têtes apparaître à cette lucarne à demi coupée par la mer, et des nageurs et nageuses s'avancer en eau profonde. Elles nagent fort bien, ces jeunes Maltaises. Beaucoup sont jolies; leurs chignons noirs, relevés en pointe à la mode napolitaine, ont un air spirituel au-dessus de leurs têtes rieuses. Les messieurs qui, dans ce pays, ne portent pas de vestes de bains, retournent avec élégance, pour ces jeunes beautés, des bouées munies d'une poignée de fer, où elles s'accrochent avec des « grazie », des « carissimo », et d'autres mots, d'autres notes chantées qui dansent gaiement sur l'eau. Pour les mamans, elles ne se hasardent guère aussi loin. J'en aperçois des groupes sur une estrade en planches bariolées, au milieu de l'établissement. Un peu grasses en général, assises sur des chaises, elles suivent en causant les ébats de leur famille. Et, dans le fond, un limonadier à moustaches bleues vend, à des prix modestes, des rafraîchissements où le citron joue les premiers rôles.

En revenant de là, je me demandais, sans oser interroger directement mon guide, quel sentiment pouvait éprouver ce peuple d'allure si méridionale pour ses maîtres anglais. Le loyalisme des Maltais me semblait hors de cause. Mais de la soumission à l'amour, il y a des nuances infinies, et j'aurais voulu savoir à laquelle m'arrêter. Mon compagnon devina-t-il ma pensée? Je l'ignore. Je m'étais tu un peu de temps. Nous arrivions sur cette place Saint-Georges où nous devions nous séparer. Il me prit par le bras, et, me montrant la façade du monument devant lequel passait et repassait la veste rouge du factionnaire :

— Tenez, me dit-il, voici notre charte, à nous. Lisez l'inscription.

Et je lus, en grandes lettres, sur le mur blanc :

Magnæ et invictæ Britanniæ
Melitensium amor et Europæ vox
Has insulas confirmat. A. D. 1814.

— Oui, continua-t-il, nous apprécions les grandes libertés que nous laisse l'Angleterre. Mais aussi les Anglais auraient mauvaise grâce, vous le voyez, à nous faire trop sentir le lien qui nous attache à eux. Nous ne sommes pas un peuple conquis : c'est la voix de l'Europe et le choix de la nation qui ont décidé de notre sort.

Mon compagnon maltais n'ignorait assurément pas qu'avant 1814 il y avait eu le siège de 1800. Mais le patriotisme a des interprétations ou des oublis ingénieux. Peu importe, d'ailleurs. La fierté dans l'obéissance est trop belle pour qu'on ose y porter atteinte, même d'un mot, même d'un sourire.

Nous nous quittâmes. Alors, demeuré seul, j'écoutai le soir qui tombait sur cette grande ville forte. Il n'était le signal d'aucune sortie d'ateliers, d'aucune rumeur inouïe pendant le jour. Seulement, les fenêtres s'animaient; les rideaux, les tentures de sparterie se relevaient; des groupes se formaient dans les arrière-cafés et chez les confiseurs qui vendent des sorbets; les uniformes anglais devenaient plus nombreux dans les belles rues. Bientôt je pus observer le coucher sur les terrasses. De la fenêtre de ma chambre, qui dominait les toitures plates des maisons voisines, j'aperçus une femme, puis deux, puis une dizaine, qui apportaient des matelas, et les étendaient sur le ciment crevassé, en plein air, parmi les pots de fleurs, les cages à poules, les arrosoirs, les vieilles échelles. Dans le bleu sombre de la nuit, des formes apparurent vaguement. La famille gagnait son dortoir. Il y eut des voix d'enfant, et tout se tut. C'est d'ailleurs une chose remarquable que le nombre des gens qui ne couchent pas dans leur chambre, à Malte. Au Grand-Hôtel, je rencontrais des matelas dans tous les corridors, où l'air est plus frais. Et le lendemain matin, quand je sortis de bonne heure, je vis sur une place, le long du mur d'une église, deux petits Arabes qui dormaient. La fille avait douze ans peut-être, le garçon, huit ou neuf; ils étaient côte à côte, les yeux clos, sous le même lambeau de toile d'emballage qui leur avait servi de couverture, et ils continuaient paisiblement leur somme, tandis que le jour se levait et que, dans les hauteurs du ciel, d'une pureté admirable, on devinait l'ardente chaleur qui allait descendre sur nous.

III

La campagne maltaise. — Cit'à-Vecchia. — La grotte de Saint-Paul. — Une crise locale. — Le Boschetto. — Une visite au gouverneur. — L'asile offert au Pape.

De bonne heure je quitte la Valette pour visiter l'île en voiture et me présenter chez le lieutenant-gouverneur qui réside en ce moment, me dit-on, dans son palais d'été, et ne revient à la ville qu'une ou deux fois la semaine. Nous commençons à rouler au milieu d'un nuage blanc. Les routes sont poudreuses au delà de toute expression. Quelques-unes, qu'on a essayé de transformer en promenades, nourrissent misérablement des arbres qui seraient jolis, s'ils avaient des branches : le belombra d'Australie, le vernis du Japon, le lilas de Perse, des néfliers, des lauriers qui, malgré la sècheresse, plantes de bon vouloir, penchent encore sur le passant des bouquets de roses pâles. La boutade de mon ami sur la sole frite me revient en mémoire. Elle prend un air de vérité alarmant lorsque la voiture a franchi les fortifications, amples enceintes où se reconnaît l'art élégant de la guerre d'autrefois, et qu'on s'avance dans la campagne.

Est-ce bien la campagne qu'il faut l'appeler, cette étendue à peine vallonnée, coupée d'innombrables petits murs en pierre sèche, entre lesquels poussent, à peine visibles et d'un vert cendré, des plantations de coton ou de pommes de terre? Pas d'arbres, parce qu'il n'y a pas d'eau ailleurs que dans les jardins. Pas d'herbes vertes, pas une nappe de ces fleurs que personne n'a semées, fleurs rouges, fleurs blanches, fleurs bleues, aux trois couleurs de France, et qui réjouissent les yeux, au coin du plus pauvre de nos champs. En revanche, partout des maisons à terrasses, des chapelles au bord des routes, avec des arceaux lourds, des constructions de toutes sortes qui s'élèvent, d'autres à peine terminées et dont on ne saurait dire si elles sont vieilles ou jeunes, à cause de la teinte invariable des matériaux. En vérité, cette île est toute bâtie. La voiture traverse plusieurs gros bourgs, qui ressemblent en petit à la Valette, avec des églises monumentales, une population plus riche de sang arabe, des noms qui ne sonnent plus à l'européenne. Encore un bout de plaine, et nous montons une pente large, toujours rase et craquelée de petits murs, en haut de laquelle se dessine l'ancienne capitale, Città-Vecchia, très architecturale, très noble de silhouette sur le ciel pailleté d'or, très fière d'une couronne de beaux arbres et des palmiers, çà et là, ouvrant leur éventail parmi les maisons jaunes. Certes, il y a loin de cette éblouissante lumière aux brumes de Bretagne, de ces arêtes frangées de rayons aux clochetons de pierre grise effrités par les longues pluies. Et cependant, à parcourir la vieille cité qui n'a rien perdu de ses monuments, de son grand air, de son orgueil jaloux, qui se hausse sur sa colline pour reg[illegible]ter au loin la rivale heureuse, un souvenir me venait de Tréguier l'Épiscopale. Pour arriver à l'église Saint-Paul, il faut franchir un pont-levis au-dessus de fossés très profonds : mais le temps a fait son œuvre, les fossés se sont remplis d'une vraie forêt pleine d'ombre, et servent à présent de jardin à l'hôpital anglais. Le rempart en face est intact et superbe; mais le vent y a semé des plantes parasites qui tombent de toutes les hauteurs, en cascades jaunes ou violettes. La rue qui suit, tortueuse, à peine assez large pour une voiture, une rue où l'on pouvait se dérober aux coups d'arquebusades, a conservé, m'assure-t-on, sa population de chanoines. Et quand, à un détour, la cathédrale apparaît, sur une petite place, une des premières choses qui frappent les yeux c'est, au bas de l'escalier de pierre, deux vieux canons verts, dons d'anciens souverains aux anciens chevaliers, replacés là tout récemment à la demande des Maltais, et qui font bien leur partie dans le merveilleux décor de celle qui se nomme encore la ville notable, la *Notabile*.

A l'intérieur de l'église, je retrouve ce pavé de tombes en mosaïque, aux couleurs si finement nuancées, qui fait la gloire de l'église Saint-Jean. Seulement, ici, les personnages qui sont ensevelis ne sont pas tous également célèbres. Et même, chose étrange, on rencontre la tombe de plusieurs vivants. Ils ont choisi le lieu de leur dernier repos; leurs noms y sont gravés, leurs armes dessinées, leurs mérites indiqués modestement. La mort n'a plus qu'à venir. C'est ainsi que l'a entendu, par exemple, le chanoine don Georges Falson Casha. L'excellent homme, sur une de ces dalles splendides entourées de guirlandes, a mis son épitaphe. Il nous raconte qu'il s'est dévoué au service des mourants, pendant la dernière épidémie de choléra, et que, « vivant encore, mais songeant à ses fins dernières, il s'est préparé ce tombeau... *adhuc vivens, novissima memorans, hoc sibi sepulcrum paravit, 1888* ». Là aussi, dans la même église, deux trônes sont élevés, de chaque côté de l'autel, l'un pour la reine, l'autre pour l'évêque. La reine est protestante; elle ne voyage plus guère que pour se rendre aux eaux; selon toute vraisemblance elle ne viendra jamais à Malte, surtout à Città-Vecchia : Cependant, sa place souveraine est là, toute prête et respectée. Je songe à tous les baldaquins pareils, et pareillement inutiles, dressés sur toute la surface du globe, pour la même reine qui hésite entre Balmoral et Windsor, et j'admire la puissance des idées. Elles nous gouvernent, elles remplissent le monde, et c'est une joie de constater l'involontaire émotion des hommes, dès qu'ils sentent vivre l'une d'elles dans les plis d'un morceau d'étoffe.

Nous remontons en voiture. A peu de distance de la ville, le cocher nous arrête devant la grotte où saint Paul aurait vécu, pendant les trois mois de son séjour à Malte. Elle est creusée dans une pierre grise et friable. Au fond, un autel se dresse, et une lampe veille. A droite, s'enfonce une sorte d'aile, une fissure où, d'après la tradition, les habitants sont venus, pendant des siècles, enlever de la terre, sans que jamais la cavité s'agrandît.

Tandis que nous nous éloignons de Città-Vecchia, dans la direction du sud, vers le Boschetto, la pensée me revient de ces tombes de vivants rencontrées dans la cathédrale, et je suis tenté de rattacher la précaution funèbre du chanoine Falson Casha à toute une suite de questions dont mes amis maltais m'ont déjà entretenu.

Les esprits sont très montés à Malte et depuis quelque temps, à cause des prétentions nouvelles mises en avant par l'Angleterre.

Celle-ci demande qu'on établisse des cimetières de district en dehors de l'enceinte des bourgs, comme on l'a déjà fait, depuis vingt-cinq ans, pour les villes. Le vieil esprit maltais résiste. L'Angleterre se heurte à des traditions qui sont respectables et à des préjugés qui le sont moins. C'est le premier conflit.

Il y en a de plus sérieux : celui, par exemple, qui est relatif à la langue anglaise. Les maîtres et maîtresses d'école, pour le noter en passant, sont tous laïques et nommés par le gouvernement, mais l'Angleterre a soin de ne choisir que des instituteurs catholiques, inscrit dans les programmes l'enseignement religieux, et reconnaît le droit d'inspection à des membres du clergé maltais. Or, dans les écoles, on apprend très mal et très peu l'anglais. De quatre à sept ans, les enfants étudient le maltais, de sept à neuf, l'italien. L'anglais n'est guère appris que par ceux, — et c'est le petit nombre, — qui continuent leurs classes, pour devenir employés de magasin ou entrer dans l'administration. Les gouverneurs de Malte se sont préoccupés de cette situation. Pour y rémédier, l'un des prédécesseurs du gouverneur actuel, le général Simmons, avait laissé entrevoir la prétention de rendre la langue anglaise obligatoire dans les écoles, prétention assez naturelle, d'ailleurs. Elle a cependant soulevé les plus vives résistances. Les avocats surtout et les avoués, qui parlent l'italien devant les tribunaux, ont mené grand bruit contre le projet, craignant qu'un jour la langue anglaise, devenue générale dans le pays, ne s'imposât au monde judiciaire, et n'attirât à Malte les sollicitors de la métropole. Là-dessus, les passions se sont échauffées. On a un peu grossi les mots pour grandir la querelle. Et l'on dirait, à lire certains journaux, qu'il s'agit de la liberté même et de l'honneur maltais.

Ajoutez à cela la question longtemps discutée des bénéfices, autrefois à la collation des chevaliers, et que l'Angleterre vient de résoudre, d'accord avec le Pape, en faveur du séminaire épiscopal, et vous aurez quelque idée de l'agitation des esprits.

Je n'ai pas la prétention de prendre parti dans l'une ou l'autre affaire. Il y a cependant un incident qui vaut la peine d'être noté. Au moment où les premières hostilités passionnaient la population, l'ancien évêque mourut, et le nouveau laissa entendre, dès le début, qu'il ne s'opposerait pas à ce que des négociations s'ouvrissent sur les points en discussion. De là une impopularité rapide pour le prélat. On alla crier naturellement : « Vive la

France ! » sous les fenêtres du lieutenant de la reine, on malmena ensemble, dans les journaux, l'évêque et le gouverneur. L'évêque se défendit. Attaqué par trois journaux principalement, *il Movimento*, *Malta* et le *Habar Malty (Nouvelliste de Malte)*, il prononça contre eux la suspension, c'est-à-dire qu'il en interdit la lecture aux fidèles de son diocèse. Dès le lendemain, les trois journaux interrompirent leur tirage. Un peu plus tard, le second et le troisième déclarèrent s'en remettre au jugement du Pape sur les questions maltaises. Ils reprirent leur publication. Mais le premier, ne s'étant pas soumis, n'a eu qu'une chose à faire, cesser de paraître : il n'aurait pas eu de lecteurs.

Je vais voir tout à l'heure, sans doute, l'un des principaux acteurs de ce débat, et qui a su prendre, paraît-il, une attitude bien différente de celle de son prédécesseur, moins excessive et plus habile, le lieutenant général Henry Smith, chevalier de Saint-Michel et Saint-George.

Voici devant nous, sur une éminence rocheuse, un quadrilatère flanqué aux angles de quatre tours carrées et enveloppé d'une verdure qui fait tache dans le paysage désolé. Au-dessus flotte le pavillon anglais. La voiture suit les allées d'un grand jardin ouvert au public, et s'arrête devant un portique sur lequel une inscription rappelle les origines du Boschetto, construit en 1586 par le cardinal Hugo Verdala, grand-maître de l'Ordre de Saint-Jean de Jérusalem, réparé par le major général Reid en 1855, et achevé par le lieutenant général Le Marchant, en 1858.

Tandis que je lis l'inscription, de l'autre côté du portique, devant le perron ombragé de beaux feuillages découpés, une jeune miss anglaise, rose et vêtue de rose, donne à manger aux oiseaux. Il y a tout autour d'elle, sur les branches d'un chêne vert et d'un poivrier, une nuée de passereaux qui la regardent, l'appellent, s'élancent, et attrapent au vol les miettes de pain qu'elle jette. Elle se retire lentement. Eux aussi ne comprennent pas pourquoi leur déjeuner est interrompu, et s'éparpillent. Que vient-il demander, celui-là ? Est-ce qu'on a des affaires en été ? Est-ce qu'on vient au Boschetto, si loin de la Valette, à cette heure torride ? L'heure appartient aux oiseaux qui ont faim, aux jeunes misses sans chapeau qui ne font pas la sieste, et aux cigales qui secouent leurs ailes sous le feu du soleil. Oh ! oui, elles chantent, les cigales, elles font leur bruit d'eau courante, tapies sur le rond des branches, un peu partout. Il semble qu'il y ait une douzaine de petites sources qui galopent sur les cailloux, si vite, si vite... Et personne ne se montre plus. Si pourtant. Un domestique descend les marches du perron. Son Excellence le gouverneur est absent, mais le capitaine, son secrétaire, va immédiatement arriver. En effet, une minute se passe, et un beau gentleman anglais, jeune et blond, le stick à la main, s'avance à ma rencontre. Décidément le gouverneur est absent. C'est trop certain. Une affaire l'a forcé de se rendre à l'île de Gozo, le service public... Il regrettera beaucoup, et sera heureux de me recevoir demain à la Valette... Moi aussi je regrette beaucoup, et je suis tenté de plaindre ce vieillard, — un gouverneur ne peut être qu'un homme âgé, — que ses fonctions obligent à voyager par une chaleur pareille. Gozo, ce doit être aussi brûlant que Malte. J'ai aperçu l'île, tout à l'heure, du haut d'une colline. Elle ressemblait à un tison posé sur la mer.

Néanmoins, je n'aurai pas complètement perdu mon détour jusqu'au Boschetto. Quand le capitaine a vu que j'étais présenté par un vieux camarade de son chef, un général à l'écriture aiguë et haute comme une barrière, il a cherché lui-même à diminuer mes regrets, et, très aimablement, a mis à ma disposition un chef jardinier pour me faire visiter le jardin.

Dieu merci, le jardinier ne m'accompagne pas longtemps. Je le quitte dès qu'il m'a montré le chemin. Le chemin, c'est une tranchée profonde, très en pente, à droite du château, et qui descend jusqu'au fond d'un ravin. Là, se trouve le vrai jardin, dans cette sorte d'entaille de la terre bordée de hautes falaises : là, seulement, coule une source, c'est-à-dire de la fraîcheur, de la vie, de quoi faire pousser des feuilles vertes et des fruits d'or à un bois de mandariniers épais comme un taillis de chênes, de quoi donner de la sève à des arbres et arbustes de toutes sortes, la plupart inconnus ou débiles dans le Nord, et qui se pressent au bord du courant sauveur, et montent dans l'air léger qu'ils imprègnent de parfums. On se dirait dans une coupe aux senteurs capiteuses. On a des impressions d'abeilles posées au-dessus d'un massif, vous savez bien, de ces abeilles un peu rouges, qui ont l'air paresseuses, et se laissent bercer des après-midi sur une tige penchée.

Le gouverneur qui jouit de ce beau domaine, et en perçoit les revenus, assez considérables, dit-on. possède une autre résidence d'été, Sant'Antonio, un palais à la ville et un traitement annuel de cent vingt-cinq mille francs. C'est un apanage royal.

L'Angleterre récompense ainsi les vieux serviteurs qui ont souffert pour elle, dans les colonies où la vie est ingrate, le climat meurtrier, la guerre fréquente. Avant de les retraiter, elle leur distribue, pour quelques années, cinq au maximum, l'une ou l'autre de ces sinécures honorées, rétribuées largement, qu'elle maintient tout exprès, afin que les fortunes puissent se refaire et que les officiers généraux de la grande nation coloniale, revenant parmi leurs pairs, y tiennent décemment leur place. N'est-ce pas, chez nos voisins, une idée délicate, et cet esprit mercantile, dont nous nous moquons si volontiers, n'a-t-il pas trouvé là une belle et honnête façon de payer la gloire sans offenser l'honneur?

. . . .

Le lendemain, un peu avant l'heure dite, je traversai donc la place, et j'entrai au palais. Il y a d'abord toute une partie ouverte au public et intéressante. Au pied d'un immense escalier blanc, on montre le carrosse de Bonaparte ; — les Anglais gardent plusieurs de ces reliques-là, et ils ont de la dévotion pour elles; — en haut de l'escalier s'ouvre une longue et belle galerie pleine d'armures, de masses de fer, d'épées, d'arquebuses, d'étendards des anciens chevaliers de Malte. Un peu plus loin, la salle des États, où s'assemble le plus petit parlement de l'Europe, sans doute : vingt et un députés, sept nommés par le lieutenant gouverneur, et les autres élus par le suffrage des districts. On n'y traite aucune question politique ni militaire. Les orages y sont tout administratifs. Autour d'eux, représentants peuvent contempler des souvenirs de

France : des panneaux superbes des Gobelins, qui racontent la découverte du nouveau monde, des végétations fraîches de forêts vierges, des processions d'animaux très nobles, et des sauvages avec toutes leurs plumes, comme il n'en existe plus.

A quelques pas, une porte est gardée par des gens de service. Je demande Son Excellence. On m'introduit d'abord, par une galerie pavée en mosaïque, chez le colonel de la milice maltaise. Il vient au-devant de moi, grand, large d'épaules, tout vêtu de blanc, coiffé du casque de liège, sa bonne figure brune détendue par un sourire.

— Son Excellence est prévenue, me dit-il, elle vous attend.

Nous passons dans la pièce voisine, très vaste et ornée de mauvaises fresques, et j'aperçois, de l'autre côté d'un bureau chargé de papiers, un homme d'environ soixante ans, la figure fine et creusée, fermant à demi, pour observer celui qui entre, ses paupières criblées de rides où battent des yeux de goéland, bleus et vaguement inquiets. Une tête de gentilhomme et de marin du Nord. Pour me parler français, il met ses deux mains sur son front, comme quelqu'un qui a de la peine à se souvenir d'une langue autrefois apprise, mais depuis longtemps délaissée. Les mots viennent très lentement, avec un fort accent britannique, mais généralement sans faute de grammaire et d'une justesse parfaite.

— J'ai beaucoup regretté, monsieur, de ne pas être hier au Boschetto.

— Excellence j'ai été le premier désolé.

— Et où vous a-t-on dit que j'étais ?

— Absent de l'île pour cause de service.

— No.

— Pour une affaire...

— No.

— A Gozo.

— No.

— Et je vous plaignais, Excellence, d'être forcé de voyager par une température...

— No, no, no !

Il se prit à rire, deux ou trois coups discrets, subitement réprimés, et reprit gravement :

— Ne me plaignez pas, monsieur. J'étais dans mon petit bateau.

— Dans votre... ?

— Oui, dans mon petit bateau. Quand il fait beaucoup de chaleur, je le prends, et je m'en vais dans le détroit, entre Malte et Gozo. Il y a là toujours un... Comment vous dites ?

— Un courant d'air ?

— C'est cela même, un courant d'air. Et je m'en trouve fort bien.

Il disait cela d'un air convaincu, un peu pincé,

avec ce sérieux anglais qui est très drôle pour nous, et qui n'exclut pas un sourire intérieur.

Après ce début, la conversation s'engagea sur Malte, ses habitants, les derniers différends survenus entre eux et le gouvernement. Le général s'exprime avec bienveillance sur le compte des ses administrés. Sans désavouer la conduite de son prédécesseur, il me laisse entendre que l'émotion des Maltais avait été excessive, que, sur la question des deux langues, par exemple, la vraie pensée du gouvernement ne devait pas être de sacrifier l'italien à l'anglais, mais d'établir une égalité de traitement pour l'un et pour l'autre, qu'il comprenait ainsi les choses.

Après quelque temps d'entretien sur ces thèmes généraux, le gouverneur me dit :

— Je voudrais vous être agréable, monsieur, et répondre tout à fait à la recommandation de mon vieil ami P... Si vous étiez arrivé ici l'hiver, je vous aurais engagé à prendre part aux réunions mondaines. Il n'y en a plus. Que souhaitez-vous ?

— Excellence, je souhaitais voir un gouverneur anglais qui a guerroyé dans l'Afrique australe. C'est fait et très bien fait.

— Beaucoup trop poli. Mais demandez-moi quelque chose. Voulez-vous visiter les fortifications ?

— Elles n'ont pas assez d'ombre, Excellence...

— Alors, les appartements privés du palais ?

Nous avons de bons tableaux. Je vais donner des ordres.

Il me salua, du même air digne, fin et lassé qu'il avait eu tout le temps, et je continuai, pendant une heure encore, à ressentir les effets de son hospitalité avenante.

Le palais, bordé, sur toutes ses façades, de galeries extérieures vitrées où la vue est habilement ménagée sur les plus belles rues de la ville, offre, à l'intérieur, la longue suite d'appartements aux meubles de tout style, de toute couleur et de toute origine, que présentent la plupart des hôtels d'ambassade et de gouvernement. On y trouve de très belles pièces en mosaïque du temps des chevaliers, plusieurs tableaux de Van Dyck et de quelques bons maîtres italiens, une collection d'armes de sauvages rapportée par le général Smyth, et, à côté, l'inévitable luxe banal. Le majordome qui me précédait n'en faisait pas la différence. Il démontrait toute chose avec une complaisance égale. En arrivant près du trône de la reine, au fond de la salle de bal blanche et or, il s'agenouilla pour enlever la housse rouge du fauteuil. Une épée de bois recouverte de velours symbolisait la puissance souveraine, et reposait sur le siège. Il me la tendit, toujours à genoux. Comme nous achevions la visite, je remarquai, en traversant une chambre, un détail qui donnera l'idée de la chaleur de l'été maltais. Une dizaine de bougies, en cire naturelle, garnissaient les candélabres dorés. Lentement, sous l'action de la chaleur qui venait à travers les murs, elles avaient fondu. Il y en avait d'affaissées sur elles-mêmes ; d'autres esquissaient un mouvement de vrille ; d'autres se courbaient en arcs comme lasses de se porter, et deux ou trois, méconnaissables, croulaient en stalactites jusqu'à toucher la cheminée. Je fis signe au majordome.

— Eh, monsieur, me dit-il, c'est souvent comme cela, quand il fait un peu chaud!

La réponse me fit rêver de voir une fin de bal à Malte, avec un éclairage de bougies en cire vierge.

Je quittai l'île, le soir même, sur un vapeur de la Compagnie Florio-Rubattino. Malgré l'attrait de la Sicile, vers laquelle nous allions, je ne pouvais laisser sans regret ce coin d'Orient lumineux, cette population originale, tant de problèmes petits et grands que j'avais entrevus à peine et que j'eusse aimé étudier. Parmi ceux auxquels je m'étais attaché, et dont je n'ai rien dit encore, figurait la question, si souvent débattue, du séjour éventuel du Pape à Malte. Je n'avais pas songé, naturellement, à interroger là-dessus aucun personnage officiel. Mais les sources où j'avais puisé n'en étaient pas moins sûres. On m'avait répondu : « Vous pouvez affirmer, bien qu'on l'ait démenti, que l'Angleterre a fait offrir au saint-père de lui donner asile à Malte dans le cas où il quitterait Rome. Elle mettait à sa disposition les trois résidences du gouverneur de l'île : le Boschetto, Sant'Antonio et le palais de la Valette. Les préférences du Pape eussent été, paraît-il, pour Sant'Antonio. Et ce n'est pas un rêve que je vous conte. Les choses ont été à ce point, — nombre de personnes pourront vous en témoigner ici, — que plusieurs palais ont été loués ferme, dans la ville même, pour les cardinaux. Les baux ont couru pendant trois ans. Aujourd'hui encore, rien ne porte à croire que l'offre ait été retirée. Viennent des événements qui décident le Pape à sortir de Rome, peut-être le verra-t-on accepter l'hospitalité de l'Angleterre, et dater de Sant'Antonio une encyclique aux évêques. Il serait bien gardé parmi nous, monsieur. »

Cela est vrai, et je songeais, en quittant le port des vieux chevaliers, à cet avenir possible qui grandirait la renommée de leur île, à l'émotion immense qui s'emparerait du monde, à la nouvelle que saint Pierre a repris sa barque, comme autrefois en Galilée, pour traverser le lac. Par un hasard singulier, un Maltais, monté à bord avec nous, causait de la même question avec mon compagnon de voyage.

Le voyant s'animer et parler assez vivement de l'Angleterre :

— Mais enfin, monsieur, lui dis-je, à quel sentiment attribuez-vous donc la proposition faite par l'Angleterre de recevoir le Pape fugitif?

— A la peur.

— C'est peu vraisemblable. Peur de qui?

— La crainte vague de ceux qui ont trop de choses dans les mains. L'Angleterre a quelque peu en suspicion, d'abord, les ambitions italiennes. Vous savez que, sur certaines géographies du nouveau royaume, Malte est marquée comme une des possessions naturelles...

— Mais l'Italie, monsieur, est incapable de prendre à l'Angleterre même une boîte de thé! De plus, étant alliée...

— Je ne dis pas. Mais il y a aussi ce courant étrange vers la France, la possibilité d'un remaniement par l'Europe de la carte de la Méditerranée. Or, si vous supposez Malte habitée par le Pape, immédiatement l'île devient sacrée, elle est sous la protection morale de l'Europe, aucune compétition n'est à craindre, et l'Angleterre aura mis « la fleur du monde » à l'abri derrière un acte de générosité.

— Ma foi, monsieur...

— Et la preuve que nos maîtres ne se sentent pas entièrement rassurés au sujet de Malte, c'est qu'ils augmentent la garnison anglaise, c'est qu'ils construisent des forts nouveaux...

Je rapporte cette opinion, parce que je sais qu'elle est assez répandue à Malte. Mais j'avoue que je n'ai pas été et que je ne suis pas convaincu. Je n'aime pas à chercher un motif intéressé à un acte que sa noblesse peut expliquer toute seule. La gloire d'avoir donné asile au chef de la catholicité, de s'être montrée protectrice et respectueuse d'une liberté attaquée, est un mobile suffisant, digne d'une grande nation. Et, jusqu'à preuve du contraire, je croirai que l'Angleterre n'a pas mêlé de calcul à l'offre qu'elle a faite.

IV

Nuit dans la mer Ionienne. — Syracuse. — Vers Palerme. Les deux paysages de Sicile. — Le brigandage

Je me souviendrai toute ma vie de la beauté de cette nuit, entre Malte et Syracuse. Nous nous étions embarqués au coucher du soleil, par une mer calme et un ciel légèrement embrumé. Peu à peu, tous les voiles qui atténuaient la lumière du jour disparurent, et l'autre, la belle lumière d'argent bleui, emplit l'espace immense où nous glissions. presque sans bruit et sans le moindre vent. La surface de l'eau n'avait pas une ondulation. Elle était d'un azur transparent, coupé de reflets de nacre très doux et très longs, comme si toutes les perles enfouies dans les profondeurs se déroulaient en colliers. La flore et la faune de l'abîme doivent remonter par ces grands calmes. Des formes souples glissaient partout où se posaient les yeux. On sentait de tous côtés la vie répandue et heureuse. Les étoiles de là-haut laissaient traîner sur la mer, même les toutes petites, des milliers de fils d'or qui nous suivaient en tremblant. Jamais je n'ai tant vu de splendeur voilée, tant de paix, tant de douceur ensemble. La pensée flottait, abandonnée, sans horizons, comme en un rêve. Je me demandais s'il n'allait pas apparaître un char traîné par des dauphins, des enroulements d'écailles, des lueurs blanches fuyant vers des fêtes inconnues. Et toute la nuit fut belle ainsi, à ravir.

Le matin, quand nous nous éveillons, c'est un nouvel enchantement. Nous sommes dans la baie de Syracuse que cernent au loin les monts Hybla, comme des buissons de mauves alternativement ronds et pointus. Nous débarquons. La ville d'aujourd'hui n'occupe plus qu'un petit îlot relié à la terre par une jetée. Elle tient tout entière dans ce qui devait être simplement une citadelle et l'avant-port de l'ancienne Syracuse. Celle-ci, comme on la reconstruit bien en pensée ! Elle s'étendait devant nous en amphithéâtre, sur ces pentes douces qui montent de tous côtés couvertes de vergers, ville immense que le soleil et la brise de mer caressaient, posée là par le choix d'artistes incomparables, enveloppée de montagnes qui l'abreuvaient d'eau neigeuse, ville puissante, riche, prodigue, orgueilleuse. Et il n'en reste plus rien, pas une colonne debout. Car on ne peut appeler un grand souvenir ce théâtre de marbre blanc dont les gradins et la scène subsistent encore, et brillent au milieu des herbes folles, sur la colline où nous montons dès notre arrivée. Ce ne sont plus là des monuments ; le dessin seul est conservé. Nous sommes là trois étrangers, dont un Italien venu de Tunis, qui gravissons les couloirs par où les foules grecques descendaient pour entendre déclamer les vers d'Eschyle ou de Sophocle. Le guide, à la livrée du gouvernement, nous précède, nous donne la main quand les marches ruinées sont trop hautes, et, à des endroits consacrés par l'usage, récite son boniment. Il ne sait dire que des mesures et des dates approximatives : ce théâtre a tant de longueur, tant de largeur ; les acteurs s'habillaient ici ; le souffleur se mettait dans ce trou... Et, en effet, le reste ne peut se dire, tout ce qu'il y a de pensées mélancoliques et de poésie dans de pareils souvenirs et dans un pareil site : cela dépend des heures, et des âmes qui regardent.

Nous avons dépassé les derniers gradins. Ils sont au-dessous de nous, comme de grands rayons courbés, doux à l'œil. Nous montons encore. Voici un canal de marbre blanc, à hauteur de poitrine, où court à découvert un ruisseau bondissant capté dans les montagnes il y a plus de deux mille ans. Des femmes y lavent du linge. Elles sont debout, elles jasent, elles chantent sous le soleil ardent. Des éclairs qui s'échappent de leurs battoirs mouillés, l'azur est traversé jusqu'aux monts Hybla. Ce sont des flèches d'or qui s'envolent, à chaque fois qu'elles lèvent le bras. Derrière elles, des loques bleues et rouges fleurissent les buissons couverts de poussière. Nous approchons. Les femmes se détournent pour rire et plaisanter avec le guide. Elles aperçoivent les étrangers, et elles rient encore plus en secouant leur linge dans le courant bleu.

Bientôt, nous les perdons de vue; nous descendons dans les *latomies*, grandes carrières antiques, célèbres, comme on le sait, par la captivité des Athéniens, et dont le fond s'est rempli, grâce au temps et aux hommes, d'admirables bosquets. Ce serait aujourd'hui une bien jolie prison. Dans l'une, il y a tout un bois d'orangers. A l'extrémité d'une autre, sous des voûtes profondes, creusées dans le roc, et soutenues par des piliers, des tisserands fabriquent du fil à pêcher. Les pauvres gens nous en offrent. A gauche et tout près d'eux, se trouve, dans les parois de la latomie, l'étonnante excavation qui s'appelle l'oreille de Denys : un pavillon d'oreille en effet, haut de plusieurs étages et large en proportion, et dont la sonorité est prodigieuse. Une feuille de papier qu'on y déchire produit l'effet d'un coup de fusil. Quand la porte se referme, c'est un coup de canon. Le guide, qui a l'habitude de ces improvisations, se met à dire à demi-voix : « Bonjour, Denys; voici des Français que j'amène, ils continuent leur voyage! » Et Denys nous répond par un roulement de tonnerre. C'est là presque tout Syracuse. Je sais bien qu'on peut voir encore les restes médiocres d'un cirque, et d'autres latomies, et quelques vestiges de murs au-dessus desquels on a gratté la terre. Mais ce n'est point vers ces restes du passé que s'en ira mon premier souvenir, quand désormais le nom de Syracuse traversera ma pensée. Je songerai tout d'abord à des volubilis dont la campagne était pleine, des volubilis bleus d'une largeur et d'une fraîcheur inexprimables, débordant de partout les murs en touffes mousseuses, grimpant aux orangers, descendant en cascades des cimes penchées des chênes verts; je songerai à l'air infiniment pur et léger qu'emplissait l'odeur des lavandes; au plaisir de se sentir sur une vieille terre de civilisation, toute pétrie par l'homme et où vivra toujours quelque chose d'humain. Et j'envierai de loin la maison du gardien des ruines.

Elle est petite, à mi-coteau, avec un jardin derrière, où poussent des jasmins et cinq mandariniers, qui rapportent tous les ans, car ils sont bien irrigués. Mais, devant, le regard n'a pas d'obstacle : il erre sur les collines, sur la ville, sur la baie, il passe de la terre de Sicile à la mer Ionienne, et trouve à toutes les deux le même sourire divin.

Je voulais cependant visiter quelque chose encore. Depuis ma petite enfance, j'ai voué un sentiment tendre à la nymphe Aréthuse. Le nom est si joli, la fable si gracieuse de cette nymphe pour laquelle le fleuve Alphée a traversé la mer sans y mêler ses eaux! Et puis, j'avais vu reproduite, dans je ne sais quel Dictionnaire ou Manuel d'histoire, la médaille antique, vous vous souvenez : ce profil si pur, ces cheveux annelés et retombants. Elle avait été pour moi la première révélation de la beauté grecque. J'ai donc été voir la fontaine. On la trouve au bout de la ville, à quelques mètres des rochers où vient battre la mer. Une large voie se détache de la rue principale, et tourne en limaçon. On fait comme elle, et on arrive devant un bassin en demi-cercle. C'est là. Il faut avouer que Diane a été bien cruelle en opérant la métamorphose, et le conseil municipal plus encore, en construisant des murs. Mais l'eau qui sourd du fond est très pure et très bleue, des bandes de mulets y nagent, çà et là se dressent des touffes de papyrus, le roseau vénérable et étrange qui porte en haut de sa tige une houppe de poils verts : si bien que l'on garde quelque chose des illusions premières. Beaucoup de visites n'en laissent pas tant.

La fontaine est, d'ailleurs, à l'extrémité d'une promenade magnifique : deux rangs de lauriers-roses au bord d'une baie, avec la mer à gauche et, à droite, les montagnes. Je passe là la dernière heure de mon séjour à Syracuse, et je quitte la ville avan d'avoir vu s'allumer ses lampes électriques.

Je remonte vers le nord, vers Catane, où j'arriverai à la nuit close, et, dès demain tournant à angle droit, traversant la grande île de l'est à l'ouest, j'atteindrai Palerme, où je désire d'abord séjourner. Or, celui qui prend cette route, et la suit jusqu'au bout, contemple successivement la Sicile sous ses deux aspects principaux. Je voudrais essayer d'en donner quelque idée. Ils n'ont pas de nom dans les géographies, ni dans les guides. Pourtant, ils sont bien différents, et que vous alliez au nord, au midi, à l'orient, c'est presque toujours l'un d'eux que vous rencontrerez. Faute de mieux, je les appellerai la terre d'agrumes et la terre de blé.

A peine a-t-on quitté Syracuse, on commence à découvrir l'Etna, roi des paysages de Sicile. A la distance où nous sommes, à plus de quatre-vingts kilomètres, il apparaît comme une belle ligne noble mêlée aux nuages de l'horizon, devant nous. Sur la gauche de la voie ferrée, — car nous avons la mer, souvent prochaine, à droite, — une contrée d'une richesse merveilleuse : peu de champs de céréales, ou plutôt des champs qui sont perdus et ressemblent à des coulées de prés, au milieu de la profusion des vergers, des vignes, des bois d'oliviers ou d'agrumes, citronniers, mandariniers, orangers, non pas de ces orangers en caisses, taillés en boules, malingres, où pendent de petites canettes d'un jaune malade, comme des boucles d'oreilles de cuivre, mais de vrais arbres, à la feuille noire et luisante, solidement enracinés dans la terre profonde et arrosée. Des bœufs, çà et là, labourent entre leurs rangs égaux. Leurs têtes levées ne touchent pas les branches. Sur leurs croupes, la lueur violette du couchant met un reflet. Ailleurs, des touffes de peupliers, dont la silhouette est si fine sur les ciels d'or; des plantations de cactus dont les fruits commencent à jaunir, posés comme les fleurons d'une couronne comtale au sommet des raquettes vertes; un ravin, lit desséché d'un torrent, où poussent des lauriers. La couleur de tels paysages est bien belle déjà. Mais ce qui les rend incomparables, c'est la manière dont ils sont composés. Les collines se courbent, fléchissent, se relèvent avec une grâce qu'on ne leur voit point ailleurs; aucune n'est trop haute, ou trop raide, ou trop longue; les arbres les animent et ne les masquent pas; elles s'emmêlent avec un art savant, se montrent toutes un peu, et s'entr'aident pour être vues. Alors, on cherche le maître de ces longs troupeaux, le joueur de syrinx, plus grand que nature, couché à l'abri d'une grotte. Et je vous assure qu'à l'heure tardive où nous passons, quand les brumes bleuissent les pentes et que le ciel est d'une clarté sans éclat au-dessus des contours amollis de la terre, on devine le cyclope à son ombre plus noire, et l'on entend sa flûte.

Pour des hommes, il n'y en a guère, et des maisons non plus. Les paysans regagnent, dès que le jour décline, les bourgs qui sont à de grandes distances. A peine un voyageur et son âne, qui se détournent tous deux au passage du train. Pourtant voici un potier qui travaille encore sur un promontoire désert et ras, entre deux haies de lavande. Il est vieux, il a la barbe blanche et frisée, le crâne chauve que la tradition donne à Socrate et à Bacchus. Comme je l'ai aperçu de loin, sur la hauteur où il est assis, je puis le suivre un peu de temps des yeux. Sous ses doigts les mottes de glaise fondent et s'arrondissent en une amphore qu'un enfant demi-nu emporte et va poser en arrière, près d'autres vases pareils que le soleil a séchés. Pour qui travaille-t-il? J'ai cru voir la blancheur de quelques maisons de l'autre côté du rocher, au bord de la mer qui n'a plus de couleur.

Et puis la nuit se fait entière, tout entre dans l'ombre.

Quelques heures de sommeil à Catane; le matin, un coup d'œil rapide à la ville où je dois revenir, à l'Etna surtout, qui est bien le plus beau monstre qu'on puisse imaginer, tout vert à sa base, enveloppé au-dessus de gazes lilas, qui sont les vapeurs de l'aube, couronné d'un panache de fumée aux bords ourlés de lumière, et, sans plus tarder, nous repartons.

Cette fois, c'est l'intérieur même de l'île que nous traversons. Quand la plaine de Catane est franchie, un paysage nouveau, étrange, saisissant, se déroule. C'est le désert de froment. Le sol ondule, sans un arbre, sans une haie, sans rien qui fixe la vue. Là-dessus, un tapis de chaume indéfini, sans rayure, entièrement d'or. Point de routes, de rares sentiers qui ondoient. si tordus et si blancs de poussière qu'on dirait des gaves. Parfois aussi, mais plus rarement encore, une ferme, des murs serrés de près par le blé, autour desquels se dressent des meules de paille semblables, pour la forme et la couleur, à des gâteaux de miel. Il n'y a d'ombre nulle part. Seulement le dernier rang de collines qui ferme la vue est teinté de bleu pâle. Quand le train monte sur les plateaux, les vagues d'or se multiplient, le cercle bleu s'éloigne, mais le paysage demeure le même, voisin par l'étendue, par le mouvement de ses dunes rousses, par la lumière qui les accable, de celui que présentent les grandes solitudes de sable.

Et quel océan vert ce doit être au printemps!

Où sont les laboureurs qui sèment de telles moissons? La question se pose, sans réponse, pendant des lieues entières. Alors, sur le sommet d'un coteau, une petite ville apparaît, serrée dans ses murailles, aussi guerrière d'aspect qu'au temps des invasions arabes, découpant sur le ciel sa silhouette précise. C'est là que toute la vie a reflué. C'est de là que, chaque matin, les travailleurs partent pour aller cultiver la terre à d'énormes distances. Comme on voudrait s'arrêter, et visiter chacune d'elles, y voir tomber le soir sur les plaines! Comme entre toutes j'aurais voulu choisir, si j'avais pu, ce Castrogiovanni, l'antique Enna, perché à mille mètres en l'air, au centre de la Sicile, et vers lequel soufflait autrefois, de tous ces champs réunis, un tel parfum de fleurs, que les chiens en perdaient la trace du gibier!

Une autre pensée, qui se mêle à ces premières impressions de Sicile, pourquoi ne l'avouerais-je pas? c'est celle des brigands. Nous sommes dominés, à cet égard, par nos lectures, par l'imagination, par les récits légendaires et les gravures qui ont amusé notre enfance. Tous sans exception, Français, Anglais, Allemands, et, je crois même, Italiens, quand nous mettons le pied en Calabre ou en Sicile, nous nous demandons : « Eh bien! Et les brigands? D'où en est-ce? » Nous ne sommes même pas très loin d'éprouver un léger sentiment de vanité, de nous aventurer ainsi, bénévolement, dans un pays qui fut dangereux et pourrait l'être encore. Les Siciliens vous diront que cela est absolument ridicule. Je suis à peu près de leur avis. Mais comme il est impossible de prévenir une impression, même ridicule, qu'il y a plusieurs heures de voyage, en pays passablement désert, de Catane à Palerme, et qu'il est toujours amusant de parler brigands ou revenants, je demande la permission de ne pas manquer à l'usage.

Il ne faut pas en douter, — c'est peut-être un sacrifice à faire, — il n'existe plus de brigands : j'entends de la grande espèce. Non, le brigand classique, qui tenait la campagne en armes, l'espingole au poing, la plume au chapeau, qui mourait d'une balle, comme un chamois, en sautant d'un rocher à l'autre, celui que nous avons connu, dans les images, les pieds chaussés de peau de chèvre, accompagné souvent d'une jeune femme aux bandeaux noirs, celui-là n'est plus.

Il a eu de bien beaux jours. On pourrait dire qu'il a été longtemps le vrai maître de la Sicile. Le gouvernement royal traitait avec lui de puissance à puissance. Avait-il besoin d'envoyer un général en mission de Naples à Caltanissetta, il s'entendait avec le chef de brigands sur le territoire duquel l'envoyé devait passer. Le chef se prêtait aux arrangements. Moyennant une juste rétribution, il accordait un sauf-conduit, que ses hommes respectaient, et le général pouvait remplir sa mission sans encombre. Au fond, c'était presque une institution reconnue : les brigands laissaient passer, et le gouvernement laissait faire. Vous voyez que la maxime est moins récente qu'on ne l'a dit.

Les particuliers en usaient de même. L'Anglais Brydone, qui fit, en 1770, un voyage en Sicile, raconte qu'il a « loué » deux brigands armés de pied en cap. « Ils ont un sabre fort large, dit-il, deux pistolets énormes et une longue arquebuse ; ils tiennent ces dernières armes bandées et prêtes à tirer, dans tous les lieux suspects... Je crois que nous sommes fort en sûreté ; ils ont pour nous beaucoup de respect. J'imagine, cependant, qu'ils vexent tout autre que nous, car ils taxent suivant leur plaisir les mémoires des aubergistes, et les réduisent à un prix si bas que je n'en ai jamais vu à si bon marché. »

Malheureusement, les brigands ne remplissaient pas toujours cet office de gardes du corps. Si vous avez quelque goût pour les scènes atroces, si vous voulez savoir comment vivaient les brigands célèbres : Pasquale Bruno, Francatrippa, Mammone, Antonio Schiavoni, Fra Diavolo, Luigi Vampa, Beppe Mastrillo et d'autres, — car ils ne se comptent plus, — vous trouverez, chez certains libraires du midi de l'Italie, une littérature spéciale, romans, histoires, chansons, procès de cours d'assises, et des collections de petites brochures coloriées à deux sous, comme celle des *Amori briganteschi*, que les enfants achètent là-bas, comme ils achètent chez nous une image d'Épinal. Le style n'en est pas relevé. C'est franchement affreux de toute manière, et l'on en sort sans aucun regret pour l'institution disparue.

J'ai appris par là qu'une des dernières bandes, entre 1870 et 1876, fut celle des *Maurini*, dont les adeptes étaient, en majorité, du territoire de Saint-Maur, aux confins des trois provinces de Palerme, de Caltanissetta et de Catane. Elle comprit, au temps de sa splendeur, quinze compagnons bien armés et bien vêtus. L'uniforme était de velours ou de drap bleu, avec bottes à l'écuyère et béret rouge. Chaque brigand possédait un anneau marqué d'un R, —

initiale des chefs, — une carabine à deux coups, un revolver et un poignard. Leurs écuries étaient bien montées. Ils avaient en magasin un assortiment de fausses barbes, de costumes de carabiniers royaux, dont il a toujours été fait grand usage dans la vie de bandits, et de tous autres accessoires, nécessaires ou utiles. Mais l'originalité de la troupe, le secret de sa force peut-être, c'était ses deux commandants, Rocca et Rinaldi. Le premier était le chef militaire, hardi, téméraire, étonnant de résolution dans les coups de main. Mais il n'entendait rien à la rédaction de ces lettres comminatoires qui préparent les crimes et parfois les évitent, rien à l'administration, rien au système de réquisitions qui permet à une bande de tenir la campagne. Rinaldi le complétait. A eux deux ils faisaient merveille.

Ils n'ont cependant point approché de la réputation de Leone, qui, d'ailleurs, commanda plusieurs fois leurs hommes réunis aux siens. Dans une seule année, avec trois victimes habilement choisies, capturées avec adresse, Leone sut se faire un revenu de deux cent quatre-vingt-sept mille francs, presque tout en or, les brigands n'aimant guère le papier-monnaie. Ce grand chef avait des formes. Si vous allez à Palerme, vous avez chance de rencontrer un de ses anciens prisonniers, M. John Forster Rose, qui fut arrêté à trois heures de la ville, le

4 novembre 1876, et relâché, quelque temps après, moyennant une rançon de soixante-cinq mille francs. Ce riche étranger, qui a eu l'esprit de ne pas garder rancune à la Sicile d'une aussi pittoresque aventure, pourrait vous certifier au besoin que, pendant les vingt jours de sa captivité, il a eu son café à déjeuner et ses journaux du matin. Le baron Sgadaro, une autre victime de Leone, fut encore mieux traité. Les hommes qui l'avaient capturé vinrent lui baiser la main. Il fit seulement huit jours de caverne, soigné en grand seigneur qu'il était, au milieu du bois de Saint-Onuphre, et disait spirituellement, quelque temps après, devant la cour d'assises : « Je n'aurais pas eu à me plaindre, si chaque jour de ce traitement ne m'avait coûté la bagatelle de quinze mille huit cent soixante-quinze francs. »

Mon Dieu, oui, la cour d'assises. C'était la faute du ministre Nicotera et du préfet Malusardi, qui avaient singulièrement assombri la fin de la carrière de Leone. Le grand chef n'y parut pas. Il était mort, fusillé comme un lièvre, dans un champ de blé en herbe, un jour qu'il s'était rendu *pour affaires* aux environs de Termini. Sa bande seule fut mise en jugement à Palerme. Mais les événements qui marquèrent le procès n'en servirent pas moins la renommée du brigand disparu, et firent entrer pour jamais dans la mémoire du Midi, c'est-à-dire dans la pleine légende, le nom de Leone et de ses hommes.

Voici ce qui eut lieu. Les faits, comme on verra, sont éminemment suggestifs.

Le 5 septembre 1878, à huit heures du matin, quatorze des vingt-trois accusés sont entassés dans une voiture cellulaire, mais sicilienne, ce qui modifie beaucoup le sens du premier terme. Parmi eux, figurent les meilleurs lieutenants de Leone. Toute la ville, on peut dire toute l'île, et la Calabre, et Naples peut-être, suivent avec passion les débats dans les journaux. On attend encore de très belles audiences. La voiture s'ébranle, escortée de trois carabiniers, la carabine sur l'épaule. Beaucoup de curieux l'accompagnent. A l'angle de la rue del Papagallo, une rue encombrée et telle qu'on l'eût choisie, le cheval s'abat. Aussitôt, comme si c'était un signal, les cloisons volent en éclats sous l'effort des prisonniers. Huit cellules sont défoncées, huit prisonniers s'échappent en courant. Les gendarmes ne tirent pas. La foule se met à courir aussi. On ne sait pas bien ceux qui courent pour courir, ceux qui courent pour attraper, et ceux qui courent pour empêcher qu'on n'attrape.

Résultat définitif : quatre évadés repris, quatre rendus à la liberté de la campagne, dont deux d[illegible] principaux, Salpietra et Randazzo. On devine bien que, selon l'usage dans tous les pays civilisés, une enquête fut ouverte. Je crois même qu'on envoya un général pour la faire.

Elle aboutit à des constatations étonnantes. La voiture cellulaire était dans un tel état qu'elle ressemblait à l'armoire des frères Davenport, démontable à la minute ; les trois carabiniers avaient oublié leurs trois revolvers d'ordonnance ; ils avaient bien leurs trois carabines, mais elles n'étaient pas chargées

Quelques journaux en profitèrent pour répéter des choses excessives, particulièrement les journaux italiens, qui ne sont pas tendres pour la grande île, comme si la Calabre et les Abruzzes n'étaient pas au coin du quai. On parla très haut de mafia, de coup monté, de curieux sympathiques. La *Libertà* alla jusqu'à prétendre qu'il y avait bien eu cinq cents ou six cents complices dans l'affaire. A quoi *lo Statuto*, de Palerme, qui s'imprime sur place, répondit qu'il y avait eu assurément des complices, mais pas autant.

Et ce fut l'épilogue de l'histoire du grand brigandage.

Lorsque les Siciliens vous diront donc, et ils n'y manqueront pas : « Des brigands ? Mais, monsieur, c'est de l'histoire ancienne ! Il n'y en a plus ! », croyez-les. Ils disent vrai. Ils disent également vrai quand ils vous affirment que vous pouvez aller, venir, parcourir toute la Sicile en touriste avec sécurité, et que leur pays est infiniment plus sûr qu'un boulevard extérieur de Paris.

Mais, si les étrangers ne courent aucun danger en Sicile, — et je le pense très sincèrement, — en est-il absolument de même des Siciliens ? N'existe-t-il pas encore une sorte de brigandage au petit pied, intime, de famille, si l'on veut, dont ils n'ont pu se délivrer ?

Quand on pose la question à un habitant du pays, il répond, avec un geste de chiquenaude : « Petites histoires, affaires de rien. »

Raison de plus pour en parler.

V

La Mafia siciliana.

J'ai sous les yeux une brochure, moitié histoire, moitié roman, qui porte pour titre : *la Mafia siciliana*. La couverture est d'azur, traversée par une bande d'or. Dans la partie supérieure, une belle fille. le poing sur la hanche, l'autre main retenant la cruche posée sur la tête, s'avance en riant. Elle a des fleurs dans son tablier et des figues de Barbarie sous les pieds. En bas, deux hommes se battent au couteau. Leurs deux mulets, arrêtés dans la plaine, attendent l'issue de la lutte. Enfin, barrant toute la page, coupant l'azur et l'or, une branche capricieuse de prunier porte, en guise de fruits, un bâton, un rasoir et un poignard.

C'est là une couverture symbolique. On rencontre, en effet, dans les histoires de mafia, celles du livre ou les autres, beaucoup de femmes, de coups de couteau, de coups de rasoir, de coups de bâton, et cela se passe sous le ciel très bleu de la Sicile.

On a beaucoup disserté sur l'origine du mot, et il semble qu'il ait été légèrement détourné de son sens primitif. On dit d'une jolie fille qu'elle a de la *mafia*, de beaux fruits qu'ils sont *mafiosi*, et on appelle aussi *mafioso* celui qui se livre aux petites industries que j'énumérerai tout à l'heure. Cela vient de ce que le *mafioso* est, avant tout, un important, un faiseur, quelqu'un qui a confiance en son étoile, et va de l'avant, à la conquête de l'influence et de la fortune, par tous moyens.

Mais qu'est-ce précisément que la mafia? Quelle est son histoire, son organisation? Quelles sortes d'opérations habituelles peut-on mettre à sa charge? Voilà qui est extrêmement difficile à décider. L'excellent docteur Pitrè, une des gloires de Palerme, qui a écrit tant de curieux volumes sur les mœurs, les traditions, la littérature populaire de la Sicile, arrivé au chapitre de la mafia, se borne à des remarques de linguistique, et déclare qu'il ne veut pas s'occuper du reste.

Si vous avez passé seulement une semaine à Palerme, cela ne vous étonnera nullement.

Je prends trois habitants de cette grande et charmante ville. Le premier est un maître d'hôtel. Vous l'interrogez sur la mafia. Il vous envoie promener poliment, en vous disant, avec des airs merveilleusement réussis de commisération, que la mafia n'existe pas, que la Sicile est le pays le plus sûr d'Europe, le plus policé, le plus..., enfin, tout l'air de vielle.

Alors, vous faites ce qu'il a eu l'air de vous conseiller : vous allez vous promener avec le second. Celui-ci est un citoyen aisé, un brave homme, qui ne soupçonne pas vos curiosités d'étranger. En flânant avec lui dans la rue, vous vous sentez pincer le bras. Vivement, vous levez la tête pour voir si vous n'êtes pas menacé par la chute d'une cheminée, ou bien vous vous détournez, croyant qu'une voiture vous vient à l'abordage. Lui, sourit de vos gestes inopportuns de Français. Et quand vous avez repris la ligne droite, que personne ne fait plus attention à vous, il vous montre du bout de son petit doigt discrètement orienté, et en ayant soin de regarder de l'autre côté, un jeune monsieur, vêtu d'un melon brun et d'une jaquette claire, très élégant, qui entre dans le *salone* d'un coiffeur.

— Ce monsieur, murmure-t-il, *è un mafioso.*

— Ah ! vraiment ?

— *Mafiosissimo !*

Vous voilà tout oreilles. Vous le pressez de questions. Il répond à peine, des choses vagues, d'un air gêné. On ne cause pas de cela dans les rues. Après cinq minutes, il a tourné la conversation ; il est heureux, souriant, empressé. Mais c'est fini : vous ne l'y prendrez plus.

Si vous rencontrez le troisième, — ce qui n'est pas absolument certain, — il vous contera des histoires très curieuses, des traits de mœurs locales qui vous feront rêver. Il se plaindra que la mafia ait encore cette autorité usurpée, et que le gouvernement tolère tant d'abus. Ce sera, bien entendu, dans son cabinet qu'il vous parlera avec cette liberté. Et puis, au moment où vous le quitterez, il vous dira :

— Oui, monsieur, voilà l'exacte vérité. Tout ce que je viens de vous rapporter est arrivé à moi, à mon frère, ou à mes amis. Seulement, si vous le répétez, n'est-ce pas, ne me nommez point. Il est désagréable de passer pour un homme qui parle trop. On peut froisser quelqu'un. Vous comprenez?

Je comprends si bien que, pour n'être pas soupçonné d'invention ou de médisance, je préfère citer tout bonnement quelques traits de la vie sicilienne qui sont de notoriété publique ou déjà relatés dans des publications locales, par exemple, dans cette brochure de beaucoup d'esprit, imprimée à Palerme, en 1878 : *Profils et Photographies pour collection.* De la sorte, le plus ombrageux Sicilien ne pourra m'accuser d'injustice, puisque je ne dirai de ce délicat sujet que ce que les Palermitains eux-mêmes en ont dit.

Il y a une adjudication annoncée. On va vendre à l'enchère la récolte de citrons du cavaliere N... propriétaire important. La mafia jette son dévolu sur cette affaire. Elle fait savoir qu'elle entend être déclarée adjudicataire, ou plutôt un personnage connu, très en vue, annonce qu'il offrira tel prix du lot d'agrumes. Il n'ajoute rien, et n'a besoin de rien ajouter. Personne ne couvrira son enchère. On sait ce qu'il en coûterait de lui faire concurrence et de le gêner dans ses opérations.

Le même cavaliere N... perd son jardinier, son homme d'affaires. Un candidat jardinier se présente. Il est appuyé par quelqu'un de la mafia, qui s'est engagé à lui obtenir cette place et qui n'a pas refusé d'accepter quelque argent, pour prix de ses bons soins. Est-il honnête ouvrier ? C'est fort possible. Le cavaliere N... pourra n'être pas mécontent de ses services. Il le prendra, en tout cas. Vous me direz qu'il est bien libre d'en prendre un autre ? Évidemment. Mais le nouvel employé aurait des chances sérieuses, un soir qu'il se promènerait au clair de lune, entre son champ de cactus et son bosquet d'agrumes, d'être incommodé par le sifflement des balles, très près de son oreille.

Un riche banquier possède, dans la banlieue de la ville, le plus beau verger qui soit. Malheureusement, à peine les oranges mûrissent-elles, les voleurs s'y mettent; la récolte de figues d'Inde elle-même est enlevée; le raisin est au pillage. Que faire? Le remède est connu. Le banquier n'hésite pas. Il va trouver l'homme indispensable, un voisin fort bien logé, considéré, des plus aimables, et le prie de *s'intéresser* à la plantation dévastée. Ce sont des expressions qu'on emploie volontiers en pareils cas, parce qu'elles ont précisément la transparence nécessaire. Dès le lendemain, les déprédations cessent. Les gardes, impuissants la veille, peuvent dormir en paix. La mafia veille pour eux, car elle attaque la propriété, mais elle sait la défendre à l'occasion.

Elle protège même les gens, quelquefois malgré eux. Ici je cite textuellement l'auteur de *Profils et Photographies :*

« Le cavaliere Tramonte, nommé agent judiciaire de certains domaines aux environs de Palerme, fait une promenade en calèche pour reconnaître le terrain, et c'est jour de fête. Le malandrin, — l'auteur distingue le malandrin du mafioso, mais je crois la distinction subtile, — observe le nouveau venu, s'approche de lui, et entre en relations.

C'est jour de fête. Les affaires chôment, ou devraient chômer, mais, grâce à la promenade du cavaliere Tramonte, il y a une belle affaire dans le sac. Le lendemain, de bonne heure, le malandrin est dans l'antichambre du cavaliere, qui est tout heureux de le recevoir, ignorant absolument l'objet de sa visite. Il se tient debout, le béret à la main, le sourire aux lèvres.

» — Votre Excellence est satisfaite de l'accueil qu'elle a reçu hier dans le pays?

» — Mais oui. Du reste...

» — Pardon, je désire savoir si elle est satisfaite et si elle a été respectée?

» — Mais oui, c'est-à-dire...

» — Le cavaliere Tramonte a été et sera respecté toujours parmi nous. Il est maître d'aller et de venir tant qu'il lui plaira, de jour, de nuit, hiver, été... Respect au cavaliere Tramonte dans toute la contrée, et gare à qui oserait le toucher... Respect toujours... Et maintenant, je me retire, et je prie Son Excellence de me donner quelque chose pour les braves garçons qui l'ont respectée.

» Le cavaliere, confus, perplexe, hésite à comprendre, et, comme sans savoir et sans vouloir, offre cent lires au malandrin. »

Il n'y a pas d'autre parti à prendre. Cet homme d'affaires est un sage, un bien avisé. Voyez ce qu'il advient à ceux qui ne font pas comme lui :

« Le malandrin a déjeuné. Voici le compère Peppino, le nez long, les yeux pleins de larmes, qui se présente devant le satrape. Celui-ci connaît de reste le but de la visite matinale de compère Peppino, mais il feint de l'ignorer.

» — Qu'y a-t-il donc, compère Peppino?

» — Ce que nous avons, maître Gaetano! ils ne veulent nous laisser la paix, ni jour ni nuit. Vous voyez en moi un homme qui a perdu le repos, et qui vient vous demander assistance.

» — Vous avez sûrement des torts, mais nous verrons... Vous êtes père d'une nombreuse famille... Il y a quelque chose à faire pour vous.

» — Oh! oui, je vous en prie, faites-le, vous qui avez de si bonnes façons! Personne ne vous dit « non », et je vous confie ma tranquillité et ma vie.

» —Tout finira par une paix solide. Mais, vous le savez bien, pour pouvoir célébrer la conclusion du traité il faut trois cents lires.

» — Trois cents lires! J'aime mieux mourir que d'enlever trois cents lires à mes pauvres enfants.

» Et, dans les trois jours, la mort *cueille* le compère Peppino, qui n'a pas voulu payer trois cents lires la vie que le malandrin lui offrait à si bon compte. »

Je n'en finirais pas, si je voulais essayer seulement

d'énumérer les opérations, financières ou autres, attribuées à la mafia, soit à la ville, soit à la campagne. Il faudrait parler des vengeances particulières, si nombreuses en Sicile, et des étonnantes surtaxes sur la farine que mentionne l'économiste Turiello, des enlèvements encore assez fréquents, et dans le style ancien, avec la calèche attelée de deux chevaux vigoureux, qui filent à toute vitesse, des séquestrations dans la montagne, affaires d'un rendement superbe, mais dangereuses, et qui deviennent plus rares : il faudrait l'information détaillée d'un Sicilien.

Notez que les chefs, ceux que nous avons vus tout à l'heure à l'œuvre, ne sont pas du tout de grossiers misérables, de gens sans feu ni lieu. Le peuple a trouvé pour eux une appellation pittoresque; il les désigne sous le nom de « Mafia en gants jaunes ». Le mafioso de haut rang « dort son somme dans sa maison, observe les usages, ne met jamais la main lui-même sur la chose d'autrui, et, le plus souvent, son casier judiciaire est net comme celui du plus honnête homme. C'est un personnage bien élevé, qui se respecte, et jouit de la considération. Il ne porte pas d'armes cachées, ferme sa porte pour un coup de fusil, et défie la Sicile entière de prouver qu'il s'est trouvé, même une fois, dans une rixe, une agression, une bande armée. »

Comment se fait-il, direz-vous, qu'on ne vienne

pas à bout de ces mafiosi de haute et basse classe?

La police ne fait-elle pas son devoir?

Mon Dieu! si. On trouve même des questeurs et des officiers de carabiniers fort sévères sur ce chapitre, et la plupart des Siciliens ne désirent rien tant qu'être délivrés de la mafia.

Alors?

Eh bien! il y a d'abord une réponse d'ordre psychologique, que je ne me permettrais pas de donner si elle ne m'était fournie par des Italiens. Villari a écrit dans l'*Opinione* : « En supposant emprisonnés demain tous les camorristes, la camorra (cette sœur napolitaine de la mafia) serait reconstituée le soir, parce que personne ne l'a créée, et qu'elle naît spontanément, comme une forme naturelle de cette société. » Et le député Torraca disait en 1877, traitant le même sujet et répétant à peu près un mot connu de Massimo d'Azeglio : « Le vice est dans le sang, dans le tempérament ». Cela est vrai pour Naples, et plus encore pour la Sicile, où toutes les races ont passé, où plusieurs d'entre elles ont laissé le germe de leur goût d'indépendance, d'aventure et de ruse. Vous perdrez votre peine à prêcher un braconnier bourguignon, cévenol ou normand. Vous ne persuaderez pas davantage à un Sicilien du peuple que ce n'est pas un acte indifférent de dépouiller de ses fruits le citronnier ou le ficodindia qui pousse au bord de la propriété du voisin, ou même un peu plus loin. Quoi! un vol, des citrons, des figues d'Inde? Mais cela se mange! c'est de la *roba da mangiare*! S'il est insulté, lésé en quelque manière, vous n'empêcherez pas que son sang, où bouillonne un peu de sève africaine, n'ait des révoltes terribles. Il est Grec aussi. Sa vanité est grande et sa conscience orientée singulièrement. C'est par le côté esthétique, bien plus que par le côté moral, qu'il est porté à juger les choses. Un mauvais coup lui paraît presque excusable, s'il a été bien donné. Ajoutez l'extrême misère, l'attraction de l'or doublée par la rareté du métal et par l'éclat qu'il prend sous le soleil. Songez que la plupart de ces beaux adolescents, habillés avec une recherche extrême, que vous rencontrez dans les jardins publics et dans les cafés, le jour, dans les théâtres, le soir, ne travaillent pas, n'ont pas cinq cents francs de rentes, et se connaissent tous. Alors vous saisirez mieux la raison d'être de la mafia et l'une de ses raisons de durer. Quelle influence peut avoir un procès sur ce qui est avant tout une question de race et un état d'âme?

En outre, la justice criminelle, en Sicile, se heurte à des difficultés toutes particulières. Nulle part peut-être la preuve d'un délit n'est si malaisée à établir. Le juge d'instruction, le président d'assises, le procureur du roi, l'avocat de la partie civile ont contre eux une puissance redoutable qui favorise l'inculpé, multiplie les audiences, et finit par détruire l'acte d'accusation le mieux construit. Je veux dire l'*omertà*. Aux yeux du peuple sicilien, c'est montrer de l'omertà (*omineità*, virilité de caractère), que de ne point dénoncer le coupable, de ne jamais le trahir, soit avant les débats, soit devant la justice. Dès l'école, les enfants savent que le devoir d'un homme est de se taire sur les aventures où il a été mêlé. *La virità si dici a lu cunfissuri*, dit le proverbe, là-bas. Mais la vérité ne se dit pas en cour d'assises. Très souvent la victime ne se plaindra pas. Si elle se plaint, le volé ne désignera pas le voleur qu'il soupçonne, le blessé ne nommera pas son agresseur. On verra des innocents se laisser accuser, condamner plutôt que de révéler le coupable. On aidera même celui-ci à s'échapper. Il se trouvera des voisins, quand une rixe vient de se produire dans une rue, pour faire évader l'assassin. Non pas qu'ils approuvent le crime, non. Mais « le mort est mort, et il faut secourir le vivant », c'est la morale populaire.

Jugez, d'après cela, de l'attitude du témoin. « Il n'a rien vu, dit M. Giuseppe Pitrè, il ne sait rien, il ne connaît pas celui contre lequel on veut le faire déposer. » Quand il parle, on se demande pourquoi on l'a prié de venir. Si, par hasard, un juge adroit est parvenu à lui arracher quelque aveu, le témoin se rétracte aussitôt, il jure ses grands dieux, — et dans ce pays mythologique, cela doit être sérieux, — qu'il s'est trompé, ou qu'il n'a jamais prononcé la moindre de ces paroles inscrites au procès-verbal. Le juge essaye alors de confronter deux témoins. Il n'obtient qu'un vacarme assourdissant. Il finit, de guerre lasse, par renvoyer l'affaire à la prochaine session, à moins que le jury, interrogé et n'y comprenant plus rien, n'acquitte l'accusé après une vingtaine d'audiences.

Veut-on des exemples? Ils ne manquent pas. Je n'ai qu'à ouvrir un de ces comptes rendus de cours d'assises imprimés en fascicules à un ou deux sous, et qui ont une si grande vogue en Sicile. Voici le *Procès de Messine*, jugé en 1873, à Trapani. Les accusés sont au nombre de vingt-deux. Il y a vingt-quatre jours de débats. Quant à l'objet, ce sont des coups et blessures, des vols, sept ou huit meurtres, un peu de tout.

Les témoins défilent. Je note au passage quelques réponses.

D. — Vous avez été l'objet d'un attentat. Racontez les particularités du fait. Avez-vous recherché les auteurs? Avez-vous des soupçons?

R. — Je n'ai pas de soupçons. Je n'ai pas d'ennemis. Je n'ai point cherché à connaître les auteurs, et je m'inquiète peu de les connaître. J'étais allé, pour quelques jours, à Messine. Un soir, comme je rentrais chez moi, on a tiré trois coups de revolver. Je n'ai vu personne. Je n'ai reconnu personne. Il m'est impossible même de dire si les coups ont été tirés sur moi ou sur l'avocat Mineci qui m'accompagnait.

D. — Vous a-t-on jamais dit : « Un tel faisait partie de la bande? »

R. — Jamais je n'ai entendu nommer personne.

Un autre, Jean Catanzaro, a été attaqué par cinq hommes, qui lui ont enlevé ses pistolets.

D. — Vous avez connu ces individus?

R. — Non. Je les connaissais seulement de vue. Un s'appelait Jean, un autre François.

D. — Mais ensuite, vous avez cherché à les connaître.

R. — Je ne les ai plus revus.

D. — Sont-ils parmi les accusés?

R. — Monsieur, je ne reconnais aucun des cinq.

Une troisième victime dépose à son tour.

R. — Je me retirais chez moi, en compagnie de mon fils et de M. Scalia. Près de la maison, dans une ruelle, je vis deux hommes apostés. Mais je n'y pris pas garde. Quelques pas plus loin, je fus frappé, et je tombai.

D. — Qui vous a frappé?

R. — Je n'ai pas reconnu mon agresseur. Je n'ai pas de soupçons, pas d'ennemis.

Un moment, le président des assises croit tenir au moins une bonne déclaration. Il interroge deux personnes qui ont couru après l'assassin. La première dit : « Je l'ai reconnu par derrière, aux épaules, c'était Musicò. Ils étaient deux qui couraient. » Mais, immédiatement, la seconde survient, et dit : « Il n'y avait qu'un homme qui fuyait, et ce n'était pas Musicò. »

On pourrait citer vingt réponses toutes pareilles. Le résultat fut ce qu'il devait être. Sur les vingt-deux accusés, dix-sept furent acquittés. Il est vrai que certains avaient fait trente-quatre mois de prison préventive.

Depuis 1873, les mœurs judiciaires de la Sicile ne paraissent pas avoir changé. J'ai suivi, dans le *Giornale di Sicilia*, les débats d'une affaire toute récente, l'affaire Notarbartolo di Villarosa. C'est un drame d'amour, le plus simple et le plus triste du monde.

Un jeune officier a vu à la promenade, sur le *foro Italico*, la jeune Catherine de Villarosa. Il est devenu amoureux d'elle. Il le lui a dit par signes, d'abord, à la mode sicilienne. Puis il a écrit, et ses lettres sont publiées, de longues lettres d'amour respectueux et enflammé, qui commencent souvent par ces mots : « Mon indiciblement aimée Catherine ». La jeune fille n'est point insensible aux protestations d'éternelle tendresse que lui envoie Giovanni Leone. Elle a promis de ne se marier qu'avec lui. Quelquefois, le soir, une ombre apparaît au balcon de la maison des Villarosa. C'est la servante qui guette un signal convenu. Elle descend. Elle ouvre la porte, et les deux fiancés peuvent, quelques instants, s'entretenir à voix basse de leurs amours traversées. Car l'*indicibilmente amata* a deux frères qui ne veulent pas de ce mariage. Ils jugent Leone trop pauvre, ils lui ont signifié de ne jamais suivre leur sœur, de ne plus lui écrire, de renoncer à elle pour toujours... Un soir que la jeune fille n'était pas à la maison, Leone passe devant les fenêtres de son amie. L'ombre apparaît, la porte s'ouvre, le jeune officier entre. Un coup de feu retentit, et quelque temps après le bruit se répand dans Palerme qu'on a trouvé le corps de Giovanni Leone percé d'une balle, et un revolver déchargé à côté, dans le jardin des Villarosa.

Assassinat, disent les uns; suicide d'amour, disent les autres.

L'affaire est portée devant la cour d'assises de Palerme. Mais les faux témoignages sont si manifestes et si abondants que le ministère public juge prudent de renvoyer les accusés devant un deuxième jury.

La seconde fois, plus de vingt audiences n'aboutissent qu'à des contradictions passionnées. Les témoins, à de rares exceptions près, se préoccupent visiblement de ne rien avancer qui puisse les compromettre. Ils ne se rappellent plus ce qu'ils ont dit à l'instruction, puis ils se le rappellent, et le rétractent. On voit l'un d'eux affirmer qu'il ne connaît pas l'un de ses meilleurs amis, le père d'un enfant dont il est le parrain. Le procès s'embrouille de plus en plus. Peut-être va-t-on le juger quand même, lorsqu'au dernier moment une lettre avertit le président que sept jurés sur douze ont été achetés. Le magistrat fait une enquête, il acquiert la preuve qu'en effet des jurés ont reçu chacun la moitié d'un billet de mille francs coupé avec des ciseaux. L'acquittement survenu, la seconde moitié devait être réunie à la première. Donnant, donnant. Aussitôt, la cour se dessaisit, et l'affaire Villarosa est renvoyée à la cour d'assises de Naples.

Pour la troisième fois, les débats se sont donc ouverts tout récemment, et « les barons siciliens », comme disait le peuple de Naples, ont comparu sur le banc des accusés. L'Italie entière suivait le procès Notarbartolo di Villarosa. Et, certes, la couleur locale, ni les incidents, ni les plaidoiries brillantes n'ont manqué. C'est le père du jeune officier Leone, venant se plaindre de la lutte obscure, persistante, qu'il a dû engager avec « la mafia en gants jaunes » pour obtenir justice; c'est la déposition accablante du questeur de Palerme dénonçant la mafia; l'avocat Li Donni peignant et déplorant ces mœurs d'un autre âge qui doivent disparaître et qu'il faut réprimer; ce témoin de bonne famille répondant avec la sérénité la plus parfaite : « Rien n'est plus simple : un monsieur courtise votre sœur, vous lui défendez de franchir le seuil de la maison, il enfreint l'ordre... eh bien, il est tué! »

Il faudrait relever les récits des petites gens de Palerme, barbiers, épiciers, marchands de lard qui se font appeler *gentilhuomo*, et, rendus plus libres par le passage du détroit, parlent plus volontiers; les harangues d'une ampleur et d'une passion inusitées prononcées par huit ou neuf des avocats les plus fameux du barreau de Naples ou de celui de Palerme; l'attitude de la foule, et celle des accusés toujours hautains malgré trois ans de prison préventive, et enfin ce nombre de soixante-deux audiences à la suite desquelles l'un des Villarosa est acquitté, l'autre, Francesco, condamné à cinq ans de détention, pour *meurtre accidentel survenu au cours d'une rixe*.

Mais je ne veux pas insister sur ce sujet. A tant parler de la mafia on risquerait, ce qui est arrivé à beaucoup de personnes, de lui donner plus d'importance qu'elle n'en a, on calomnierait la Sicile dont il y a, Dieu merci, beaucoup de bonnes choses à dire. Mieux vaut s'arrêter, après cette simple esquisse où l'on pourra deviner ce qu'est la mafia dans la vie sicilienne : un trait de mœurs anciennes, une forme romanesque de la criminalité, encore vivante, déjà moins commune, appelée sans doute à disparaître comme le grand brigandage.

VI

Palerme. — Première promenade : les rues et les gens. — Le palais et le parc d'Orléans. — La figue d'Inde. — Chez un artiste. — Un soir à la Marina.

Elle a tout à fait un air de capitale, de vieille ville souveraine, cette Palerme blanche, enveloppée d'orangers. Elle a devant elle une des plus belles baies du monde, largement ouverte, terminée par deux montagnes dont l'arête est superbe au-dessus de la mer bleue. En arrière, un demi-cercle de verdure sombre, un immense verger d'agrumes où éclate çà et là la blancheur d'une maison de riche, et qui se rétrécit bientôt, et se forme en vallée, et monte avec des inflexions de ruban qu'on déroule entre des cimes sans arbres. C'est la *conca d'oro*.

A l'intérieur, deux grandes rues qui se coupent à angle droit, la via Macqueda et le corso Vittorio-

Emanuele, divisent Palerme entièrement, et tracent sur elle le signe de la croix, ainsi que l'ordonnèrent ses pieux édiles d'autrefois. Les monuments sont partout. Ils appartiennent à tous les âges, ils racontent chacun le passage, et l'humeur somptueuse, poétique ou guerrière, et l'âme si différente des races qui se sont succédé dans l'île. Car elle a bien souvent changé de maître, la Sicile, et peut-être n'en a-t-elle aimé aucun, peut-être a-t-elle toujours eu, au fond du cœur, un rêve déçu de liberté. Eux, au contraire, l'ont embellie et parée à plaisir : Grecs, Sarrasins, Normands ou Espagnols. Les Normands surtout ont été grands bâtisseurs. Ils avaient apporté avec eux le gothique du Nord. Mais la splendeur du Midi changea bientôt leurs yeux, et ils devinrent comme ces peintres d'Allemagne ou de Hollande qui, à force de courir l'Italie, perdaient le goût du demi-jour : ils bâtirent pour la lumière, avec du marbre et des mosaïques d'écarlate et d'or, et le gothique se plia à l'idéal nouveau. Il produisit des chefs-d'œuvre qui sont aussi loin de Notre-Dame de Paris que des temples doriens. Palerme seule peut le prouver.

Quand on la traverse en partant de la mer, on peut apercevoir une ancienne mosquée sarrasine, aux coupoles encore teintes en rouge; plus loin, dans le haut du corso Vittorio-Emanuele, la rue est bordée à droite d'une longue balustrade enfermant un jardin, lauriers, grenadiers espacés, selon le goût du Midi, qui n'aime pas les arbres pour eux-mêmes, et s'en sert discrètement pour faire valoir l'œuvre de l'homme, et puis, sur une longueur immense, en retrait, exposée tout entière au soleil qui la jaunit, la cathédrale, l'*Assunta*, dresse sa silhouette découpée de château féodal, avec ses faîtes crénelés, ses tourelles et ses tours. J'ignore quelle a pu être l'impression d'autres yeux que les miens : il m'a semblé que je voyais, transportée dans la lumière blonde, une façade de Westminster. A quelque cent mètres de là, au milieu du palais royal, s'ouvre la chapelle palatine, le joyau de Palerme. Celle-là, c'est toute la poésie du Nord et celle du Midi qui se rencontrent et se mêlent. Si l'ensemble de ses lignes rappelle des origines gothiques, tout le reste est d'un art nouveau : l'entente merveilleuse du jour et des reflets qui ne laisse dans la pleine ombre aucune partie de l'édifice, le revêtement des murs, les mosaïques de verre d'une splendeur très douce qui les couvre, le fini des plus petites pièces de sculpture, d'une torsade au bas d'une colonne, d'un plumage d'oiseau dans une frise, détails inutiles ou perdus dans nos cathédrales du Nord et dont le sourire léger n'échappe point ici.

J'ai voulu voir un monument d'une tout autre

sorte, et je suis allé sur la place de la Croix-des-Vêpres. On devine de quelles vêpres il s'agit. Au milieu de la petite place, une croix de pierre grise qu'entoure une grille de fer ornée de hallebardes et de lances, armes parlantes. C'est là que furent inhumés une partie des Français massacrés en 1282. A quelque distance, on découvre, derrière un rideau d'ifs sombres, dans la banlieue de Palerme, la vieille église San Spirito. Il paraît que, le jour où elle avait été consacrée, une éclipse totale de soleil avait terrifié les habitants. Le bruit s'était répandu qu'un grand malheur arriverait à cette date fatale. Chaque année, le peuple, qui venait en foule célébrer l'anniversaire de la consécration, s'attendait à un événement grave. Et ce fut précisément ce jour-là et en ce lieu que furent poussés les premiers cris de : « Mort aux Français ! » Les Palermitains racontent volontiers ces détails et d'autres encore sur les Vêpres siciliennes. Le fait est resté, on peut le dire, populaire, en ce sens que même la masse ignorante l'a retenu. Il n'est pas rare de trouver, dans les chambres d'hôtel, des lithographies représentant le massacre, à côté de celles où sont figurés le couronnement du roi Roger et le débarquement des Mille à Marsala. Quel sens ont-elles pour les paysans, les ouvriers, les pêcheurs d'aujourd'hui ? Est-ce une pensée de haine qu'elles leur soufflent dans l'âme ?

Je suis convaincu que non, malgré les mauvaises paroles qui ont été dites, lors du très inutile et très bruyant centenaire de 1882. Les Vêpres ont frappé l'imagination sicilienne, et elles demeurent dans la mémoire du peuple par une tout autre raison : parce qu'elles sont un épisode de la lutte pour l'indépendance nationale, et qu'elles flattent un des rêves les plus anciens et les plus chers de ce pays.

Tout ce monde que nous croisons n'a pas l'air, je vous assure, d'en vouloir bien fort à la dynastie d'Anjou, ni de faire une distinction bien nette entre un Américain, un Anglais ou un Français qui passe. La Sicile que nous avons sous les yeux semble plutôt préoccupée de gagner sa vie. Il est huit heures du matin. Les grandes rues sont pleines de mouvement. Les fiacres immobiles sont postés au coin des rues, et les cochers interrogent l'horizon, pour se précipiter, au galop de leurs petits chevaux, vers les premiers étrangers qui sortiront des hôtels. Les limonadiers qui, tout à l'heure, vendront à si bon marché la *granita* au café, remuent, sur le bord des trottoirs, leurs seaux de bois remplis de glace. Des troupeaux de chèvres, comme à Paris, errent depuis longtemps à travers la ville, seulement celles-ci sont blanches et jaunes. Des vaches, suivies de leurs veaux, s'en vont aussi, paisibles, de porte en porte. On balaye beaucoup. D'innombrables ménagères s'en reviennent avec une aubergine, un melon, des tomates pressés contre leur châle court, et quelques désœuvrés commencent à entrer dans la boutique du coiffeur, le *salone* fermé d'un simple filet de cordes à mailles fines. Car il y a, vous le savez, un *salone* tous les dix pas, où l'on cause avant, pendant et après le lissage au cosmétique, où l'on passe des heures, où l'on se donne rendez-vous, où l'on arrête, à voix basse, avec des signes, avec les yeux seulement, une foule de petites *combinazioni*.

Deux remarques s'offrent tout de suite à l'esprit de quiconque a parcouru l'Italie et débarque en Sicile. Les palais ne sont plus magnifiques à l'extérieur, comme ceux de Gênes, de Bologne, de Venise ou de Padoue. Tout le luxe est en dedans, à la manière orientale. Et cette foule non plus n'est pas tapageuse comme celle de Naples. Elle est alerte, vivante aussi, mais d'une autre race, plus fière et plus contenue.

Le type accuse encore plus nettement le voisinage de l'Orient et le mélange de sang africain. Il n'est presque pas latin. A chaque instant, on rencontre une tête sarrasine ou phénicienne, de grosses lèvres, le nez camard, les cheveux crépus, « pareils au persil », disait déjà Théocrite, le regard luisant et ferme. La stature plus courte, l'attitude plus hautaine font moins songer au midi de l'Italie qu'à l'Espagne. Et si j'avais à définir d'un mot, autant que cela se peut, la physionomie générale du Sicilien, je dirais que c'est un Espagnol né d'une mère sarrasine.

Somme toute, il n'est pas beau. Les femmes sont loin d'avoir la régularité de traits de la plupart des Italiennes, ou la grâce rieuse des Napolitaines. Elles n'ont de superbe que les yeux, enfoncés, largement cernés d'ombre, et qui ne sont pas noirs, mais d'un brun fauve de pétale de pensée, d'un brun où il y a de l'or. Rien d'original non plus ou seulement de gracieux dans le costume. On sent que ce peuple très pauvre a subi, depuis les Grecs, des siècles d'esclavage. Le costume a dû sombrer dans l'invasion sarrasine, avec tant de chefs-d'œuvre nés sur cette terre artiste ou adoptés par elle. Il faut de la joie de vivre, voyez-vous, pour songer à la couleur d'une robe ou à la forme d'une collerette. Et tandis que, dans presque toute l'Europe, un art charmant, fait de toute la tendresse et de toute la poésie humaines, s'ingéniait à parer la beauté de la femme, tandis qu'un idéal nouveau, des falaises de Bretagne aux montagnes du Tyrol, faisait éclore, autour des têtes blondes et brunes, des coiffes blanches où sont rappelées toutes les fleurs de la création, ciselait des bijoux, assortissait des nuances, et variait son œuvre avec l'inépuisable invention de l'amour, la Sicile devenait sombre et perdait le goût ancien. Aujourd'hui les femmes des artisans et des gens de métiers s'habillent souvent de couleurs foncées, et, quand elles ne vont pas tête nue, jettent sur leurs cheveux les plis d'un châle tombant. Quelquefois pourtant, au milieu de la foule, passe une femme de quelque colonie rurale, de la *piana dei Greci*, par exemple, qui est peu distante de Palerme. Celle-là porte des nœuds de ruban rouge dans ses cheveux, une robe rouge, un corset bleu, un châle d'un bleu plus pâle sur les épaules, et, droite, digne, avec son profil régulier, surprend comme une apparition d'une race ancienne et perdue.

Je m'en vais ainsi à travers les rues, flânant, revenant dix fois sur mes pas, jusqu'à la place de l'Indépendance, en dehors des portes de la ville, où des soldats font l'exercice. A gauche s'élève, ou mieux s'allonge, le palais d'Orléans. J'entre, et je suis reçu par le *procuratore generale dei beni in Sicilia del duca d'Aumale*, un ancien officier français, vif, alerte, aimable et versé de longue date dans la connaissance des hommes et des choses de Sicile, M. Bucan. Je viens lui soumettre le rêve que j'avais fait en France de visiter le domaine du

Zucco. Il offre, le plus obligeamment du monde, de m'y emmener et de m'y guider lui-même. Nous convenons du jour et de l'heure de l'excursion, et, après une longue causerie :

— Voulez-vous pour aujourd'hui, me dit-il, parcourir le palais et les jardins ?

On sait que Louis-Philippe s'est marié dans ce palais, et que le duc d'Orléans y est né. C'est un hôtel immense, princièrement tenu, mais qui ne rappelle que de loin les splendeurs de Chantilly. La plupart des appartements n'ont qu'un dallage verni en rouge, sur lequel on étend des tapis, quand M. le duc d'Aumale habite Palerme. Peu de tableaux, des bibliothèques et des bureaux de travail un peu partout, — on devine que bien des pages de l'histoire des princes de Condé ont été écrites là, — beaucoup de souvenirs des Bourbons de Naples, et de la lumière abondamment. Au-dessus des chambres, une terrasse d'où la vue est si belle sur la conque d'or, Palerme, le massif gris du Pellegrino qui ferme le golfe à gauche, la mer étincelante au delà, qu'on passerait des heures à *écouter* ce paysage qui chante tout seul, comme la baie de Naples, devant l'âme immobile.

De là, une série d'escaliers de fer extérieurs descendent jusqu'au pied du palais, dans le parc. Le premier buisson que j'aperçois est tout étoilé d'azur.

Comme je suis en plein pays de féerie, j'appelle cela bravement un jasmin bleu. C'est peut-être cela, s'il en existe. Je reconnais des palmiers, aussi hauts que ceux de Tunis, des gerbes de bambous, des lianes à fleurs. Les allées tournent au milieu d'une petite forêt de feuillages rares. Un groupe d'arbres la domine. Ils sont énormes, le tronc noueux et tordu, les branches coudées en cassures, les feuilles charnues formant de larges ondes. On dirait des amandiers, grands comme des chênes, portant des feuilles de lierre. Où ai-je vu les pareils ? Je me souviens : sur les éventails et les paravents du Japon. Justement M. Bucan me les nomme. Ce sont des coraliniers de l'Inde, qui se couvrent au printemps de grappes vermillon. Avec la graine rouge on fait des chapelets ; avec le bois, des gaines d'épée. A quelques pas, une collection de toutes sortes d'agrumes. Toutes les oranges sont là et tous les citrons, les acides, les sucrés, les rouges, les jaunes, les verts, les cédrats, les mandarines, qui ont l'air de petites lanternes dans un sapin de Noël, et les pamplemousses qui n'entreraient pas dans le fond d'un chapeau de soie. Une haie de roses en festons clôt ce paradis terrestre. Puis le parc devient verger, — il n'a pas moins de trente hectares, — des champs de ficodindia succèdent aux plantations d'oliviers.

— La récolte est très belle, me dit mon guide, en désignant les longues lignes de cactus épineux, dont les tiges ploient sous le poids des fruits, je viens de la vendre sur pied. Dans quinze jours vous serez encore en Sicile, et vous verrez partout, sur les murs, sur les toits, sécher les figues d'Inde. Elles sont la providence du menu peuple. Avec une vingtaine de fichidindia, — la valeur de deux sous peut-être, — et un peu de pain, un Sicilien trouve le moyen de déjeuner, de dîner, de souper, et de chanter dans l'intervalle. Elles sont fraîches, et elles sont saines. Enveloppées dans du papier fin, elles se gardent jusqu'en avril. N'est-ce pas que c'est un fruit précieux ? L'arbre ne l'est pas moins. Il défend nos vignes ou nos blés comme jamais buisson de ronces ou barrière ne l'a fait. La raquette, coupée en tranches, l'hiver, est donnée aux bestiaux. Les branches malades font du fumier. Rien n'est perdu, dans le ficodindia. Aussi, on l'aime ! Ohé ! toi, apporte un ficodindia *a questo signore.*

Le garde sicilien auquel il s'adressait alla cueillir, sur la raquette d'un cactus beaucoup plus haut que lui et couvert de capsules rouges, jaunes ou vertes, un des fruits les plus mûrs, de couleur orangée, gros comme le poing, hérissé d'épines. Il fendit la peau d'un coup de canif, écarta les lèvres de l'enveloppe, fit sortir la pulpe dorée, et me la présenta en disant :

— Quel dommage que Votre Excellence goûte le ficodindia avant les premières pluies !

— Et pourquoi ?

— Excellence, quand la figue a bu la pluie, elle devient délicieuse, et autant dire qu'il n'y a point de meilleur sorbet.

Je ne veux pas médire de la figue d'Inde : je ne souhaite pas cependant que l'usage s'introduise d'en servir une au milieu des repas, même une qui aurait bu la pluie de son pays natal.

Un quart d'heure plus tard, par une de ces ruelles bordées de murs, entre vergers, qui tournent et se croisent en tous sens autour de Palerme. chemins peu sûrs le soir, et chauds dans la journée comme un tube de fourneau, je regagnais la ville.

L'après-midi fut dépensé en visites. Je n'ai pas le dessein d'entretenir le lecteur de chacune des personnalités que j'ai pu rencontrer, ni de lui demander de me suivre à travers les différents quartiers, depuis les hôtels des quartiers riches jusqu'à ce haut étage où demeurait, à demi emprisonnée entre les contreforts d'une église, la vieille cousine sicilienne d'un de mes amis de France, contente et saisie de me voir, parlant de la France comme d'un pays mythologique, dont on n'a rien vu et qui possède toutes les couleurs du rêve, me disant, les larmes dans les yeux, tandis qu'elle me reconduisait, et que la servante, sauvage et camuse, écoutait dans l'ombre du vestibule : « Oh ! mio carissimo signore, si je pouvais, avant de mourir, réunir assez d'argent pour aller à Lourdes, je croirais avoir fait le premier pas en paradis. Est-ce bien loin de Paris, dites-moi ? Et comprendraient-ils ma pauvre parole de Sicile, ceux de là-bas ? Je n'en sais pas d'autre. » Humble femme ! Elle me rappelait tant de mères françaises ! Elle avait l'âme si prompte à la pitié et troublée pour un rien !

Cependant, je veux nommer au moins l'un de ceux que j'ai eu le plaisir de connaître à Palerme, le peintre Lojacono, l'un des artistes les plus justement réputés de la Sicile, avec le sculpteur Civiletti.

Je lui avais été présenté par une de mes nouvelles relations, et j'avais rendez-vous à son atelier, via Macqueda. Francesco Lojacono a étudié à Naples, sous Filippo Palizzi. Il n'est pas inconnu en France, mais la plupart de ses tableaux sont en Russie, en Allemagne, en Amérique, ou dans les galeries royales de Monza, de Naples, du Quirinal et de Milan.

J'entrai à l'école d'application des ingénieurs, vieux bâtiment mal entretenu, et j'arrivai, par un escalier invraisemblable, à un corridor où il faisait tout noir. Le peintre vint m'ouvrir : un type militaire, des moustaches grisonnantes un peu relevées, le regard droit et vif.

— Je vous ai prévenu, me dit-il en m'introduisant dans un atelier clair, drapé de tentures : je n'ai presque rien ici. Mes tableaux sont habituellement vendus avant de quitter le chevalet. Et voici tout ce qui m'en reste.

Il posait sur une chaise, en parlant ainsi, et feuilletait un grand carton plein de photographies. Il y avait là de bonnes études d'oliviers, des marines étonnantes, avec des rochers volcaniques en forme d'éponges, brûlés de soleil, au milieu desquels des gamins, le bonnet retombant sur l'oreille, pêchaient des *frutti di mare;* des plaines avec un fond de montagnes, et ce grand tableau acheté par le roi Humbert : un bersaglier rentre au pays, il a dû courir au village, sa fiancée n'y était pas, il l'a découverte qui travaillait aux champs, et lui, tout gris de poussière, tout fier, elle, surprise et heureuse, ils s'embrassent. Le sujet n'a peut-être rien de très nouveau, mais ce qui l'est, — on le pressent, même dans la photographie, — c'est l'entente de la lumière, le goût de terroir, l'amour de la saison ardente qui tarit les rivières et fend la croûte du sol.

J'en fis la remarque à Lojacono. Il sourit, et me montra une caricature où, dans la procession des peintres italiens, il était représenté portant le soleil au bout d'un bâton, comme un ouvrier ses outils.

— *Ladro del sole*, voleur du soleil, me dit-il c'est le nom qu'ils me donnent. Et vraiment je le mérite un peu. Je l'aime, le soleil de Sicile. J'essaye de lui prendre ses secrets, et il s'en venge durement, — il me tendait ses mains couvertes de taches rouges, de vraies brûlures encore douloureuses, — je ne puis pas me défendre, les parapluies ne protègent pas, et les gants sont intolérables. Mais qu'importe! Pourvu qu'il me laisse les yeux, je lui pardonne. Aucune nature ne me plaît autant que celle-ci.

— Je vous comprends, et une seule chose m'étonne : c'est de ne pas rencontrer de peintres dans un pays qui est merveilleusement fait pour eux. Avez-vous des élèves?

— Hélas, monsieur, quelques-uns seulement. La Sicile n'est pas comprise. Si on savait la voir! Elle a des rochers incomparables, des montagnes où les violets épuisent leurs nuances, une mer admirable, des *fiumare*, des tournants de plage! Elle a même des effets de brume...

Lojacono s'interrompit, et, relevant la tête :

— Mais j'y songe, continua-t-il, je vais pouvoir vous montrer ce que je veux dire! J'ai un grand tableau chez le prince de Trabia. Le prince est absent. J'obtiendrai quand même l'autorisation, pour un étranger... Je suis content d'avoir eu cette idée-là !

Nous sortons, et nous traversons tous deux la ville, dans la direction de la mer.

Le palais ouvre d'un côté sur la via Butera. Bien que ce soit un des plus beaux de Palerme, il a toute une bordure de petites boutiques au rez-de-chaussée. Des marchands d'herbes et de fruits, et des revendeurs, et des cordonniers, étalent leurs marchandises au-dessous de la longue ligne de fenêtres du premier étage Mais, à peine a-t-on franchi le seuil, l'opulence de la maison se révèle. En haut de l'escalier, nous ne trouvons pas moins de quatre domestiques, dont un majordome qui éclipse, je crois, par la gravité, par l'importance et la tenue, même celui de mon ami le marquis B... Il nous précède en silence, à travers plusieurs salons qui sont splendides. Aucun faux luxe. aucune dorure insolente, aucune bimbeloterie. Des appartements de vieille noblesse authentique, des portraits, des séries de tapisseries, dans un coin la chaise à porteur, toute sculptée et peinte, de quelque aïeule, de l'espace autour des meubles, et, bien que le palais soit inhabité, cette sorte de grâce parlante et d'esprit qu'ont les choses, lorsque le goût d'une femme, ou mieux encore le goût d'une race entière les a choisies et disposées.

Dans la plus grande de ces salles, dès que j'entrai, je me sentis attiré, séduit, et puis longtemps retenu par deux peintures. L'une, c'était le tableau de Lojacono, *Après la pluie*, qui occupait le centre d'un panneau. Sur une route détrempée, deux paysans s'en vont à cheval. Leurs parapluies rouges sont ouverts. Au-dessus d'eux, une nappe de brouillard traversée de soleil. Des montagnes à droite et au fond, un vieil olivier bossué à gauche. Tout est merveilleusement vrai, le chemin défoncé, les flaques d'eau luisant sous les rayées tamisées du jour, ces dos de bonnes gens qui ont reçu l'averse et se tendent pour mieux sécher, le ciel d'un bleu lavé, traversé de nuages rompus et frangés : on a vu tout cela. Je dirais volontiers que c'est d'une humidité pénétrante. Et la nuance sicilienne s'y trouve, non seulement dans la composition du paysage, mais dans le ton du soleil derrière son brouillard blanc et dans cette hâte avec laquelle, — on le devine très bien, — l'eau va s'évaporer, l'arbre secouer ses perles et la terre sourire.

Quelle que fût mon admiration pour cette large et belle toile, je crois qu'en ce moment je l'exprimai à peine à Lojacono. Une autre œuvre me tenait maintenant sous le charme. Celle-là était simplement posée sur un chevalet : un portrait de femme jeté hâtivement, en quelques heures, un profil de Grecque idéalement pur, l'œil baissé et voilé d'ombres, les cheveux épais, d'un blond roux, tombant en torsades sur les épaules, la robe à peine indiquée. J'interrogeai mon voisin du regard.

— La princesse de Trabia, me répondit-il.

Le portrait était signé : Lenbach. Je ne connais pas celui que le peintre allemand a fait du prince de Bismarck. Mais je puis assurer que l'esquisse qu'il a laissée au palais Trabia est bien une des plus poétiques et des plus émues qu'on puisse voir. Elle suffirait à révéler un grand artiste. Elle est, en tout cas, de ces œuvres qui demeurent dans la mémoire, et qui reviennent, aux heures de songeries, avec un peu de la joie qu'elles ont causée.

Je m'en retournai, l'esprit et les yeux pleins de la double surprise d'art que m'avait valu Lojacono. Lui s'en était aperçu, et comme aucun éloge n'égale, après tout, la forte impression qui rend muet, il m'en voulait du bien. Au moment où nous nous séparions, il me dit :

— Je regrette de ne pas être libre. J'aurais voulu achever ma journée avec vous. Mais faites au moins tout seul ce que nous aurions fait tous deux. Quand la nuit tombera, prenez une voiture, et allez vous promener sur le *foro Italico*. Vous verrez là une partie de la société palermitaine, vous écouterez la musique et la mer. Alors seulement vous pourrez juger si Palerme a été bien nommée la *felice.*

Nous étions déjà à dix pas l'un de l'autre quand il se retourna pour ajouter :

— N'oubliez pas une glace forte, vous entendez bien, forte... premier café, le long de la Marina.

Le soir venu, je suivis le conseil du peintre et me fis conduire à la Marina. La grande flânerie de tout le monde était commencée. On s'en allait par petits groupes, sans hâte, avec la nonchalance de causerie qui décèle une promenade habituelle, respirer la brise de la mer, et voir passer les équipages. Je croisais beaucoup d'humbles gens, petits bourgeois, ménages d'ouvriers. Quand je tournai, après avoir franchi la porta Felice, il y avait déjà foule dans l'immense avenue.

Figurez-vous un quai très long et très large, légèrement arqué suivant la courbe du rivage, planté d'arbres du côté de la ville et découvert du côté de la baie. Les voitures vont et viennent, sur plusieurs files alternées, comme aux Champs-Élysées. Elles se mettent au trot dès que la musique a achevé un morceau, et reprennent le pas, toutes ensemble, lorsqu'on entend les premières mesures d'une valse ou d'une mazurke, arrivant par bouffées sonores, du kiosque minuscule, là-bas, vers le milieu. La nuit est très douce et très limpide. Est-ce une illusion, et le bruit se perd-il simplement dans l'espace sans bornes? Il me semble qu'aucune rumeur ne s'élève de cette foule en mouvement. On perçoit très bien, au contraire, celle des petites vagues régulières qui s'étirent sur le rivage et dont les échos, des deux côtés de la baie, prolongent le murmure en notes assourdies.

Les voitures continuent de passer, au pas ou au trot, rasant la mienne. Parmi elles, beaucoup de voitures de maître et de beaux équipages. Il est évident que Palerme a le luxe des chevaux, et les autres avec. Toujours l'ancienne capitale qui reparaît et s'affirme. Dans les landaus découverts, des jeunes femmes et surtout des jeunes filles, immobiles ou maniant l'éventail, qui est en Sicile un instrument de conversation et une valeur diplomatique. Avec un éventail on peut tout dire, à longue distance et sobrement. Toute la haute société de Palerme n'est pas là, sans doute. Une partie a pris le chemin de ses terres, ou de Sorrente, ou de quelque plage à la mode du continent italien. Mais celle qui reste doit être tout entière sur la Marina. La coutume et le bon ton le veulent ainsi. On fait, en été, la *passeggiata* de huit à dix heures du soir. On rentre. Les salons des palais s'ouvrent, et la maîtresse de maison reçoit jusque vers deux heures et souvent trois heures du matin. Une visite à dix heures du soir serait un peu prématurée. En ce moment, d'ailleurs, la saison de la Marina finit. Dans quelques jours on se promènera au jardin anglais, à l'ouest de la ville, de quatre à six. Et adieu la grande avenue plantée d'arbres, au bord de la mer, sous les étoiles.

Mon cocher s'est arrêté au bord du trottoir, à la suite de plusieurs équipages. On ne descend pas. Les garçons de café s'empressent autour des voitures, et présentent la carte des glaces du jour. Et quelle liste ! Une quinzaine de glaces à deux parfums, les unes douces, les autres fortes. Vous choisissez. Le garçon vous apporte l'élue sur un plateau, fondante, grosse comme la moitié d'un œuf d'autruche, accompagnée d'un grand verre d'eau bleue, presque aussi froide.

Lojacono ne m'avait pas trompé, et comme il faut s'entr'aider dans la vie, je vous répète son conseil en le précisant : si vous allez à Palerme et que vous vous promeniez, un soir d'été, à la Marina, demandez sans crainte une glace forte, à la pistache et au champagne.

VII

Monreale. — Le cimetière des capucins. — Idée de la mort. Coutumes populaires. — Un antiquaire Palermitain.

Mon compagnon de voyage, heureux de son côté dans cette Palerme riche en hommes et en choses, avait fait la connaissance d'un antiquaire qui ressemblait à Dante. Ce nouvel ami, un vieillard, possesseur, depuis sa jeunesse, d'une petite rente bien assise sur un lot de prés et de vignes et qui l'avait mis à l'abri du besoin, long et osseux, taciturne d'aspect et d'esprit délié, retiré dans une maison de faubourg et salué dans les quartiers riches, très modeste dans ses travaux, mais d'une fierté patriotique ombrageuse à l'excès, personnifiait assez bien toute une catégorie intéressante d'Italiens. Les moindres villes là-bas, de simples bourgs, ont eu et possèdent encore des érudits pleins d'un ardent amour du district natal, chercheurs patients qui éditent un guide, une histoire abrégée, quelquefois un poème historique et géographique, à la gloire de leur berceau. Ces bonnes gens font œuvre utile. Sûrement, ils se complaisent un peu trop dans les origines fabuleuses, abusent parfois des guerres carthaginoises, inventent des grands hommes quand il n'y en a pas. Mais ils conservent la tradition, ce qui est bien quelque chose, ils font aimer le pays autour d'eux, et entretiennent vivant l'antique esprit de la race : l'esprit de municipe. Le nôtre avait ces qualités diverses et de plus une obligeance extrême. Ayant appris que nous devions faire une excursion à Monreale, lieu de monuments, et aux catacombes des capucins, ruines entre les ruines, il demanda lui-même la permission d'être du voyage.

Et nous voilà partis.

Monreale est une petite ville dans la montagne, à sept kilomètres de Palerme. Autrefois, il y a très peu d'années, la route n'offrait pas un aspect des plus rassurants, gardée qu'elle était, de distance en distance, par des piquets de carabiniers. Il est vrai qu'elle avait des tournants obscurs, et qu'il était impossible à un agent de la force publique de suivre des yeux le voyageur, sans le perdre de vue quelquefois jusqu'à destination, ce qui était un désavantage, pour une route de montagne sicilienne. Aujourd'hui elle s'en va bien droite, sans le moindre uniforme inquiétant. Nous apercevons Monreale à l'autre bout, très haut, avec ses vieilles maisons serrées le long du roc, et dont certaines ont l'air de pendre sur l'abîme. Ici l'abîme est une vallée de la conque d'or. A mesure que la voiture monte, le paysage déjà vu des terrasses du palais d'Orléans devient plus harmonieux dans son cadre agrandi. Comme la mer est luisante au loin, comme la courbe est élégante qu'elle trace entre les bras de la baie, comme Palerme paraît blanche et presque petite maintenant au pied de ses montagnes et dans sa verdure sombre! Au-dessous de nous, c'est le bosquet ininterrompu que nous avons commencé à suivre au sortir des faubourgs, et il y a là tant d'orangers, tant de citronniers, tant d'arbres aux senteurs capiteuses que les habitants de Monreale, dans la saison des fleurs, et à certaines heures, sont obligés de fermer leurs fenêtres, pour ne pas respirer l'air trop chargé de parfums.

Nous pénétrons dans la ville, par des rues tortueuses dont les chevaux ont peine à gravir la pente. L'antiquaire, déjà grisé par l'atmosphère moyen âge, nous indique du doigt le sommet de la cathédrale. Moi, j'ai été distrait, j'ai aperçu deux gendarmes sur le siège d'une voiture postale qui va partir, et il faut croire que j'ai souri malgré moi. Il a compris. Il s'est détourné, — oh! ce cauchemar du parfait Sicilien, cette pensée funeste qui hante l'étranger! — et il m'explique le cas sans que j'aie rien demandé. « Mais, puisqu'on vous répète qu'il n'en existe plus, monsieur! plus un seul! Deux gendarmes armés sur un courrier, quoi d'étonnant? Ils sont probablement, ils sont même certainement appelés par leur service dans la montagne, et ils se rendent à leurs affaires. Voilà, monsieur, voilà! »

On devrait raisonner ses sourires, je le sais bien, mais tout le monde ne le peut pas. Nous étions les meilleurs amis, d'ailleurs, un moment après, dans la cathédrale. L'art sicilien triomphait sur toute la ligne, et je ne cachais pas mon admiration.

Je ne crois pas avoir vu d'aussi belle église, si ce n'est la chapelle palatine, sa voisine et sa sœur de Palerme. Le roi normand Guillaume II l'a bâtie, mais c'est le génie du Midi qui l'a faite.

Dix-huit colonnes de granit portent la voûte en ogive, et séparent les trois nefs. Un revêtement de marbre blanc, nacré, couvre d'abord les murs. D'espace en espace, un ruban de pierres de couleur, d'un dessin très léger, le sépare en panneaux. Une frise de trèfles court au-dessus. Et puis, à la hauteur des chapiteaux, six mille mètres de mosaïques s'élancent dans l'espace. Les bas-côtés, le transept, l'abside, les arcades, elles enveloppent et illuminent tout. Comment peindre le rayonnement doux qui pleut de ces belles voûtes? Supposez Saint-Marc de Venise, non pas enserré de monuments aussi hauts que lui, mal éclairé, encrassé, mais dressé dans la montagne, dans la lumière libre et vive, et peut-être aurez-vous quelque idée de cette merveille. Il faudrait des jours pour l'étudier en détail. Dans la demi-coupole qui domine l'autel, le buste du Christ est représenté. Il est colossal. La tête, d'une majesté souveraine, emplit l'église de son regard. On l'aperçoit de partout. Et dans ce défaut de proportion il y a une grande idée, si simple et saisissante! Les portes de bronze sont une belle chose encore. Et tout près s'ouvre un cloître à colonnettes géminées, aux trois quarts arabe, qui est un chef-d'œuvre de grâce légère. Il y a surtout un angle où on a restauré les mosaïques rouge et or grimpant autour des fûts. Une fontaine d'eau de source coule du haut d'un pilier dans une large vasque. Une dizaine de colonnes éclatantes la protègent, et forment autour d'elle comme un petit cloître dans le grand. On se croirait transporté dans une cour de l'Alhambra.

En sortant de là, notre compagnon sicilien nous précédait. Il souriait aux gens arrêtés sur la place, et frottait ses longues mains l'une contre l'autre, savourant en public, sans vouloir trop nous en rendre témoins, nous qui marchions derrière, la joie où l'avaient mis nos éloges. Il se retourna, sa jaquette marron prenant, sur la face éclairée, des teintes de cuivre rouge.

— Quand je songe, messieurs, dit-il, que des voyageurs, en nombre immense, viennent à Naples et s'en retournent sans avoir vu Palerme! Je ne vou demande pas s'ils ont tort. J'ai compris. Quelle ville incomparable, n'est-ce pas?

Il changea de physionomie. Les coins de sa bouche se rabattirent.

— Ce que nous devons visiter maintenant n'est pas gai. Attendez-vous même à un spectacle triste. Nous avons un peu de tout en Sicile. Après Monreale, le cimetière des capucins. Eh! eh! le contraste n'est pas petit.

Nous repartons au grand trot vers Palerme, et, un peu avant de rentrer en ville, nous tournons à gauche. Le couvent est facile à reconnaître au cercle de mendiants, d'une misère inouïe et d'un loqueteux inédit, qui attendent la soupe devant l'entrée. Les pauvres gens nous font place. Un frère vient ouvrir. Il sait ce que nous voulons avant que nous ayons rien dit, et prend, de confiance, le chemin qui mène au souterrain. Guidés par lui, nous traversons une salle où coule une fontaine; il arrive devant une porte, fait tourner la clef, et une odeur fade de terre moisie nous monte au visage.

Devant nous un escalier s'enfonce, très sombre et coudé après une vingtaine de marches. Nous descendons, et au détour, sur le palier, nous apercevons une longue galerie mal éclairée par des soupiraux. Encore quelques marches, et nous nous trouvons au milieu de choses affreuses, en effet. Des deux côtés, garnissant les parois des murs, de longues caisses rectangulaires, pareilles à des malles de voyage, avec des couvercles fermés d'un cadenas, sont entassées jusqu'à une hauteur de deux mètres. Nous approchons. Ce sont des cercueils. Nos yeux s'habituent à l'obscurité de la crypte. Nous distinguons des ouvertures ovales ou carrées, pratiquées dans le bois, et, au travers de la vitre qui les ferme, des corps couchés, encore vêtus, à demi conservés. Et ce n'est pas toute l'horreur du lieu. Au-dessus, des squelettes habillés de redingotes, de pantalons ou de robes de bure à capuchon, sont dressés sur leurs jambes, alignés et fixés au mur par le dos. Leurs têtes touchent la voûte, et se penchent vers nous. Sur les os, quelques fragments de chairs desséchées sont restés, quelquefois toute la peau, tannée, noire, pareille à celle des momies. Les bras de tous ces morts sont d'ordinaire ramenés l'un vers l'autre, et portent, pendant à une corde, une pancarte, où les noms et les dates sont écrits à la main. Nous lisons · 1835, 1850, 1860, 1875. Nous avons là, sous les yeux, une partie de la « société » de Palerme, des riches qui se faisaient enterrer dans ces caves où le sol conserve un peu de la chair humaine. Oh! cette peur, cette révolte impuissante contre la destruction de la tombe, ce qu'elle a produit n'a pas de nom. Mieux vaut mille fois le secret de nos cimetières et l'anéantissement rapide de nos corps. L'image des chers êtres disparus ne risque pas d'être altérée. Elle s'est fixée en nous à la dernière minute de leur vie. Nous n'avons plus qu'elle, il est vrai, mais elle ne variera pas. Elle nous ramènera jusqu'au trait fugitif, jusqu'au sourire ou au regard que nous aimions. Tandis qu'ici, avec le temps, tous ces pauvres restes humains, sans yeux et sans lèvres, se sont mis en mouvement. Ils se sont tordus, affaissés, inclinés à droite, à gauche, en avant. Ils forment des groupes d'une expression effrayante. Les uns parlent, les autres tendent leur crâne où il n'y a pas d'oreilles, d'autres éclatent de rire, leurs mains serrant les hanches. Quelques-uns se détournent, comme indignés, et il semble qu'ils voudraient échapper à l'anneau qui les retient là, collés à la muraille, dans leur robe étroite et toute raide de poussière.

J'avais une envie folle de remonter au jour. Mais l'antiquaire, auquel l'habitude sans doute rendait ce spectacle supportable, curieux même, insista pour achever la visite.

— Vous n'avez pas vu les galeries les plus intéressantes, me dit-il. Songez qu'il y a ici huit mille morts. Venez. Je vous montrerai un de mes élèves.

Cet élève, mon Dieu, je le vois encore! Nous pénétrons dans d'autres allées souterraines, coupant la première à angle droit. En voici une où ne sont ensevelies que des femmes. On ne les a pas, heureusement, dressées debout le long des murs. Mais, derrière les vitres grillées de cases superposées, on les voit couchées, dans leur plus riche toilette. Beaucoup sont en robe de bal. Les petites rayures roses et blanches de la soie, les fleurs brochées qui furent trouvées si jolies dans un bal oublié, il y a quinze ans, chez le prince, vous savez, qui venait de rouvrir ses salons, la ceinture lamée d'argent, des bouts d'écharpe, jusqu'à l'éventail dont cette blanche main jouait à merveille, tout est là, fané, passé, avec une lueur encore de couleur et de grâce féminine, autour de la chère morte. Sous la tête, on a placé un oreiller. Les pieds sont chaussés de bas à jour et de souliers d'étoffe, qui sont devenus si grands pour ces petits pieds desséchés! L'écriteau dit : vingt-cinq ans, trente ans. Les jeunes filles portent une couronne de métal doré. Et la pancarte dit : dix-neuf ans, quinze ans. Elles ressembleraient, de loin, à des reines de légendes endormies. Mais de près, ce visage! ces mains! On songe avec épouvante qu'elles étaient joyeuses, ces jeunes filles de Sicile, aimables et aimées, et que souvent, jusqu'au soir, le rire ne quittait pas ces rangées de dents blanches. Çà et là, des boîtes de dimensions réduites renferment des enfants. Une mère a même suspendu le sien le long d'un pilier, un petit de trois ans peut-être, étonnamment conservé, et sur le visage parcheminé, terreux, elle a eu, — comment trouver un mot pour exprimer cela? — l'affreux courage de faire poser des yeux d'émail!

Une dernière galerie, après plusieurs encore. C'est celle des prêtres, en camail, en surplis, la barrette sur le crâne et la soutane ficelée autour des chevilles. Ils ont l'air de dormir, en général, et d'être les plus vieux de ce royaume des morts. Mon guide palermitain lève le bras, et désigne l'un d'eux, tout chétif, tordu, prêt à tomber, entre deux grands squelettes d'abbés très droits, puis, se penchant, il me dit, avec une nuance d'affection dans la voix :

— Mon élève! Il promettait. Vingt-huit ans. Pauvre garçon!

Heureusement, nous étions près de l'escalier. Je

remontai les marches trois par trois, je retraversai le vestibule à la fontaine, j'ouvris la porte, et j'attendis dehors, parmi les mendiants, qui me parurent alors beaux à voir, parce qu'ils étaient vivants.

Nous avions congédié la voiture, afin de revenir à pied, en causant. Lorsque mes compagnons m'eurent rejoint, l'antiquaire eut soin de nous répéter que, depuis plusieurs années, on n'enterrait plus dans ces galeries. Une mesure de police avait mis fin à la coutume.

— Tant mieux, monsieur, lui dis-je, car je la trouve monstrueuse, la coutume. Je ne m'explique pas qu'elle ait pu naître dans un pays de civilisation comme le vôtre.

Il parut un peu choqué, et, regardant devant lui, vers sa chère Palerme hérissée de dômes et de tours :

— Quand un peuple a connu une demi-douzaine au moins de civilisations, répondit-il, ce qui est contraire à l'une pourrait bien être conforme à l'autre. D'ailleurs, est-ce le fait de vêtir les morts comme des vivants, ou celui de les exposer qui vous répugne tant ?

— Passe encore de les vêtir ainsi, mais les attacher debout, le long d'un mur, comme des pièces de musée !

L'antiquaire ne répliqua rien. Mais je vis qu'il

demeurait distrait, et, tout en marchant avec nous, préparait une défense.

Bientôt, comme nous suivions une rue commerçante, il s'arrêta devant un magasin, et nous montra, sans rien dire, la glace de la devanture traversée, en diagonale, d'une longue écharpe de tulle. Sur l'étoffe, une inscription contenait ces mots simples et touchants : « *Per la mia figlia Maddalena.* » Je pensai involontairement à ces carrés de papier où les boutiquiers français écrivent la formule d'une sécheresse administrative et invariable : « Fermé pour cause de décès dans la famille. »

Nous poursuivons, et, un peu plus loin, nous rencontrons encore deux de ces maisons, dans lesquelles on continuait d'acheter et de vendre, mais qui apprenaient aux passants la perte récente dont le maître avait été frappé : « *Per mio suocero. — Per la mia sorella.* » Notre ami sicilien se tourna vers moi :

— Et ceci, dit-il, est-ce d'une âme grossière et inculte ?

Quelques minutes plus tard, nous étions assis dans le square magnifique qui porte le nom de jardin Garibaldi. A côté de nous, à portée de la main, sous l'abri de hautes palmes découpées, il y avait des chrysanthèmes. Elles étaient fanées presque toutes, car la plante fleurit ici en été. Il en prit une, et la fit rouler entre ses doigts, lentement.

— Tenez, dit-il, pour comprendre notre Sicile et pour l'aimer, — car c'est tout un, — il faut se souvenir qu'elle est une ancêtre, et lui pardonner si elle mêle à la civilisation d'aujourd'hui beaucoup de traditions et de rites anciens. Voici une fleur de chrysanthème. A la fin de juin, la veille de la Saint-Jean, je suis bien sûr que plusieurs jeunes filles du peuple sont venues en cueillir ici, les pauvres, afin de reconnaître leur futur mari. Le moyen est infaillible. Elles approchent du feu l'extrémité des pétales, puis elles placent la fleur dans un vase plein d'eau ou dans la terre humide, sur la fenêtre de leur chambre. En se couchant, elles invoquent le saint, pour qu'il leur porte bonne chance. Le lendemain, au réveil, elles courent à la fenêtre : si la fleur est fraîche et ravivée, l'époux sera très doux, très bon, et il gagnera beaucoup d'argent. D'autres préfèrent interroger le plomb fondu. Si le métal, en tombant au fond d'une écuelle d'eau, forme un triangle, la jeune fille épousera un maçon; s'il forme une rame ou une voile, elle épousera un pêcheur. Pensez-vous, monsieur, que ces modes-là soient d'hier, et qu'en remontant à vingt siècles ou plus en arrière, vous ne rencontreriez pas, moins l'époque de la Saint-Jean, les mêmes procédés de divination par le plomb fondu et par les chrysanthèmes ?

— C'est bien probable.

— De même, — pour ne pas sortir du sujet, — nous avons un mois où l'on ne doit pas se marier, le mois de mai. Cela porte malheur. Reconnaissez-vous la tradition romaine? Nous y avons ajouté, dans les siècles chrétiens, la superstition du vendredi et celle du mardi. Vous ne savez peut-être pas que le mardi est le jour de la naissance de Judas? Le peuple le sait, en tout cas, et il exprime sa répulsion pour ces deux jours néfastes, dans le proverbe qui a cours ici :

Nè di vennari, nè di marti,
Nun si spusa, nè si parti.

Maintenant voulez-vous des traditions grecques?

— Voyons!

— Avez-vous observé que jamais les poètes anciens n'auront l'idée d'égaler un gardeur de brebis à un gardeur de chèvres?

— Mon Dieu, monsieur, à vrai dire...

— Oui, c'est excusable, vous n'êtes pas Sicilien. Mais ici, chez un peuple pastoral, la hiérarchie des fonctions rurales était toute naturelle. Les poètes la connaissaient. Je me souviens de vingt passages de Théocrite où elle est observée, par exemple de cette lamentation sur la mort de Daphnis, où il est dit à peu près : « Daphnis, qui t'accable ainsi? Pour qui as-tu un si grand amour? On te nommait bouvier, et voici que tu ressembles à un chevrier. » Eh bien! monsieur, rien n'a changé. Dans nos campagnes, aujourd'hui encore, le pasteur d'un troupeau de vaches considère comme un inférieur le bouvier, celui-ci méprise le gardeur de brebis, et le gardeur de brebis ne donnera pas volontiers sa fille en mariage à un simple gardeur de chèvres.

— Bien curieux, en effet!

L'antiquaire ferma un œil à moitié, et secoua la tête, comme pour dire : « Cela va bien, je le tiens! » Et il continua en s'échauffant :

— Et les surnoms, monsieur! Les Grecs et les Romains en ont semé la graine chez nous, et la graine a fleuri, je vous assure! Beaucoup de gens du vulgaire ne sont connus que par le sobriquet, dont ils sont, depuis l'enfance, ornés. Je me suis amusé à faire, pour moi-même, un catalogue des surnoms que je puis çà et là recueillir. Vous ne sauriez croire tout l'esprit et toute la poésie qu'on y trouve. J'ai connu un homme qui s'appelait « Paradis », parce qu'il avait une femme de bonne humeur; un chauve inexprimablement chauve qui devint « le Chanoine », et Jean Œil-de-Souris, et Peppa la Pudique, et Catherine de Neige, et cette autre que sa mère louait outre mesure et que ses compagnes nommèrent la Tête de Reine « Testa di Riggina ». Vous m'avouerez, monsieur, que ce sont là des traits de mœurs évidemment hérités? Mais il y a beaucoup mieux encore, un usage où l'antiquité apparaît comme vivante parmi nous. En Sicile, nous avons conservé l'imprécation, la conjuration solennelle qui doit accabler l'ennemi de toutes les sortes de maux.

— Et elle se fait?

— De plusieurs façons, suivant l'importance des cas. Ce sont les femmes qui, d'habitude, maudissent ainsi. Elles dénouent leurs cheveux, se jettent à genoux, se découvrent la poitrine, frappent trois fois le sol et trois fois leurs genoux, baisent trois fois la terre. Alors elles commencent à appeler sur la tête de celui ou de celle qui les a offensées toutes les fureurs du ciel. Elles énumèrent les maux qu'elles souhaitent à leur ennemi, en les criant à sa face : « Brûlée soit son âme! — Foudroyé! — Tué à coups de couteau! — Empoisonné! — Mort subite! — Peste noire! — Naufragé! — Trahi par ses fils! » La personne contre qui l'imprécation est ainsi lancée n'a qu'un moyen de se protéger contre l'effet inévitable de pareilles formules. C'est de dire trois fois de suite : « Eau et sel! Eau et sel! Eau et sel! » et de cracher trois fois en l'air. Moyennant quoi, elle est sauvée.

— Pure antiquité!

— Enfin, vous y venez, monsieur! Je pourrais vous citer vingt autres exemples qui vous prouveraient l'influence des mœurs romaines ou grecques sur notre vie sicilienne au XIXe siècle. Mais puisque ceux-là suffisent, veuillez ne plus juger si sévèrement ce que nous avons vu ensemble aux capucins. L'exposition des morts! Eh! elle doit moins choquer nos yeux siciliens que les vôtres. Là encore nous avons, j'en suis convaincu, des précédents et des excuses historiques. Nous n'avons pas la même manière d'honorer nos morts, vous et nous. Il a été d'usage à Catane, savez-vous bien, jusqu'au milieu du XVIIe siècle, de peindre le visage des femmes mortes? Pour abolir cette coutume, il a fallu un synode diocésain et une condamnation formelle par l'autorité ecclésiastique. Même aujourd'hui, on rencontre cet usage, évidemment très ancien, d'exposer le mort dans la chambre funèbre, non pas sur son lit, mais assis dans une chaise, la tête attachée au mur avec un mouchoir et tournée vers la porte.

— Vous aimez bien votre pays, lui dis-je en l'interrompant, vous le défendez, même quand il a tort.

Il prit une physionomie comique, la bouche ouverte en carré :

— Eh! à quoi bon défendre les gens qui ont raison? fit-il.

Puis se penchant un peu, et devenu affectueux, confidentiel :

— Je crois que vous avez laissé entrevoir le dessein de raconter votre voyage... Je dis « laissé entrevoir », je ne sais pas, je...

— Il est probable, en effet...

— Alors que direz-vous du cimetière des capucins?

— Je dirai de ne pas y aller.

Son visage s'éclaira comme celui d'un enfant, subitement.

— Oui, c'est cela, n'y pas aller... puisque vous autres, du Nord, vous ne comprenenez pas bien... Mais vous direz d'aller à Monreale?

— Oh! bien sûr!

— Divino Monreale! murmura-t-il.

Il se leva content, nous dit adieu, partit en se frottant les mains, et nous crûmes deux ou trois fois, pendant qu'il tournait et retournait dans les allées enchevêtrées, l'entendre répéter :

— Divino Monreale! Divino!

VIII

Le Zucco. — Un séquestre dans la montagne.

Le domaine du Zucco se trouve à l'ouest de Palerme, sur la ligne de Trapani. Nous partons, au coucher du soleil, de la gare de Lolli, où l'administrateur général nous a donné rendez-vous. Le chemin de fer traverse d'abord une partie de la conque d'or, au pied du Pellegrino, puis il arrive à la mer près d'un joli village, Sferracavallo, rose et blanc, entouré de vergers et tout petit, tout blotti le long d'une énorme muraille à pic de roches grises. Alors, avec des variantes infinies, c'est le même thème de paysage qui se déroule autour de nous : à droite, la mer, très proche, découpée de promontoires de pierre nue aux tons ardents, la mer couleur de soleil presque partout, et bleue, d'un bleu profond qu'on devine transparent, aux rares endroits où l'ombre est venue ; à gauche, des montagnes rapides, couvertes d'arbres fruitiers et de vignes, sauf la crête, presque toujours aride, toute jaune ou toute rouge, dans la lumière et dans le vent.

Nous passons devant l'île des Femmes, à Capaci, à Carini, à Terracine, et nous sommes, vers sept heures, à la station du Zucco. Ce n'est qu'une station minuscule, isolée de toute habitation, en pleine campagne sicilienne. Encore se trouve-t-elle abandonnée la nuit, à cause de la mal'aria : les employés, les ouvriers de la voie montent dans le dernier train, et vont coucher ailleurs. Il n'y a plus que des lueurs de jour, au bas du ciel. Nous descendons, seuls voyageurs bien entendu, l'administrateur, mon compagnon et moi. A peine avons-nous franchi la barrière, trois hommes s'avancent, tenant la bride de leurs montures, prennent la main du *procuratore generale*, et la portent à leurs lèvres. Les deux premiers ont la petite tenue des gardes du duc d'Aumale, vareuse bleue à passepoil rouge, boutons de métal frappés de la couronne ducale et casquette galonnée. Le troisième, vêtu de blanc, gros et court, ne tire qu'un âne au bout de sa bride, et l'administrateur nous présente ce pacifique personnage, qui cumule, au Zucco, les fonctions de magasinier et d'instituteur. Quelqu'un vient encore à nous. Celui-là, malgré l'heure avancée, comment ne pas le reconnaître tout de suite? Cette main tendue de loin, cette mine rose et riante, le pli de belle humeur qui relève un peu la joue : autant d'aveux qui trahissent l'origine. « Bien le bonjour, messieurs! » Il ouvre la bouche, et le parler chantant des bords de la Garonne vient nous réjouir le cœur. C'est un Français, c'est un vigneron bordelais, qui remplit au Zucco l'important office de chef de chais; c'est à lui que vous devez le beau vin doré qui porte en nos climats froids un peu du soleil de Sicile, et je veux vous dire son nom, un nom français comme Paris, et bien sonnant : M. Rondeau.

Nous montons en breack avec l'administrateur et lui. Les gardes enfourchent leurs chevaux, et se rangent en bataille à quinze pas derrière la voiture, ayant entre eux le magasinier, tout rond sur son petit âne. Au moment de partir, je remarque qu'ils glissent une cartouche dans le canon de leur carabine, et le bruit du chien qui s'arme réveille en moi l'impression, un instant effacée, d'un pays très loin, très loin de la France.

Nous sommes immédiatement dans la campagne sauvage. La route s'élève en pente douce. D'un côté des murs de pierres sèches et des haies de cactus encadrant des champs et des vignes;

de l'autre, un bois d'oliviers clairsemés, qui grimpent sur la colline, et entre lesquels on aperçoit une bande pâle de ciel. Tout à coup, à trente pas en avant, je découvre la silhouette vague de deux hommes immobiles, la tête coiffée d'un foulard, le canon d'un fusil dépassant leurs épaules. A pareille heure, en pareil lieu, et le cachet guerrier de notre équipage aidant, on se serait aisément figuré... Eh bien ! non. La voiture approche. « *Buona sera!* » disent les hommes au foulard. Nous répondons : « *Buona sera!* » Je me penche vers l'administrateur.

— Qui sont-ils?

— Des vignerons du domaine.

— Armés!

— Sans doute : pour garder le raisin qui mûrit. Ils vont passer la nuit autour du clos. Nous en avons en ce moment vingt-quatre, dispersés deux à deux dans les vignes.

— C'est absolument nécessaire?

— C'est très utile, et les propriétaires voisins, même les petits, montent comme nous la garde autour de leur raisin.

— Et... ils tirent quelquefois?

— Oui, des lapins qu'ils prétendent renards.

Un peu plus loin, en effet, nous rencontrons encore deux de ces étranges vignerons, et deux autres surgissent inopinément à notre approche, de derrière les piliers de la barrière qui ferme l'entrée de la factorerie. Nous sommes maintenant sur les premières assises de la montagne. Le breack roule dans l'avenue où l'on devine, malgré l'ombre, des feuillages étrangers, des touffes énormes de bambous, des branches chargées de fleurs et de fruits dont la forme ni le parfum ne nous sont familiers. Enfin, nous nous arrêtons devant une longue maison, peu élevée, derrière laquelle se massent, confusément, les bâtiments d'exploitation. C'est l'habitation très simple où loge M. le duc d'Aumale quand il vient, de Palerme, visiter ses terres du Zucco.

L'intérieur n'est pas plus luxueux que l'extérieur : des salles blanches, qui n'ont de princier qu'une propreté merveilleuse et les portraits de famille lithographiés pendus le long des murs. Je ne suis jamais allé dans l'Amérique du Sud, mais j'imagine que ce rez-de-chaussée, bien net, bien blanc, meublé de choses légères, ouvert largement aux souffles qui montent de la plaine, doit ressembler à celui d'une hacienda.

Le lendemain, dès l'aube, quatre chevaux sellés, bridés, prêts à partir buvaient au même puits, dans la cour intérieure.

Il faut se hâter, car l'après-midi sera brûlante. Nous montons à cheval; trois gardes nous accompagnent à pied, et nous voici presque aussitôt dans un bois d'oliviers centenaires, de vieux sarrasins, comme on dit dans le pays, bossués, tournés et taillés à jour par le temps. La matinée est fraîche ; devant nous, des traînées de brume pendent encore aux crêtes des montagnes. Le paysage est sauvage, la contrée déserte. Déjà les travailleurs sont partis pour la plaine. Ils vont, sous la conduite d'un chef, selon la coutume sicilienne, et en chemin ils récitent le chapelet. Arrivés au lieu où ils doivent se séparer et commencer leur journée de labeur, l'un d'eux, le chef d'habitude, crie : « Viva Maria ! » Ils répondent tous : « Viva Maria ! » Et, dans le silence de l'heure matinale, ces voix mêlées montent jusqu'à nous.

— Sont-ils travailleurs, vos paysans siciliens ? demandai-je au chef de chais, qui trottinait à côté de moi sur un cheval roux.

Il eut un petit geste d'épaules, et dit tout bas :

— Bien plus que chez nous.

J'ai eu l'occasion de contrôler plus d'une fois cette opinion, et, malgré nos préjugés invétérés, je crois qu'il disait vrai. Presque toute la campagne italienne peine autant que la nôtre. Elle est routinière à l'excès, mais sobre, travailleuse, résignée, et ne ressemble nullement à ce peuple de lazzaroni que beaucoup de gens se figurent endormi à l'ombre de ses charrues.

Nous sortons des oliviers. C'est un clos de vigne devant nous, le plus élevé du domaine. Il faut le traverser pour gagner le ravin de l'autre côté. Le caporal-garde, le colossal Bommarito, pousse un cri prolongé. Aussitôt le vigneron accourt, coiffé du bonnet retombant de la Sicile. Il se dirige d'abord vers l'administrateur général, lui baise la main, et le salue de la formule usitée d'inférieur à supérieur : « *Voscenza bene !* Que votre Excellence me bénisse ! » Puis, en une minute, renversant un morceau de son mur en pierre sèche, il nous livre passage. La caravane traverse la vigne par le milieu. Une petite maison y est bâtie. Des épis de maïs pendent au bout d'une perche. La porte est fermée. Pas une paire d'yeux luisant derrière l'unique fenêtre. Je demande à l'administrateur :

— C'est l'habitation du vigneron ?

— Sans doute.

— Il n'est pas marié, car je ne vois personne ?

— Pardon, mais tout son monde a émigré. Les femmes, les enfants, les poules même s'éloignent, et se retirent dans les villages, dès que la vendange commence à mûrir. C'est une tradition dans la contrée.

Je ne sais quel fond de défiance se retrouve ainsi dans mille traits de la vie sicilienne.

Nos chevaux sortent de la vigne, et s'engagent

dans le ravin boisé, au milieu des frênes à manne. Le Zucco nourrit plus de trente mille de ces frêles arbrisseaux, aux troncs entaillés, le long desquels la gomme perle en gouttelettes. Tout en bas, une feuille de cactus reçoit la précieuse résine. Sur les flancs des montagnes qui nous enveloppent, s'étagent le vert argenté de l'olivier, le vert tendre de l'amandier, le vert bleu du cactus, le vert foncé, presque noir, des pistachiers et des caroubiers, tandis que les sommets pierreux s'allument au jour nouveau. Par un sentier à mi-côte, au milieu de cette végétation luxuriante, nous tournons une montagne, et nous arrivons en vue de la mer. Nous dominons un paysage immense, lumineux, toute une plaine avec des villes, des ruines, des champs, des vignes, des bosquets sombres d'agrumes, enveloppée d'un demi-cercle de cimes bleuâtres, et qui se courbe elle-même, d'un mouvement souple et large, autour de la mer dormante.

Je pense à l'admirable beauté de lignes qu'on rencontre partout en Sicile, et aux longues écharpes blanches qui doivent traîner sur ces pentes, quand les amandiers prennent leur fleur.

Mais nos chevaux pensent à autre chose. Ils tendent le cou vers une ferme voisine, d'où leur arrive sans doute l'odeur fraîche d'un puits. Et nous entrons dans la cour, fermée de trois côtés par des bâtiments aux toits de tuiles. A peine les fers de nos bêtes ont-ils sonné sur les cailloux, de tous côtés, par les escaliers extérieurs, par les portes, je crois même par les fenêtres, des femmes, des enfants s'assemblent autour de nous. Il y a plusieurs ménages de vignerons logés dans la grande ferme. Chacun vient saluer l'administrateur. Une jeune fille seule n'est pas venue. Elle se tient debout en face de nous, de l'autre côté du puits, dans l'ouverture d'une porte. Sans le savoir, elle a pris une pose de statue : la tête appuyée paresseusement sur un de ses coudes relevés, ses cheveux noirs dénoués encadrant l'ovale fin et blond de son visage, et, immobile, elle regarde devant elle, de ses grands yeux d'un brun velouté, sans étonnement et sans honte.

— Eh bien ! Catarina, dit l'administrateur, quel âge as-tu, maintenant ?

— Seize ans, Excellence.

— Et ton fiancé se porte bien ?

— Très bien, Excellence.

— Quand te maries-tu ?

— Au printemps qui vient.

Elle répond sans changer d'attitude, d'une voix brève et qui chante pourtant. Tout le monde a les yeux sur elle. Elle est toute la poésie de cette petite scène. Et moi, dans mon cœur, je l'ai saluée aussi, comme une apparition fugitive de la beauté. Demain, que sera-t-elle, hélas ! Comme celles-ci, les mères, les grandes sœurs qui sont hâves, fatiguées, vieillies avant le temps. Vous qui passerez après moi, vous ne la reconnaîtrez plus. Et en quittant la ferme, en longeant cette haie de poivriers aux feuilles de mimosa, d'où pendent des grappes de graines roses, je songe à la pose charmante et noble qu'elle avait, à l'air dont elle disait : « Au printemps qui vient ! »

Nous descendons dans la plaine pour visiter les fameux vignobles qui ont répandu dans le monde entier le nom du Zucco. Ils sont plantés de cépages variés, de ceux du pays d'abord, puis des essences qui produisent les sauternes, les muscats, les vins de Grenache et du Rhin. Un agriculteur admirerait la belle ordonnance et la vigueur des ceps, il aurait un éloge pour les procédés de culture et pour la taille, qui doit être savante. Nous qui n'avons aucune connaissance, même élémentaire, en viticulture, nous nous contentons d'apprécier le raisin, qui est d'un blond sans tache, uniforme, transparent comme une pierre précieuse, de trouver jolis les buissons de géraniums rouges plantés en bordure le long des allées, et de nous arrêter, à chaque fois, pour contempler les guetteurs dans leurs cabanes. Car les guetteurs sont de purs Siciliens bronzés, les yeux enfoncés, le regard luisant, toujours la carabine à la bretelle, et leurs cabanes sont pittoresques. Il y en a une au moins dans chaque quartier du vignoble où il n'existe pas de maison. On l'a faite en roseaux, montée sur quatre piquets, très hauts, pour voir plus loin et pour mieux échapper peut-être à l'humidité de la nuit. Un homme en armes, coiffé d'un foulard voyant, dans cet observatoire aérien, au milieu d'une vigne, c'est déjà de la couleur locale. Mais il faut ajouter l'échelle, construite avec le bois le plus inattendu, le plus invraisemblable : avec les stipes gigantesques de deux fleurs d'aloès réunis par des barreaux.

Suivant toujours la pente, nous descendons jusque dans le lit de la rivière, la Nocella. Il reste un filet d'eau, parmi les lauriers et les menthes. C'est une honorable exception entre les fleuves de Sicile, qui ne courent pas l'été. Puis nous remontons vers le bois de citronniers, au-dessus duquel on aperçoit, là-bas, la longue facade blanche du Zucco. Le soleil est brûlant. L'odeur des géraniums flotte au ras du sol, et se mêle à la poussière que soulève le pied fatigué de nos chevaux.

A l'heure du déjeuner, deux personnes viennent nous rejoindre : un ingénieur agronome, attaché au domaine, et un autre, simple passant celui-là, Italien de la terre ferme, des environs de Bari, je crois. L'un d'eux, en entrant, de l'air le plus naturel du monde, va déposer sur un meuble un énorme revolver. Décidément il est impossible de sortir du cauchemar des armes à feu. Nous causons, et tout d'abord, naturellement, du Zucco, des origines du domaine, acheté en 1853 au prince de Partana et considérablement agrandi depuis, jusqu'à compter six mille hectares; de ses produits qui donnent une idée assez exacte des cultures siciliennes, et qui sont, outre beaucoup de vin et un peu de blé, dix mille caisses de citrons, cinq cents ou six cents quintaux d'huile, mille kilogrammes de pistaches, huit mille kilogrammes de manne blanche, et des figues d'Inde, et des caroubes. Nos interlocuteurs sont des mieux informés, et répondent tour à tour à nos questions.

— Est-ce qu'il y a beaucoup de grandes propriétés comme le Zucco, en Sicile?

— Quelques-unes, mais le nombre en diminue. Vous avez pu remarquer qu'il existe encore beaucoup de traces de féodalité chez nous. L'âme du peuple est restée, par plus d'un côté, féodale. Seulement, les seigneuries disparaissent.

— Et les causes?

— Nombreuses. La plupart sont générales, comme l'abolition du droit d'aînesse par la Révolution française, la confiscation, en 1865, des biens de mainmorte, le jeu, le luxe, la suppression, par la loi, de l'entière liberté de tester. Aujourd'hui, le père de famille, dans tout le midi de l'Italie, avantage encore un de ses enfants, généralement un de ses fils, en lui léguant tout ce qu'il peut lui léguer. Mais ce n'est qu'une fraction, et les fortunes se divisent. D'autres causes ont agi sur certaines provinces. Ainsi, le morcellement de la propriété, dans la province de Messine, est dû à Louis XIV.

— Comment cela ?

— Vous savez que Messine fut l'alliée du roi de France. Les Espagnols la prirent, et confisquèrent tous les biens de la noblesse, qui ne s'est pas relevée du coup. Oui, ce serait une grande erreur de croire que le système des *latifundia* est général en Sicile. Voulez-vous des exemples ? L'une des communes voisines du Zucco, celle de Monte-Lepre, a neuf cent trente-quatre hectares de territoire et sept mille ou huit mille habitants, parmi lesquels plus de deux mille propriétaires. Une autre commune voisine, Giardinelli, est plus morcelée encore.

— Les rivalités de village à village ont-elles diminué ?

— Peuh !

— Comment, monsieur, depuis les Grecs, l'un de vos nombreux ancêtres, vous en êtes encore aux guerres de cité ?

— Permettez ! Nous sommes en progrès très sérieux. Ce que le temps n'a pas détruit entièrement, c'est l'esprit communal jaloux, exclusif, vindicatif, l'amour-propre de clocher, de caste ou de famille, susceptible de se traduire en haines longues et féroces... Mais les mœurs se sont adoucies, et les effets des mêmes passions ne se ressemblent plus. Voilà où est le progrès... Vous comptez revenir à Palerme, en passant par Terracine, n'est-ce pas, monsieur l'administrateur?

— Dans un instant.

— Et bien! monsieur, il y a, depuis longtemps, dans cette petite ville, deux familles qui se disputent la prépondérance, et deux camps derrière elles, car toute la population prend parti pour l'une ou pour l'autre. Jadis, ce fut sanglant. Il y eut des coups de fusil tirés derrière les petits murs de pierre et les troncs d'olivier. Aujourd'hui la paix n'est pas faite, mais les chefs des deux partis se bornent à occuper deux cafés situés dans la grande rue, l'un vis-à-vis de l'autre, et à tramer, entre deux sorbets, de terribles représailles électorales.

Un quart d'heure plus tard, en effet, nous partions en voiture pour Terracine, où se trouvent les chais du Zucco.

L'ingénieur de Bari nous accompagnait. La causerie l'avait animé. Il n'était pas fâché, lui, Italien de l'autre côté du détroit, de jeter sa petite pierre dans les bosquets d'agrumes de la belle Sicile.

— Non, continua-t-il, il n'est pas niable que ce pays soit un pays de tradition. Au moment où l'on croit qu'il va en abandonner une, il la reprend, il interrompt la prescription. Voyez, par exemple, l'affaire Arrigo !

— L'affaire Arrigo ? Le nom ne m'est pas inconnu.

— Vous l'avez lu dans les journaux. Mais ce sont les détails qui sont exquis, savoureux. Ils ne dépassent guère les frontières de notre Midi italien...

Et malgré les protestations de son collègue palermitain qui disait : « Vous nous exposez à être jugés sur un fait isolé, rare au moins; ce n'est pas équitable », l'ingénieur de Bari conta l'affaire Arrigo, pendant que nous courions entre vignes et olivettes, au chant répété des cigales.

— Ceci se passait en mai dernier, dit-il, à Termini, une ville de vingt-trois mille habitants, à une heure de Palerme, sur la ligne de Catane. Le 25 mai 1890, vers sept heures du matin, un des plus riches négociants en produits agricoles, M. Philippe Arrigo, sortait de sa villa, toute proche de Termini Il allait, si je me souviens bien, visiter une propriété qu'il venait d'acheter, monté sur son cheval, la carabine Vetterli sur l'épaule, accompagné de son fermier, également armé, et d'un fils d'une douzaine d'années qui chevauchait sur un âne. C'était une belle matinée de dimanche, et les cailles rappelaient dans les chaumes.

— Vous inventez! interrompit le Palermitaire.

— Du tout. Vous verrez, au contraire, tout à l'heure, que je suis scrupuleusement exact. Au retour, après qu'il a donné le coup d'œil du maître, une *occhiata*, à sa nouvelle possession, Arrigo aperçoit deux hommes qui s'avancent sur la route. « Tiens, papa, des carabiniers ! » dit l'enfant. Deux beaux gendarmes, en effet. Le maréchal des logis a même des chevrons superbes. Il s'approche du cavalier, et demande les ports d'armes. Puis il ajoute : « Vous n'avez pas vu des brigands? » « Non », répond Arrigo. Le malheureux! Il en voyait ! Au même moment, trois autres carabiniers de la même brigade, et trois civils qui n'en valaient pas mieux, enveloppent les promeneurs. Vous saurez, monsieur, que c'est un tour classique des brigands siciliens d'opérer en habits de gendarme. Tout le monde voit ce que c'est. Le fermier abandonne son fusil. Arrigo remet sa carabine Vetterli. Il veut même descendre de cheval. « Inutile, dit poliment un des brigands, que Votre Seigneurie ne prenne pas cette peine, et ne s'incommode en rien. » Deux chasseurs de cailles passaient non loin. On leur fait signe, car les témoins à charge sont toujours désagréables : « Eh! mes seigneurs, vos permis? » On les désarme comme les autres. Un paysan croise la troupe : on l'emmène aussi, mais pas bien loin. Tout ce fretin, fils, fermiers, chasseurs, est laissé dans une cabane, avec ordre, sous peine de mort, de n'en sortir qu'à la nuit. Et les brigands continuent leur route, avec M. Arrigo, la capture sérieuse.

— Qu'en ont-ils fait?

— Ils l'ont d'abord conduit, les yeux bandés, à travers les montagnes, puis descendu dans une grotte admirablement choisie. L'entrée ouvrait sur un précipice, et la grotte avait deux étages : le premier, qui servait de chambre au geôlier; le second, tout en bas, cinq ou six mètres de long sur soixante centimètres de large, qui composait les appartements du prisonnier.

— Mais c'est une histoire de Fra Diavolo!

— Tout à fait. Quand Arrigo fut en sûreté, les brigands s'occupèrent de la rançon. Les premières prétentions furent exorbitantes. Ils demandèrent quatre cent mille francs. Malgré les difficultés de la situation et l'évidente inégalité des contractants, Arrigo parvint à obtenir une transaction. Il écrivit une première lettre, avec la pointe d'une pierre, une seconde avec une bonne plume trempée dans la poudre délayée d'une cartouche de brigand, et l'affaire fut conclue : la famille verserait cent vingt mille francs, cinquante mille en or, et le reste en billets ou en titres, et, la somme reçue, Arrigo serait relâché. C'est ce qui fut fait.

— Comment, on n'a pas arrêté ces misérables au moment où ils venaient toucher l'argent?

— On s'en serait bien gardé. C'eût été prononcer l'arrêt de mort immédiat du pauvre séquestré. Non, monsieur, on procéda comme à l'ordinaire : la questure s'éloigna volontairement, les cent vingt mille francs furent versés aux mains d'un ami de la famille, qui les remit à l'un des brigands, et, après vingt jours de détention, l'honorable négociant qui, pendant tout ce temps-là, n'avait eu pour se nourrir que du pain noir, du fromage et du vin de Marsala, fut remis en liberté, bien las et bien content, un soir, au milieu de sentiers inconnus.

— Et comment cela finit-il?

— Comme beaucoup de choses en Sicile : par un peu de musique. La fanfare de Termini, apprenant l'heureux dénouement, se transporta sous les fenêtres d'Arrigo, et lui joua une aubade.

— Vous oubliez, dit le Palermitain, de prévenir monsieur que les coupables ont été arrêtés, et qu'il en sera fait bonne justice! D'ailleurs, les événements de ce genre se font de plus en plus rares.

Nous arrivions à Terracine, un vrai village maure, avec des maisons carrées à terrasses, bâti sur une falaise. On nous montre les deux cafés rivaux. Toutes les rues descendent vers la mer. Nous visitons les chais où le vin du Zucco dort pendant cinq années avant d'être livré au commerce. Nous admirons cette mer bleue bordée de roches de marbre stratifiées, imprégnées de rayons, éblouissantes sous le soleil qui décline, et, par le train du soir, nous regagnons Palerme.

La grande ville est en fête.

IX

Pèlerinage de Sainte-Rosalie. — Chapitre des charrettes. La chasse au molteux.

Oui, la ville est en fête. Beaucoup de balcons sont illuminés. Au coin des rues, les images des saints, entourées de draperies rehaussées de papier d'or, de bouquets posés ou piqués sur les croissants de fer, de lampes et de bougies allumées, luisent dans la nuit calme. Les promeneurs, plus nombreux que de coutume, suivent presque tous la même direction. Ils descendent vers la mer. Parmi eux, des groupes de paysans des campagnes voisines, en costumes pittoresques, les hommes coiffés du bonnet retombant, les femmes vêtues de jupes voyantes et de tabliers à fleurs. Évidemment, il y a, ce soir, un rendez-vous populaire dont toute la province est remuée. Nous sommes le 3 septembre. Demain, l'Église célèbre la fête de sainte Rosalie, patronne de Palerme, et, cette nuit, fidèle aux traditions, le peuple se porte en foule vers l'oratoire de la sainte ermite, vers la grotte qui domine la mer, au sommet du Pellegrino.

La fête du 15 juillet, date de l'invention des reliques de la sainte, la procession, les illuminations, les feux d'artifice pour lesquels la municipalité vote, chaque année, des sommes considérables, sont célèbres dans toute l'Europe. Le grand pèlerinage du 3 septembre l'est moins, et sa renommée ne dépasse guère les frontières de Sicile. Pas de coups de canon, pas de déploiement de force publique, mais une manifestation plus originale peut-être et tout aussi vivante de la piété sicilienne, voilà ce qu'on nous avait annoncé et ce que nous allions voir, à peine arrivés du Zucco.

Vite, sur la place de Lolli, je prends une voiture, et je demande au cocher de nous conduire « al pie di monte » En quelques minutes nous sommes dans les quartiers voisins de la mer, et la foule grossit dans les rues plus étroites. Elle est gaie, sans être tapageuse. On va par bande au Pellegrino : père, mère, enfants, toute la couvée. Des dialogues, où dominent les voyelles sonores, s'échangent entre la chaussée et les fenêtres pleines de monde. De petits marchands, portant sur le ventre leur étalage, qu'éclaire un transparent de papier, courent, tournent, se croisent, disparaissent comme des étoiles filantes. Il y a bien des gens à pied, et plus encore en voitures. Dix, douze, quinze personnes se tiennent, serrées comme des grains de raisin noir, sur les charrettes minuscules du pays. L'avant, l'arrière, les brancards, les marchepieds, les montants, tout est chargé. Le cheval empanaché trotte quand même gaillardement. Dans la nuit, devant nous, la masse bleuâtre de la montagne s'enlève bien haut sur l'horizon. Est-ce loin, est-ce près d'ici? Je ne sais. On dirait un nuage d'orage, aux formes rondes, au milieu duquel se tord une spirale lumineuse, formée d'une infinité de points d'or. Ce sont les cierges, les lanternes, les torches des pèlerins qui gravissent les lacets de la pente, qui montent vers la grotte où la douce vierge, fille du duc Sinibalde, éprise de solitude et de contemplation, vécut et mourut ignorée, pénitente et ravie. La légende est charmante, et j'y reviendrai sans doute. En ce moment, vingt mille personnes peut-être nous précèdent ou nous suivent. Dans la rue du faubourg où nous entrons, les voitures, pressées les unes contre les autres, n'avancent plus qu'au pas. Le spectacle prend une couleur intense. Aux deux côtés de la voie, des fourneaux flambent, barrant de lueurs rouges le flot humain qui passe. On vend des fritures de toutes sortes, et de petits pois secs grillés, la *simenza*, un régal sicilien. D'autres marchands offrent des éventails de sainte Rosalie, montés sur un bout de roseau et garnis de franges multicolores; d'autres, des torches, des transparents, des citrons, des figues d'Inde. J'aperçois deux ou trois maisons ouvertes, vivement éclairées, où l'on danse. Les flambeaux s'allument par centaines, au milieu des groupes. On distingue, dans les rayées mouvante de lumière, des têtes crépues, des physionomies rurales d'un relief étonnant, sérieuses, vivantes, où l'on sent la passion à fleur de peau, des hommes armés de fusils, debout sur les charrettes, des couples de jeunes contadini, venus de loin. marchant tout près l'un de l'autre, graves dans leurs habits de noces. Peut-être la nouvelle mariée a-t-elle suivi l'ancienne tradition et fait inscrire dans son contrat de mariage que son époux, la première année au moins, la conduirait au pèlerinage de Sainte-Rosalie. Elle emporte toute la petite richesse de sa vie : son air de jeunesse heureuse et son tablier de soie, encore marqué des plis raides du neuf. Des cantiques s'élèvent çà et là, murmurés d'abord par quelques voix, et repris en chœur, sur un mode traînant, en langue sicilienne.

Bientôt la voiture s'arrête. Nous sommes au pied de la montagne, au milieu d'un vaste terrain caillouteux, planté d'oliviers. Nous traversons la foule grouillante et chantante. Oh ! le singulier campement ! Sous les arbres, des hommes, des femmes des enfants, dorment, étendus sur la terre nue. Le cheval ou la mule d'un côté, la petite charrette de l'autre, les protègent et séparent les familles. Quelques pèlerins ont attaché aux branches des couvertures comme un toit brun. D'autres, assis en rond, attendent l'heure de partir ou veillent sur les dormeurs. Tous ces groupes silencieux, enveloppés d'ombre bleue, donnent l'idée d'une tribu nomade, arrêtée un moment dans sa course et se reposant pour franchir, le lendemain, une étape difficile, tandis que, juste au milieu de la plaine, traçant une ligne lumineuse, une seconde tribu, dans la confusion pittoresque et la rumeur d'une marche de nuit, tente l'escalade de la montagne. Ceux-là, ceux qui continuent leur route, iront coucher à deux heures de chemin d'ici, sur le plateau dénudé du Pellegrino, ils entendront une messe à l'aurore, et redescendront avec le jour. Ils montent à pied. Leurs torches en mouvement dessinent, jusqu'au sommet, les lacets de la montagne. Il y a de petites lumières, bien haut, bien loin, qui rejoignent les étoiles, comme si un grand coup de vent, soufflant sur un feu de pâtre, emportait en spirale ces gerbes d'étincelles.

Certes, il eût suffi, pour me faire trouver court le temps que je passai là, d'observer la variété de types et de costumes, les « tableaux vivants » formés par le hasard, la couleur et la chanson de cette multitude. Mais j'avoue que, ce soir-là, si une chose m'a étonné, intéressé, passionné même, ce ne sont pas les hommes, ce sont les charrettes. J'étais merveilleusement placé pour les étudier, à l'endroit où elles s'arrêtaient, et, une à une, lentement s'enfonçaient sous les arbres. Elles sont tout un poème, le plus original, le plus suggestif qui soit. Elles en disent plus long sur le peuple de Sicile que vingt livres feuilletés. Elles portent l'empreinte saisissante de ses mœurs, de ses traditions, de sa poésie, et je puis ajouter, sans le moindre sourire, qu'elles constituent un document des plus précieux, pour qui veut pénétrer l'âme de la Sicile.

Oui, de simples charrettes. Elles sont d'abord fort jolies, et du même modèle dans toute l'île : assez haut montées, larges et longues à peu près comme une carriole anglaise, peintes uniformément en jaune, en jaune serin très vif, avec des filets rouges et des mouchetures vertes. En dessous, au lieu de la barre de fer toute nue reliant les deux roues et portant l'édifice, l'esprit artiste de la Sicile a mis une frise de bois et de fer découpé, peinte des mêmes couleurs, et représentant des fleurs, des oiseaux, une foule de choses qu'on distingue mal et qui font un gentil effet. Une autre quelquefois pend à l'arrière de la voiture, comme une dentelle raide. L'équipage du cheval est aussi des mieux trouvés, brodé de laine, pomponné, pailleté, sonnant de cuivre. La sellette seule est un chef-d'œuvre, une petite tour Eiffel garnie de miroirs et de clous, et coiffée, à quatre-vingts centimètres au-dessus du dos de la bête, d'un bouquet de plumes écarlates, qui va, qui vient, et frissonne au vent.

Mais la merveille n'est pas là. Elle se trouve sur la caisse de la charrette, où sont peints de vrais tableaux, — à l'huile s'il vous plaît, — des scènes à deux, à quatre, à dix personnages, variant suivant le goût du propriétaire, c'est-à-dire presque à l'infini. Chaque côté étant divisé en deux panneaux, toute charrette sicilienne compte au moins quatre tableaux de la sorte. Et que pensez-vous qu'on y rencontre ? les souvenirs les plus inattendus, toute la suite des traditions superposées qui sont demeurées empreintes dans la mémoire d'un vieux peuple. Lisez plutôt les légendes en lettres noires qui accompagnent chaque sujet, et expliquent l'intention de l'artiste. Au-dessus de scènes dont les acteurs, à quelque siècle qu'ils appartiennent, sont invariablement chaussés de bottes à l'écuyère, vous verrez : « l'Enlèvement d'Europe », « l'Incendie de Troie », « le Cheval de Troie », et d'autres inscriptions rappelant la mythologie ou l'histoire de la Grèce ; puis, en nombre incroyable, des rappels de la grande épopée chevaleresque et des chansons de gestes : « Roland à Roncevaux », « Roland sonne du cor pour avertir Charlemagne », « Charlemagne et ses Preux », « la Trahison de Ganelon », « le Duel d'Olivier », « la Bénédiction de l'archevêque Turpin », « Renaud couronné empereur de Trébizonde », « le Débarquement de Rodomont en France », « Angélique à Paris », etc. Les rois normands, Guillaume, Robert, Frédéric, mais surtout le roi Roger occupent des surfaces considérables sur les coffres des *carette*, parce qu'ils ont une grande place dans le cœur des Siciliens. Combien de fois le retrouve-t-on, ce « Couronnement du roi Roger », où six braves seigneurs, en manteaux de toreros, lèvent leurs six bonnes épées en faveur d'un septième assis sur un baldaquin ? Presque autant que « Bonaparte à Arcole », « la Retraite de Russie », « les Adieux à la vieille garde », « le Débarquement des Mille à Marsala », « l'Entrée de Napoléon III en Italie », ou « Napoléon III remettant son épée à Guillaume ».

C'est un vrai cours d'histoire, vous voyez, qui trotte derrière les chevaux de Sicile. Après cela, il y a toutes les petites fantaisies personnelles ; les tableaux de famille ; une collection superbe d'attaques de brigands, les unes simplement faites « de chic », les autres inspirées par quelque exploit fameux d'un brigand authentique ; des sujets religieux, ou bien encore une jeune mère dans son lit, plusieurs personnes empressées autour d'elle, et un grand gaillard au premier plan, — toujours en bottes à l'écuyère, — qui présente au public un enfant d'un rose vif, et s'écrie : « Viva la divina Providenza ! »

Cette question des charrettes n'était pas toute nouvelle pour moi. Dès le début de mon séjour à Palerme, j'avais voulu aller aux sources, et je m'étais rendu chez un peintre de *carette.* Quelques-uns de ces artistes populaires habitent près de Lolli, mais la plupart ont leur atelier autour de la gare centrale, et c'est là qu'habitait le mien. Je trouvai un vieil ouvrier, dans le fond d'une immense salle servant d'écurie les jours de foire, et je lui demandai d'abord s'il n'avait pas des cartons, des albums de modèles. Il me montra cinq ou six mauvaises lithographies, oubliées dans un coin.

— Et c'est toute la collection ?

— Oui, monsieur.

— Cependant, vous peignez plus de six sujets !

— *Altro !* je le crois bien, tout ce qu'on veut ! Le client me commande le motif, et moi je compose *a testa*. Ainsi, voyez cette charrette. Elle m'a été confiée par un meunier, et, sur le plancher, j'ai commencé à peindre un soleil avec ses rayons. C'est son idée, au meunier.

— Et sur les panneaux extérieurs?

— Monsieur, il y aura l'histoire de Joseph et de la femme de Putiphar. Mais j'ai une autre voiture, là, dont je m'occuperai ensuite, et où je dois représenter l'histoire de Carmen.

— Savez-vous qu'il faut être artiste dans votre métier?

— Oh! monsieur, des artistes pauvres.

— Combien prenez-vous, pour la peinture?

— C'est selon, soixante-dix, quatre-vingts francs.

— Et combien coûte la charrette entière?

— Une belle, monsieur?

— Naturellement.

— A peu près deux cent cinquante francs.

Ainsi donc, la chose n'était plus douteuse : cette mythologie, cette histoire ancienne ou moderne, sortaient de l'âme même du peuple. C'étaient des paysans, des ouvriers, des illettrés pour la plupart, qui commandaient au peintre un Incendie de Troie, un Roland sonnant du cor ou le Couronnement du roi Roger. Comment cela se pouvait-il? Voyez-vous la figure d'un bouvier franc-comtois ou d'un meunier breton à qui l'on demanderait : « Eh! mon ami, quel est donc le paladin qui sonnait de la trompe à Roncevaux ? » Par quel phénomène étrange toute la légende de la chevalerie, qui nous appartient bien autant qu'à la Sicile, profondément oubliée chez nous, disparue totalement de la mémoire populaire, est-elle connue là-bas, aimée, ravivée chaque jour ?

Je me disais que les nations méridionales, moins portées à l'action que celles du Nord, et par conséquent au progrès, regardent plus volontiers vers le passé ; que la tradition, qui se replie devant le livre, et n'est pas complètement remplacée par lui, est une maîtresse d'école aux très longs souvenirs... Mais je sentais l'insuffisance de mon explication. Des amis se chargèrent de la préciser. Ils m'indiquèrent la vraie cause de cette survivance des souvenirs antiques dans l'esprit de la Sicile, et cette cause, la voici : c'est, d'une part, le théâtre des Marionnettes et, de l'autre, le *contastorie*.

Cela peut paraître étrange, pourtant rien de plus sûr : les marionnettes ont sauvé Troie, et Roland, et Charlemagne, et Ganelon. Il n'existe pas moins de neuf petits théâtres de la sorte, à Palerme ; on en trouve d'autres à Catane, à Messine, à Alcamo, à Caltanissetta, et tous, sans exception, jouent d'un bout de l'année à l'autre « la paladiniera », c'est-à-dire des pièces héroïques et de chevalerie. L'entrée coûte dix centimes ; dans les grandes occasions, trente ou quarante. Le public, c'est tout le menu peuple, les petits marchands, les pêcheurs, les paysans qui passent, les gamins de la rue, les flâneurs de profession. Tous sont passionnés pour la vieille épopée. Ils connaissent depuis l'enfance les noms des paladins ; ils n'ont pas même besoin que le directeur de l'*opra*, caché dans la coulisse, ait fait parler ses marionnettes, pour savoir quels personnages occupent la scène ; ils ne s'y trompent pas, car chaque preux a sa physionomie ou son symbole invariable : Olivier est légèrement obèse, Roland a un œil de travers, Charlemagne le poing fermé, — on prétend qu'il naquit ainsi ; — Renaud porte dans ses armes un lion ; Olivier, le soleil et la lune ; Ogier, une étoile. C'est un monde familier pour les habitués, qui ne se lassent pas de voir jouer : *la Chronique de Turpin, les Rois de France, Morgante* de Pulci, *le Roland amoureux* de Bojardo, ou *le Roland furieux* de l'Arioste. Quelquefois on recule de plusieurs siècles encore ; on peut lire sur l'affiche : « L'œuvre choisie est la tragédie tirée de *l'Enéide* de Virgile, sous ce titre : *Incendie de Troie*, avec le cheval de bois, le combat des guerriers et les têtes coupées à vue. » Mais le spectacle des spectacles, celui pour lequel on s'écrase à la porte de l'*opra*, celui qui fait monter le prix des places jusqu'à vingt-cinq et trente centimes, ç'a toujours été, c'est encore :

« La Brèche de Roland, ou la Mort des paladins. »

Ajoutez à cet enseignement par les marionnettes celui du *contastorie*. Le contastorie est le descendant des anciens bardes, le frère chrétien des conteurs arabes. Il garde en sa mémoire des poèmes indéfinis. Il n'est pas nomade. Il élit domicile sous un arbre, sous le porche d'une église, dans une pauvre boutique, et là, commençant dévotement par le signe de la croix, il conte pendant deux heures, en dialecte sicilien, les amours jalouses et les grands coups d'épée des chevaliers. Les auditeurs, massés autour de lui, se passionnent comme à la cour d'assises, applaudissent les vaillants, honnissent les traîtres, donnent deux centimes à l'aède quand le récit est fini, et s'en retournent tout pétris de poésie héroïque.

C'est ainsi que la notion des origines et des fragments d'histoire sont demeurés dans l'esprit de ce peuple illettré. Les petits tableaux des charrettes, qui m'avaient si vivement frappé au premier pas dans Syracuse, que j'avais retrouvés depuis sur toutes les routes, si nombreux, si éclatants, ce soir, au pied du mont Pellegrino, ne font que répéter et propagent à leur tour la leçon des drames chevaleresques et des contes en plein air.

Je regardai longtemps leur défilé, puis je rentrai à Palerme. La lune s'était levée. Des feux, en l'honneur de sainte Rosalie, s'allumaient au sommet des montagnes. La nuit était très douce et la ville toute blanche devant moi.

Deux jours après, je retournais au Pellegrino, cette fois à pied, et dans le dessein de monter jusqu'à la grotte.

Le Pellegrino, complètement détaché de la chaîne de montagnes qui enveloppe Palerme, n'est qu'une masse de rochers, comme un môle gigantesque se dressant à gauche de la ville et dominant la mer. L'ascension, autrefois, devait être pénible. On l'a rendue aisée en construisant une route en lacets. On s'élève en zigzag, ayant toujours à gauche ou à droite le paysage merveilleux de Palerme à ses pieds et de la conque d'or autour d'elle. Puis le sentier, pointant droit, traverse le haut plateau de la montagne. S'il n'y avait pas, çà et là, une échappée de vue sur la baie, ou sur la plaine si riche, on pourrait se croire dans la lune, telle que nous la décrivent des gens qui n'y sont point allés. Depuis la base jusqu'au sommet, pas un arbre, et même, en cette saison, pas une herbe. Il paraît qu'au printemps on aperçoit des brins de gazon et des troupeaux qui les broutent. Mais l'été a passé. Tout s'est flétri. La roche est partout nue, d'un gris bleu, soulevée en aiguilles innombrables, dont les arêtes luisent au soleil du matin. Ces milliers de cailloux, la pointe en l'air, font des vallons et des côtes singulièrement hérissés aux deux bords de la route. Pourtant deux sortes de gens s'engagent au travers, les chercheurs de limaçons, — car il a plu abondamment cette nuit, — qui descendent, déguenillés, portant au bras leur panier plein de limaçons jaunes, et les chasseurs qui montent. Ils sont nombreux, ceux-là. Depuis les premières assises de la montagne jusqu'au plateau que je traverse, le tonnerre de leurs coups de fusil roule de roche en roche. En voici trois, quatre, cinq à la fois, dans le champ assez restreint de ma vue, chacun chassant pour son compte, précédé d'un chien, et porteur d'une arme comme on n'en rencontre plus que dans les greffes de nos tribunaux correctionnels, vénérables fusils à piston, dont la rouille fleurit en mousse brune et se découvre à trente pas, canardière d'héritage, aux longues montures de bois. Ils sont jeunes, ardents, imberbes. Que poursuivent-ils avec tant de précaution, courbés. rasés derrière les pierres? Quelle sorte de gibier tirent-ils à si grand bruit? Ils ne ramassent rien, rien ne s'envole, et le chien trotte devant, point ému, comme habitué à ce résultat. Est-ce le fameux châtre célébré par Méry? A force de regarder, une fois, j'aperçus, dans un nuage de fumée, un petit oiseau qui sautait d'une roche à l'autre, habitué, lui aussi. Ils chassaient le « cul-blanc ». Ils avaient quitté leurs familles, ces jeunes gens, et leurs études, affronté la chaleur, fait deux heures d'ascension et commis l'imprudence de charger leurs armes, pour venir, à six cents mètres d'altitude, massacrer deux ou trois pauvres motteux qu'ils rapporteraient le soir en triomphe.

Ah ! les chasseurs italiens ! Quelle étude psychologique à entreprendre ! Quels types ils fourniraient à la plume qui a écrit *Tartarin !* Le lion n'est pas leur affaire, par la raison qu'il n'y en a pas dans leur pays, ni même le gibier ordinaire, lièvres, faisans, perdrix, rares presque partout, mais les tout petits, les oisillons. Cela leur suffit. Ils excellent à faire des tendues, à colleter les rossignols de passage, à dresser des panneaux où, dans la brume du matin, les cailles viendront se jeter. Ils sont oiseleurs, très peu chasseurs, pas veneurs du tout. Un observateur patient de la vie italienne pourrait dire pour quelle grande part entrent dans leur plaisir les guêtres neuves, la pointe de jalousie des voisins qui voient s'éloigner le jeune homme avec une si longue canardière, le sentiment de supériorité, de *prepotenza* de l'homme qui porte une arme, et le tapage de la poudre, et l'orgueil d'annoncer au retour qu'on a pu perdre sa journée, qu'on a, comme un propriétaire, comme un « cavaliere », passé son temps à la *caccia*. Il faut entendre ce mot-là dans une bouche italienne. Il est royalement sonore. Je me souviens qu'à Brescia un bon gros Bergamasque, se rendant à Milan, était monté dans le train, suivi de son fils et de sa fille. Une fois assis, le premier regard circulaire jeté autour du compartiment, il prit dans la poche de sa veste un cornet de papier, ouvrit les coins rabattus, et, délicatement, avec un air de vanité, de gourmandise et de mystère, tirant un chapelet d'oiseaux attachés par la patte à la même ficelle, l'étala sur ses genoux. Devant le public attentif, il compta ses prises, qu'il poussait une à une d'un coup d'ongle : trois fauvettes, une mésange, un pinson, trois chardonnerets et deux grives. Il avait tué tout cela dans son jardin, sur le même figuier, du seuil de sa maison. Le fils éprouvait un vif sentiment de fierté ; la fille souriait, et disait : « Buona caccia ! » Une jeune femme, au bout du compartiment, renchérit sur l'éloge, et dit : « Comment, une bonne chasse ? Une très bonne ! *Buonissima !* deux grives ! » Tout le vagon murmura : « Buonissima, signore, buonissima cacia ! » Lui n'osa pas les démentir. Oui, la journée avait été heureuse. Il ramassa toutes les ailes, toutes les petites ailes grises, pendit la ficelle aux armatures de cuivre du wagon, à l'extérieur, et, jusqu'à la ville, il se penchait de temps à autre, pour voir frissonner au vent les plumes de son gibier, tandis que l'auditoire, renseigné sur les moindres incidents de la chasse, répétait avec une conviction amusante : « Buona caccia ! Buonissima ! »

Les chasseurs du Pellegrino étaient bien de la même famille.

Quelques minutes après que je les eus perdus de vue, la route tournait à droite, et la chapelle apparaissait, une pauvre façade blanche, en haut d'un escalier effrité, dominant un cirque de pierres grises, incliné, désert, où, deux jours auparavant, les pèlerins avaient dû passer la nuit. Ce n'est guère qu'une façade, en effet, accolée à l'ouverture du rocher. La grotte est demeurée ce qu'elle devait être au temps de sainte Rosalie, de grandeur médiocre, irrégulière, et si humide qu'il a fallu suspendre à la voûte, pour recuillir les gouttes d'eau à chaque instant reformées, tout un système de tuyaux du plus fâcheux effet. On montre, dans la paroi, à deux ou trois mètres de hauteur, une seconde excavation, où la vierge, dit-on, se retirait pour prier, et, au fond de la grotte, la statue de sainte Rosalie, qui la représente couchée, la tête appuyée sur l'une de ses mains, l'autre main ramenée sur la poitrine. Elle mourut ainsi, raconte la légende, écoutant les chœurs des esprits célestes. Mais ses ossements ne furent retrouvés que cinq siècles après, en 1664, pendant une grande peste qui désolait Palerme. Un vieil auteur a rapporté le fait dans sa langue naïve. Et voyez comme la figure du monde et les coutumes de ses habitants varient peu d'un âge à l'autre : c'est un chasseur du Pellegrino qui découvrit les reliques de la bienheureuse ! Il se nommait Bonelli. Se voyant sur le point de mourir de la commune peste, Bonelli fit appeler son confesseur. Et voici la déposition, bien sicilienne dans les détails, qu'il consigna entre ses mains :

« Le dernier jour du carnaval, j'ai perdu ma femme de la peste : elle n'avait que quinze ans, et m'était extrêmement chère, de sorte que j'étais accablé de douleur. Ma maison ayant été mise sous séquestre, en conséquence de cette mort, je sortis pendant la nuit, pour aller à la chasse et me distraire de ma tristesse. Je montai sur le Pellegrino. Au point du jour, j'étais dans une partie de la montagne qu'on appelle la Scala. Je vis alors une jeune fille en habit d'ermite, et dont la beauté était plus angélique qu'humaine.

» — Où vas-tu sur cette montagne? me dit-elle. Qu'y viens-tu faire?

» — Je vais à la chasse, madame, répondis-je tout tremblant.

» — Viens avec moi, reprit-elle, je te montrerai ma grotte et ma cellule de pèlerine.

» Je la suivis en silence jusqu'à la caverne.

» — Voilà, dit-elle, en se tournant vers moi, la grotte où mon corps est resté tant d'années, et que tant de chasseurs ont en vain cherché; voilà la cellule où j'habitais.

» Encouragé par sa bonté, je lui demandai, non sans trembler un peu, qui elle était.

» — Ne me reconnais-tu point? me dit-elle en souriant.

» — Non, madame

» — Je suis Rosalie, » dit-elle.

On suivit les indications de Bonelli, le chasseur par amour, et, à l'endroit qu'il avait désigné, on trouva les précieux ossements que l'eau du rocher, tombant goutte à goutte, avait recouverts « d'une pierre transparente comme l'albâtre, aussi dure que le cristal, et ayant des reflets semblables à ceux de l'améthyste et de l'hyacinthe ».

Quatre jours après, les reliques de sainte Rosalie étaient exposées à la vénération du peuple, et la peste cessait. Palerme témoigna sa reconnaissance par des fêtes magnifiques. Le culte de sainte Rosalie, ancien déjà dans la Sicile, devint subitement populaire. Et depuis lors, deux fois chaque été, les sentiers de la montagne grise s'emplissent de pèlerins.

Tout le reste de l'année, il est bien désert et bien triste, ce sommet du Pellegrino. Quand je sortis de la grotte, cet aspect de désolation me saisit le cœur. A gauche, il y avait trois ou quatre masures. De quoi vivent leurs habitants? On se demande cela si souvent, sans pouvoir répondre! Dans l'une d'elles, je trouvai une vieille femme, jaune comme une orange, qui voulut bien me vendre un peu de vin. Elle l'alla tirer dans une cruche pentagonale, en terre crème, dont un collectionneur eût rêvé. Et pendant qu'elle me vantait l'arome, la couleur du vin de Partinico, l'un des meilleurs, en effet, de la Sicile, et des plus inconnus, « apporté avec grande misère », disait-elle, en haut de la montagne, moi, je regardais sous les fenêtres, dans le cirque rocheux, trois enfants, ses petits-fils, qui riaient. Ils riaient, le teint hâlé de soleil et de vent, la joie comme une étincelle fixée dans leurs yeux brillants de petits Italiens. Je me reposai un quart d'heure, avec l'air d'écouter la grand'mère, et je les vis galoper, poussant des cris d'enthousiasme et faisant des ricochets sur la grande nappe de pierre dont ils étaient toute la vie. Et je redescendis, songeant que ce lieu désolé leur apparaîtrait, dans leurs regrets futurs, comme un paradis terrestre; que, devenus soldats, bien loin, ils soupireraient après le désert du Pellegrino, comme d'autres après les champs d'avoine, les grands bois, les plaines traversées de fleuves; qu'ils parleraient, avec la passion naïve du souvenir, de ces deux jours de l'année où les pèlerins montaient de Palerme, portant des éventails de sainte Rosalie et chantant des cantiques siciliens. Car, voyez-vous, les nids peuvent être de laine, de crin, de soie, d'herbes marines ou de simples cailloux amoncelés : la couvée n'en sait jamais rien, et le meilleur de tous est celui qu'on a eu.

X

Catalafimi. — Les ruines de Ségeste. — Idylle moderne.

C'est encore de Palerme, et de la gare de Lolli, que je pars pour aller visiter les ruines de Ségeste. Nous dépassons le Zucco, Partinico, la rivière de *la petite poule*, Balestrate, Castellamare de Sicile, et nous laissons le train à la station d'Alcamo-Calatafimi, décorée du nom de deux villes dont elle est également distante. Sur le quai, j'aperçois une figure de connaissance, le caporal-garde Bommarito, sanglé dans sa tunique. Il a été envoyé à notre rencontre par l'aimable administrateur du Zucco, pour nous guider dans cette excursion lointaine. Il a loué une calèche pour la première partie de la route, des ânes avec des âniers pour la seconde. Tout est prêt, nous débarquons, et cependant il y a un peu de mélancolie dans le salut de Bommarito. Ses petits yeux sont moins perçants que d'ordinaire, et sa bouche moins fleurie sous sa moustache tombante. Qu'avez-vous, caporal-garde? C'est que nous sommes partis un peu tard. L'après-midi est avancé. Nous aurons à peine le temps d'arriver aux ruines avant la nuit. Et l'excellent homme, chef de l'expédition, responsable de nos bourses, de nos personnes et du plaisir que nous aurons, craint sur ce dernier point des surprises fâcheuses. Après le soleil couché, que voulez-vous faire dans la plaine déserte de Ségeste, dans l'ombre des montagnes où règne la mal'aria? Venir de si loin pour ne rapporter peut-être qu'un accès de mauvaise fièvre! Mon Dieu, pourquoi ces deux Français n'ont-ils pas pris le premier train?

Voilà ce que pense Bommarito, respectueusement, silencieusement. Le cocher pense de même. Mais il est d'une autre race, incapable de se taire et de ne pas y aller de sa petite improvisation. Cet enfant d'Alcamo, fait comme un coureur antique, et dont l'origine grecque est évidente, avec ses cheveux frisés, son regard mobile et aigu, son air souriant et retors, est un type achevé du « scaltre » sicilien. A peine a-t-il lancé ses chevaux sur la route qu'il se détourne vers nous, et, montrant ses dents blanches, nuançant presque chaque mot d'un geste de son bras resté libre et armé du fouet : « Excellences, dit-il, j'espère vous contenter. Je ferai toutes choses pour vous contenter. J'ai, sans conteste, la plus belle voiture du pays. Elle a conduit plusieurs princes aux ruines de Ségeste. Et ces chevaux ! Voyez, Excellences, comme ils lèvent la jambe, comme ils sont rapides ! Eh bien ! je les fatiguerai, je les mettrai plutôt sur la paille, mais nous arriverons, et vos Excellences seront satisfaites de moi ! »

Il fallait voir, pendant ce temps-là, les chevaux trotter doucement, de leur allure résignée, et les yeux du maître qui parlaient, eux aussi, et disaient clairement : « Barbares du Nord, je ne pense pas un mot des discours que je fais. Je ne suis pas assez bête pour lasser mes chevaux ; mais, si vous l'êtes assez pour me croire, j'aurai eu l'air de m'intéresser à la réussite de vos projets, et vous me récompenserez. »

Nous traversons un pays onduleux et très vert. La couleur des arbres, dans les creux, indique des sources vives. Sur les sommets, des groupes d'oliviers, des vignes ou des champs de hautes herbes que personne ne coupe et qu'aucun troupeau ne broute. Très peu de maisons, comme toujours. Calatafimi, que le cocher nous promet toutes les dix minutes, tarde bien à se montrer. Enfin, à force de monter de colline en colline, nous arrivons au pied de celle qui porte la ville, encore invisible pour nous. La pente est extrêmement raide, et les chevaux grimpent péniblement sur la route en lacets. Je commence à ne plus regretter d'être parti en retard. A mesure que nous nous élevons, l'ondulation des collines s'étend plus vaste au-dessous de nous. Elles sont douces à l'œil comme celles que j'ai vues déjà, vers Castrogiovanni, elles se développent et s'enchaînent avec la même grâce infinie. Mais l'heure ajoute à leur beauté. En face du soleil qui décline, tous les versants orientés vers lui étincellent de lumière. Les autres ne sont plus que de l'ombre bleue. Pas une note verte. Les arbres sont couleur de flamme ou disparus dans les creux. Et l'on dirait que nous planons au-dessus d'un lac immense, dont les flots emmêlés seraient moitié bleus et moitié d'or.

Des deux côtés du chemin, des aloès lèvent leurs tiges étonnantes chargées de fleurs tout en haut. Une première maison à droite, isolée, une cabane plutôt, précédée d'un jardinet si frais, si ombreux, si bien enveloppé et jalousement muré de haies vives, qu'on se croirait à Jersey. Il en sort un vieillard, les mains tendues, chargées d'une brassée de géraniums. Il se hâte. Il veut rejoindre la voiture. Serait-ce... Mais oui, c'est pour nous qu'il a cueilli en hâte toute cette jonchée de branches au parfum violent; il la jette sur les coussins, sur nos genoux, et puis il nous tire son bonnet, et s'en retourne à sa cabane, Cet homme doit avoir des idées bien anciennes, ou bien modernes sur les étrangers. J'inclinerais, hélas ! vers cette seconde hypothèse, à voir l'air du cocher, qui nous regarde d'abord, et suit, d'un œil attendri, le bon vieillard qui s'éloigne.

Le vent n'avait pas encore dissipé l'encens un peu grossier qui s'échappait des branches, que je songeai à l'addition. Heureusement, Calatafimi semblait ignorer absolument notre arrivée. Pas le moindre arc de triomphe. Nous apercevons la ville tout à coup, à un dernier détour, posée en citadelle sur la pointe d'un rocher, dont ses maisons serrées dessinent le contour. Étrange petite ville, féodale jusqu'aux moelles. La pensée qui la percha et la bâtit de la sorte, l'aspect de ses rues tournantes, n'appartiennent point à notre âge. Dans l'étroite enceinte de ses murailles, ce soir, comme chaque soir, Calatafimi a vu rentrer tout ce qui laboure, tout ce qui récolte, tout ce qui possède la terre ou la remue à deux lieues à la ronde. Leurs pères faisaient ainsi, dès que la nuit tombait, par crainte des bandes pillardes qui tenaient la campagne. Les fils n'ont point changé la coutume. Ils remontent à la brume, de tous les points de la plaine, vers la crête de rochers, vers la petite ville encore flamboyante de soleil, poussés par l'habitude séculaire et par la peur de la mal'aria, maîtresse des vallées. A peine quelques femmes se montrent aux balcons ou derrière les barreaux des fenêtres; je suis frappé de leur type arabe, et de la beauté sombre de leurs yeux. Elles sont rares dans les rues que nous traversons. En revanche, je crois que tous les hommes sont dehors. Ils se tiennent par groupes de cinq ou six, immobiles, devant toutes les portes, sur la chaussée, sur les marches de l'église. Ils sont si nombreux qu'on dirait une foule venue pour un spectacle. Mais non. Ce n'est qu'un soir de dimanche dans une cité très ancienne, très fermée, très farouche. Les gens du municipe n'ont rien à faire; la nuit tombe; les femmes travaillent à la maison : alors, de longs conciliabules commencent; les cabales se forment; les passions locales s'expriment violemment et à demi-voix, dans les petits cercles soupçonneux, et, quand l'étranger passe, on le suit d'un regard mêlé de colère, comme s'il venait surprendre un secret. Oh! si l'on pouvait demeurer un peu dans ces pays écartés, se pénétrer de leurs mœurs et de leur langue, comme on prendrait sur le vif la vraie vie d'autrefois, comme on reconstituerait facilement et sûrement la figure du XVe siècle!

Mais le temps! Ce n'est pas aujourd'hui en tout

cas, que nous l'aurons. L'ombre envahit rapidement les rues. Nous nous arrêtons un instant à l' « Albergo centrale », où nous coucherons ce soir, et nous commençons à redescendre la montagne, par le versant opposé. Les ruines sont encore à plus d'une lieue, dans la vallée du Scamandre. Les chevaux filent grand train, lancés sur la pente. A droite, des vergers s'élèvent, coupés de roches à pic ; à gauche, c'est un ravin, à demi rempli par la brume, où se devinent, çà et là, des groupes d'arbres comme des coups d'estompe et des flaques d'eau luisantes. Un moment, on découvre le temple de Ségeste, loin encore, au delà de cette gorge sombre qui s'élargit. Il s'enlève, tout blond de lumière, sa belle colonnade découpée sur un fond de montagne, puis une autre montagne le cache. Pas une maison sur la route, qui devient de plus en plus sauvage, pas un passant qui croise la voiture. Nous descendons jusqu'au fond de la vallée. La calèche s'arrête enfin ; Bommarito saute du siège, et regarde de tous côtés.

Nous sommes au milieu d'un vaste espace couvert de cailloux roulés. Le chemin continue de fuir devant nous. A gauche, il y a la rivière, des bas-fonds onduleux, où le brun des herbes sèches se mêle au violet de la brume, des cimes à l'horizon, frangées d'une lueur de pourpre : mais nulle part il n'y a d'âniers.

— Où sont-ils? murmure Bommarito.

Il met ses mains en cornet sur sa bouche, et, soufflant de toute la force de sa large poitrine :

— Niccolo! Peppino!

Dans le désert, dans l'universel silence de l'heure tardive, les mots roulent, se heurtent à d'invisibles barrières, nous reviennent amoindris. Et tout se tait. Niccolo n'est pas venu, pas plus que Peppino.

— Oh! les brigands! les brigands! Je leur avais si bien recommandé! Le rendez-vous était à l'*Ave Maria*. Il est plus de l'*Ave Maria!* Et ils ne sont pas ici! *Birbanti*, *Ladroncelli!* Qu'allons-nous faire maintenant?

Mon Dieu, c'est bien simple. Nous commençons par calmer Bommarito, et nous lui expliquons que nous irons à pied.

Des roues de la voiture, de je ne sais quel coin de ressort où il s'était blotti, un pauvre être surgit, et s'offre à nous conduire. J'ai peu vu de vingt ans si misérables. Il est hâve, défait, vêtu de loques. Là-haut, comme nous passions dans la ville, il s'est accroché à nous comme à un hasard de fortune. Nous le suivons à présent. Il cherche le gué du fleuve, qui s'appelait autrefois la Scamandre et qui ne s'appelle plus que la *fiume Gaggerà*. Voici l'endroit. Des boues glissantes, des pierres jetées dans le courant mêlé de roseaux, sur lesquelles nous traversons, puis l'autre rive, également plate et marécageuse. Nous allons à la file, posant le pied là où les herbes sont écrasées et forment un sentier, enveloppés de vapeurs lourdes et qu'on sent malfaisantes, dans l'indicible tristesse du soir. Jusqu'à la hauteur de la poitrine, nous sommes plongés dans cette buée qui cache le sol. Point d'horizon, si ce n'est devant nous, vers le couchant, où la dentelure des montagnes est encore nette sur le ciel. Et ce silence que rien ne rompt, ni un cri d'oiseau, ni l'aboi d'un chien, ni le roulement d'une charrette, qui sont comme des paroles de réconfort et le rappel incessant de la vie dans nos campagnes de France !

Je dis à ce mendiant de Sicile qui me précède de trois pas :

— La vallée n'est pas saine, n'est-ce pas ?

Il se détourne à demi, et secoue la tête.

— Surtout à cette heure-ci, monsieur.

— Il y a de la mal'aria ?

— Oh ! monsieur, celui qui couche ici est un homme mort.

— Et celui qui passe ?

Je vois encore l'air résigné dont il me répondit :

— J'espère que Dieu nous en gardera.

Nous commencions à gravir une pente assez raide. Bientôt, l'air devient plus léger, le vent nous fouette le visage, et nous retrouvons un peu de lumière, assez pour apercevoir, au-dessous de nous, la vallée dont nous sortons, comme une grande nappe floconneuse, couleur de violette. Il en monte une voix d'homme, un coup de sifflet, puis le bruit de centaines de petites pattes foulant le sol. C'est un berger qui rassemble son troupeau. Nous ne voyons ni l'homme, ni les bêtes. Ils s'en vont précipitamment, comme s'ils fuyaient, vers une autre partie de ces pâturages désolés où il y eut une ville, des rues, des âmes. Leur rumeur décroît. Et nous montons. Et le sentier, qui tourne légèrement, nous amène en vue du temple.

La ruine est encore lumineuse. Dire par quelle merveille, par quel jeu de reflets, si c'est de la première lueur de la lune ou de la dernière du soleil, je ne le pourrais pas et ne l'ai pas cherché. Mais, à deux cents mètres devant nous, sur un tertre tapissé de fougères, comme sur un socle d'or bruni, les hautes colonnes se dressent, caressées d'un rayon et pâles dans la nuit. D'autres fuient, de chaque côté du fronton, en teintes décroissantes. Les montagnes forment, derrière, un écran sombre. Et cette pensée humaine, demeurée debout et seule dans ce désert, semble être devenue le centre, la raison et la gloire de tout le reste.

En ces moments d'admiration, l'âme est prise aux plus petites choses. Elle leur trouve un sens, et s'émeut de ce qu'elles disent. Je me rappelle une étoile, qui s'était posée juste au-dessus du fronton. Elle était bleue et tremblante comme des yeux que je connais. J'allais, attiré par elle autant que par le temple, et, comme il fallait suivre un sol très inégal, tantôt elle m'apparaissait au-dessus des colonnes, tantôt dans les intervalles qui les séparent, flottant de l'une à l'autre. Quand j'arrivai au bas des degrés de marbre, elle disparut. Trois chouettes s'élancèrent des travées, et, sans aucun bruit d'ailes, se perdirent dans les ténèbres. Alors, errant au milieu des hautes herbes qui poussent à l'intérieur de la ruine, et que le vent seul sème ou moissonne, écrasé par ces constructions énormes subitement devenues grises, je n'eus plus que le sentiment de l'heure, du froid et de la solitude affreuse où nous étions.

Très vite, nous redescendîmes. A quelque distance, le gardien officiel et très inutile du monument, un Italien que nous rencontrâmes fumant sa pipe à l'entrée de sa cabane, s'étonna de nous voir. Le temple n'a pas coutume de recevoir des visites aussi tardives que la nôtre. Un Anglais seulement, paraît-il, était venu plus tard que nous, une nuit qu'il faisait de la lune.

Cette nuit, la lune ne se montre pas. Nous rejoignons la voiture dans l'obscurité la plus profonde, après avoir traversé la rivière à dos d'homme, faute de retrouver le gué. Le cocher, heureusement, n'a pas fait comme les âniers : il nous a attendus. Bommarito remonte sur le siège, le mendiant sicilien reprend son poste à l'arrière, et, en trois quarts d'heure, nous sommes à Calatafimi.

La ville a trop grand air pour ne pas mériter une promenade nocturne. Après le souper, nous sortons, au grand étonnement de l'hôtelier de l'*Albergo centrale*. Il est près de dix heures. Les rues ne sont plus animées que par le pas d'un mulet à sonnailles, le mulet qu'on entend toute la nuit, dans les villes de montagnes. Mais quelles étonnantes silhouettes de toits avançants, de balcons de fer cintrés, quels mouvements inattendus des murs, des terrasses, des rues tournantes souvent reliées entre elles par de longs tunnels voûtés, tout sombres à cette heure, et comme on sent partout, mieux que dans nos villes modernes, l'affirmation de l'individu et l'humeur de chaque volonté ! Pourtant, elle fut clémente un jour, cette ville à l'aspect farouche. J'ai lu, dans une chronique italienne, qu'un Français l'habitait, au temps des Vêpres. Il s'appelait Porcelet. C'était, paraît-il, un bon homme, qui avait su conquérir l'amitié de ses voisins. Ceux-ci, apprenant qu'à Palerme et ailleurs on massacrait les Français, l'avertirent honnêtement de sortir de Sicile, lui en fournirent les moyens, et le firent échapper à une mort très certaine. Je m'en vais, songeant à Porcelet et aux mœurs de ses concitoyens, jusqu'au vieux château, bâti à une extrémité de la ville, sur un ourlet de rochers. Là, plus de maisons, plus de lumières, la pleine nuit, et, au-dessous de soi, très bas, à peine devinée, l'étendue immense des terres. On ne saurait distinguer les vallons ni les routes : tout repose sous un voile de brume que le ciel étoilé bleuit. Çà et là, bien espacées et bien faibles, de petites fusées d'étincelles luisent dans le gouffre d'ombre. Ce sont des villages posés sur des hauteurs, d'autres Calatafimi, veillant, comme des phares, sur les houles invisibles de la terre de Sicile. Et vous ne sauriez croire toute la tristesse ni toute la grandeur de cet horizon, où l'homme tient une place si petite, si humble, sous la pluie radieuse des étoiles.

En revenant vers l'hôtel, dans une assez large rue, j'aperçus une fenêtre éclairée. Derrière, une femme chantait en s'accompagnant au piano. On ne voyait que son ombre, et très peu, car l'ouverture était tendue d'un de ces filets aux mailles serrées, si communs dans les appartements ou les boutiques de Sicile. J'écoutai. La voix, un peu fatiguée, belle encore dans les notes basses, chantait... oui, il n'y avait pas de doute... chantait le *God save the Queen.*

A Calatafimi, dans ce nid de laboureurs pauvres, est-ce que la Grande-Bretagne entretiendrait un consul? Je me tournai vers le jeune mendiant qui nous avait accompagnés à Ségeste, et depuis lors ne nous quittait plus.

— Qui donc demeure ici?

— Eh! Signore, la baronessa!

— Quelle baronne?

— La baronessa inglese!

— Que fait-elle, à Calatafimi?

Il leva les épaules, comme pour dire : « Mais, ce que font les baronnes : elle chante, vous le voyez bien! » Cependant, au coin des lèvres de l'enfant, il y eut un sourire, très fugitif. Je m'informai, et j'appris une histoire...

Une Anglaise, riche et mûre, voyageait en Sicile. Elle allait, comme vont celles de sa race, intrépide, avec un mouchoir de poche, un guide et un carnet de notes pour tout bagage. L'Himalaya, les montagnes Rocheuses, les allées ombreuses de Majorque, la falaise de Sorrente l'avaient vue passer. Elle vint à Calatafimi, et elle fut conquise. Cette ville romantique, ces ruines grecques tout auprès, un goût de solitude et son caprice enfin la décidèrent à louer un grand appartement. Aussitôt, dans ce pays pauvre, on l'appela baronne. Elle laissa faire, et se mit en devoir d'acquérir, autant que cela se pouvait, pour en jouir plus sûrement, toute la poésie éparse autour d'elle. Elle acheta un balcon, — le balcon seul, — d'un vieux palais de la ville, qu'on disait historique, avec le droit d'y venir les jours de fêtes populaires, puis une lisière de rochers, d'où la vue était belle, et plus loin, dans la vallée du Scamandre, une sorte de promontoire aride, exposé au vent qui tourne les montagnes, mais marqué d'une astérisque par Bædeker lui-même, et d'où l'on découvrait le temple. Au point le plus élevé de ce dernier domaine, un pavillon fut bâti, pour le thé de cinq heures. Et la baronessa écrivit en Angleterre que Calatafimi était l'endroit le plus délicieux du monde.

Il y avait bien quelques contadini, — les Siciliens, même ceux des montagnes, sont si ingénieux! — qui abusaient un peu de la douce manie poétique de l'Anglaise. Le premier qui la vit, assise à l'ombre d'un arbre, sur le chemin du cap réservé, et contemplant la nature, s'approcha d'elle, une hache sur l'épaule, sourit, et dit :

— Je regrette beaucoup de déranger la baronessa, mais je viens pour couper l'arbre.

— Couper l'arbre, mon ami! Y pensez-vous? Sur la route de mon kiosque! un arbre sous lequel je me repose presque chaque jour!

— Pauvre de moi, madame! c'est la misère qui m'y force.

— Mais, si j'achetais l'arbre, avec un rond tout autour, pour y être chez moi?

- Ce serait l'unique moyen, excellentissime baronessa!

Elle acheta, et paya comptant. Depuis lors, elle ne pouvait s'asseoir à l'ombre, le long de son chemin préféré, sans voir un autre paysan, armé d'une autre hache, s'avancer pour abattre précisément le platane, le chêne ou l'olivier qu'elle avait choisi pour abri. Au bout de deux ans, elle était devenue propriétaire d'une foule de petites mottes de terre et d'autant d'arbres, qui lui faisaient une avenue, jusqu'à sa maison de thé. La bonne grosse demoiselle avait vaincu les bûcherons.

Ce fut à ce moment qu'un professeur en vacances, l'illustre commandeur Maruffa, qui enseignait le droit à l'Université d'Urbino, vint faire un court séjour à Calatafimi. Il était jeune encore. La baronessa, ayant entendu parler de sa science et de la sûreté de ses conseils, désira le consulter sur un procès qu'elle avait, peut-être à cause d'un dernier platane ou d'un dernier chêne vert. Le commandeur s'y prêta de bonne grâce, mais il fut étonné, autant que froissé, de recevoir le lendemain, sous pli cacheté, un billet de cinq lires. Cinq lires la consultation d'un commandeur, d'un maître cathédrant d'Urbino! Il la trouva mauvaise, remit le billet sous une autre enveloppe, y ajouta le mot très digne que voici : « Je prends beaucoup plus cher, ou je ne prends rien, » et signa, en appuyant sur les majuscules : « *Eugenio, comendatore Maruffa.* » Puis il attendit.

L'effet produit fut énorme et tout autre qu'il ne le rêvait assurément. L'imaginative et poétique baronne n'était pas sensible aux seules beautés des paysages. Les nobles sentiments ne la transportaient pas moins. Le refus du commandeur lui parut révéler un tempérament, un caractère. Elle voulut remettre elle-même à l'illustre professeur Maruffa les honoraires qu'il fixerait, et lui dit, le regardant avec le sourire incisif qui part d'un cœur blessé :

— Commandeur, vous êtes fier, et j'aime les gens fiers !

L'autre laissa tomber le sourire, et ne prit que l'argent et le compliment.

Puis, à quelque temps de là, comme le procès continuait, que les consultations se multipliaient, et que l'Anglaise, devenue prodigue, voulait donner, pour chaque conseil, le prix qu'avait demandé au début l'avocat d'Urbino, celui-ci crut devoir lui dire :

— Mademoiselle, pour une consultation, c'est bien ce que vous m'avez donné, mais, pour plusieurs, je ferai comme mes collègues de la médecine dans les maladies chroniques, et je baisserai mes prix.

Cette fois, la baronessa ne se contint plus :

— Commandeur, lui dit-elle, vous n'êtes pas seulement un homme fier, vous êtes un homme profondément honnête ! Vous êtes un gentleman !

Et, sur l'heure, elle lui offrit sa main.

Le cas était embarrassant. D'un côté, la baronessa était riche, l'Université d'Urbino peu payante, l'avancement incertain. De l'autre, se marier avec une étrangère, proche voisine de la quarantaine, affligée d'un embonpoint inquiétant, d'une nature romanesque et de la passion des vocalises !

Le commandeur demanda un mois, pour réfléchir.

Le mois passé, il se décida pour les quattrini de la baronne : il épousa. Depuis lors, l'illustre Maruffa ne professe plus ; il est riche ; il est propriétaire.

Mais il promène sa femme dans les sites pittoresques ; il tient l'ombrelle, tandis qu'elle peint à la sépia les ruines de Ségeste ; il va prendre le thé, à des heures indues, dans le kiosque du promontoire réservé, malgré les courants d'air, qu'il redoute, en parfait Italien ; le soir, il accompagne quelquefois le *God save the Queen*, de sa belle voix de basse professorale, derrière le filet aux mailles fines, où les moucherons viennent se heurter.

Écoliers d'Urbino, palais des ducs de Montefeltre, belles collines de l'Apennin, d'où l'on voit luire l'Adriatique, vous regrettera-t-il un jour?

Qui sait? Il n'y avait que trois mois que l'amour avait comblé les vœux de la baronessa, quand je passai devant sa demeure, à Calatafimi.

XI

Catane. — L'Etna. — La dernière éruption racontée par un témoin.

Je quitte Palerme avec regret, avec le sentiment d'une joie finie, écoulée, que plus jamais je ne retrouverai. Les voyages sont ainsi pleins d'adieux et d'images qui nous suivent. La conque d'or, le Pellegrin, la baie encadrée de montagnes, les belles églises arabes, aux mosaïques éclatantes : plus jamais! Heureusement que l'inconnu est devant. C'est Catane, c'est Aci-Reale, Taormina, Messine.

Le chemin de fer m'emporte une seconde fois à travers cet intérieur de la Sicile dont j'ai essayé d'esquisser la physionomie. Seulement, la saison est plus avancée, les labours viendront bientôt, et des paysans, toujours invisibles, pour préparer la terre ont mis le feu aux chaumes. Le grand tapis d'or flambe par endroits; une fumée, que le vent couche le long des collines, monte lentement dans le ciel pâle, et il reste derrière de larges taches noires, que l'incendie étend de plus en plus.

Dans le même train, voyage une grande dame sicilienne, qui va faire un séjour dans ses domaines. Elle est accompagnée de son fils et d'une femme de chambre. Les gens de sa suite ont pris place dans un wagon de seconde : deux gardes armés de carabines et un vieux paysan, au type étonnamment fin, habillé d'une veste et d'une culotte courte en velours brun, de gros bas de laine bleue, de souliers de cuir jaune, et coiffé de la petite calotte sombre. Ce campagnard aurait fourni un joli sujet d'étude à un aquarelliste. Il portait, jeté sur l'épaule droite, un bissac de laine rayé jaune et bleu, d'où sortaient à demi, gonflant la double poche, des raisins, des figues et des melons aux côtes ardentes. Quand il descendit, à une station rurale, il formait avec les gardes, sa maîtresse et d'autres paysans venus pour saluer *la principessa*, un groupe de haute mine.

En approchant de Catane, les vignes se multiplient. Nous tombons en pleine vendange. Dans un clos qui longe la voie, parmi les rangées de ceps taillés comme les nôtres, mais au pampre plus abondant et plus vert, des femmes se sont retournées au passage du train. Elles sont une trentaine, vêtues de couleurs vives; plusieurs portent sur la tête des paniers de grappes violettes; plusieurs ont une noblesse d'attitude, qui leur échappe, Dieu merci, et toutes suivent la machine avec le même regard et le même sourire épanoui. Bien posée aussi, cette contadina qui se rend à la ville, à califourchon sur son cheval noir, toute jeune, les cheveux lisses, et redressant si fièrement son profil sarrasin.

Derrière les vendangeuses, au delà des nappes de vignes qui montent, c'est l'Etna. Il me semble plus énorme et plus beau que la première fois, avec ses pentes qui descendent lentement, égales des deux côtés, sans une coupure, sans une arête qui en rompe la ligne. Il a bien aussi l'air pastoral que lui avaient marqué les anciens. Il est le cyclope terrible et joueur de flûte. La verdure le couvre jusqu'aux deux tiers, et, dans cette verdure, déjà nuée par l'automne, d'innombrables maisons, isolées ou groupées, sont posées à toutes les hauteurs. Malgré la grande distance, l'air très pur permet de les compter presque. Il y a là des villes, des villages, des cabanes, des habitations princières, peut-être bâtis de pierres communes et de chaux blanche, mais qui paraissent enchâssés et colorés de nuances fines. Les Italiens, qui ont des mots heureux, disent que la montagne est « emperlée » de villas. Et c'est tout à fait cela : une broderie d'arbres, de jardins et de maisons, déroulée sur une base prodigieuse de plus de cent soixante kilomètres de tour.

Seulement, quand le géant se secoue, les perles tombent.

Catane en sait quelque chose. Sa destinée est de n'avoir pas de monuments anciens. L'Etna l'a détruite plusieurs fois. Elle se relève toujours. Aujourd'hui, elle est assurément la ville la plus moderne, la plus largement aérée, la plus florissante de Sicile. Ses habitants sont extrêmement et justement fiers d'elle. Ils prétendent, — et peut-être auront-ils raison, — qu'elle dépassera bientôt en richesse et en réputation ses deux vieilles rivales : Messine et Palerme. Ils vantent sa situation privilégiée, au milieu d'un des côtés du triangle sicilien, qui fait d'elle le marché naturel des plus fertiles provinces, le port le plus proche des soufrières de Caltanissetta, des vignobles de la plaine et des cultures d'agrumes si renommées d'Adernò et de Paternò. L'un d'eux, le richissime anglais M. Tréwhella, construit en ce moment un chemin de fer qui doit envelopper le volcan, — le Circum-Etna, — et apporter à Catane tout le vin, les oranges, les citrons, les amandes, le sumac que produisent les pentes démesurées de la montagne. Partout on devine ici le travail, l'essor rapide, la fièvre de croissance.

Mais la menace est là, bien vivante, elle aussi. La lourde fumée blanche qui sort du cratère, et que le vent pousse en l'élargissant vers l'horizon, n'aurait qu'à cesser brusquement, et toute la population de l'Etna serait dans l'épouvante. Les éruptions commencent souvent par une sorte de recueillement de la montagne. On a toujours peur d'elle, sans trop le dire, sans vouloir arrêter sa pensée sur un pareil sujet. Des observatoires, établis en bas, au milieu et au sommet du volcan, guettent les moindres signes d'agitation souterraine, les perturbations de l'atmosphère qui pourraient présager une crise. Les ordonnances de police prescrivent de ne bâtir que sur voûtes. Et les habitants de la campagne, quand on leur parle de ce danger perpétuel qu'ils courent, ont une manière grave de répondre, en regardant le cratère : « Oui monsieur, il y a plusieurs années que la dernière éruption a eu lieu. Le temps approche. »

On a calculé, en effet, que l'intervalle moyen entre les grandes éruptions de l'Etna était d'environ neuf ans. Il va sans dire qu'une ou deux petites se glissent parfois entre les grandes. Ainsi, dans le cours de ce siècle, on trouve des éruptions en 1802, 1805, 1809, 1811, 1819, 1832, 1838, 1842 et 1843, 1852, 1863;

celle de 1865 dure cent quarante-trois jours, détruit les beaux bois de pins de la Cerrita, et couvre de lave neuf kilomètres carrés; puis viennent celles de 1868, 1869, 1878, 1879, 1883, et enfin, la plus récente et l'une des plus considérables, en 1886.

Comme nous nous préparons à faire l'ascension, j'ai voulu connaître un peu l'histoire du monstre, et, sur le balcon de l'hôtel de la Grande-Bretagne, en face de la montagne dont la cime remplit l'horizon, j'ai feuilleté le livre d'un homme bien informé, l'ingénieur Bernardo Gentile-Cusa. J'y ai lu, parmi d'autres détails intéressants, une description, heure par heure, de cette éruption de 1886, que l'auteur a vue, qu'il a étudiée et pour ainsi dire contrôlée officiellement. Il m'en est resté une vague impression de respect et d'effroi. J'ai cru, pour une heure, avoir assisté au drame. Nos ponts et chaussées n'ont pas souvent cette note émue.

Or, voici ce que raconte M. Gentile-Cusa.

En 1886, l'éruption n'était pas prévue. Rien ne l'annonçait, quand le 18 mai, à onze heures du matin, une colonne de fumée, en forme de champignon ou de pin colossal, s'éleva du cratère. Elle avait plus de deux mille mètres de hauteur. A minuit, toute la montagne trembla, et Nicolosi, la ville la plus avancée sur l'Etna, commença à prendre peur. Au-dessus d'elle, on voyait du feu. Il n'y avait point à en douter : la montagne, dont le flanc se déchire en des points impossibles à fixer d'avance, s'était ouverte non loin de la petite ville, et ces rougeurs dans la nuit indiquaient une coulée de lave.

En effet, quatre torrents de lave, sortis de la même fissure, s'avancent à travers les vignes, les vergers, les genetières. L'un d'eux coule vers Nicolosi. Le 26 mai, il n'est plus qu'à deux kilomètres des premières maisons, plus qu'à deux cents mètres des Altarelli, sorte de petit oratoire, aux murs ornés de fresques grossières, élevé sur l'Etna, en avant de Nicolosi. Or, des Altarelli à la ville, la pente est rapide, le chemin tout tracé pour le fleuve de feu. Si la lave s'engage dans cette voie, rien ne la détournera plus. Les habitants songent à sauver leur mobilier. De toutes les communes voisines, l'imminence du danger amène une multitude de contadini, qui prêtent leurs chariots, leurs barils, leurs bras, pour enlever le vin des celliers. En même temps, dans les rues, dans les églises, on invoque à grands cris sainte Agathe, patronne de la région de Catane, dont le voile légendaire est porté en procession, aux jours de grand péril. On a sorti les statues des saints protecteurs de Nicolosi, et on les a placées en file, sur la place principale, *la tête tournée du côté de l'Etna*. C'est l'appel désespéré et naïf de la foi populaire. Car chacun sent bien que tout effort humain serait impuissant et presque ridicule en face du fléau. Personne n'essaye de lutter. Tout le monde regarde et attend.

« Le soir, dit M. Gentile-Cusa, le spectacle des courants de lave s'avançant vers la ville était effrayant. Une nuit obscure. Des fleuves de feu marchaient avec une vitesse de cinquante mètres à l'heure, sur un front très élevé. Les flots se superposaient aux flots, et semaient l'épouvante. On voyait des vignes, des arbres, des murs, disparaître sous des bancs de lave d'une épaisseur de plus de dix mètres. Déjà, deux maisons de paysans s'y étaient abîmées, sans laisser de trace. On apercevait, éclairés par la lueur des torches et celle des laves incandescentes, des groupes de curieux accourus pour considérer ce spectacle... Au lever du soleil, le bras qui menaçait les Altarelli avait presque atteint l'oratoire. Personne ne se faisait plus illusion : l'investissement était inévitable et imminent. Et la population attendait la nouvelle, en proie à une agitation indescriptible. Les Altarelli ne sont autre chose que trois autels élevés aux saints protecteurs de Nicolosi, en pleine campagne et sous une galerie qui les protège des intempéries. Mais pour la population, ce n'était plus seulement un lieu saint, c'était le palladium du pays, le terme des processions religieuses et des pèlerinages des jours précédents, où l'on avait exposé le voile de sainte Agathe. Il avait donc été déclaré intangible, et si les laves parvenaient à le détruire, cela équivalait, dans l'esprit du peuple, à un véritable décret de destruction pour Nicolosi.

» Même pour les personnes d'un sens froid, même pour les autorités, l'investissement des Altarelli n'était pas sans signification. Comme ils se trouvent construits sur le bord d'un haut plateau, il semblait que les laves, parvenues à cet endroit, dussent se précipiter le long de la pente rapide et atteindre promptement la ville. Enfin, on redoutait l'effet moral qu'eût produit le spectacle de ce feu terrible suspendu au-dessus du pays.

» Or, contre toute prévision, le bras de lave, arrivé à quelques mètres des Altarelli, ralentit sa course déjà peu rapide, se tasse, et grandit en hauteur; puis, au moment où les assistants s'attendaient à être témoins de la catastrophe, un ruisseau de feu se détache du flanc de cette masse, et les laves, changeant de route, se dirigent vers la vallée de Saint-Nicolas-l'Arena. Les Altarelli demeurent intacts et entiers. Et cela produit, réellement, une étrange impression de voir ce petit édicule épargné par l'énorme masse de laves qui l'ont effleuré. »

Mais Nicolosi n'est pas encore sauvée. Le 30 mai, on s'aperçoit qu'un courant de laves a contourné les monts Rossi, et s'avance à son tour, sur un front de quatre-vingts mètres, vers la pauvre ville.

Ce qui restait d'espérance s'évanouit. Et comme le bon sens ne survit guère, dans les âmes humaines, à la perte de l'espérance, on se prend à décréter des mesures insensées, des travaux aussi utiles que les saignées de deux mètres de large, faites sur nos routes nationales, en 1871, pour arrêter l'invasion prussienne. Les autorités, influencées par les clameurs de la foule, ordonnent que l'on vide toutes les citernes de Nicolosi. Sous quel prétexte? Mon Dieu, parce que, d'après le souvenir des anciens, les laves ayant rencontré un puits, lors de l'éruption de 1843, il y eut une explosion formidable, qui tua ou blessa soixante-trois personnes. Demain, peut-être, on songera aux autres liquides susceptibles de se vaporiser ou de s'enflammer. Demain, peut-être, on s'avisera que, dans une ville abandonnée, les explosions ne sont pas dangereuses. Aujourd'hui, on ne pense qu'aux citernes. Tout le monde se préoccupe de ne pas laisser d'eau pour le volcan. On amène deux pompes de Catane, deux pompes de Messine, et on arrive, en une journée, à vider deux citernes. Le préfet, qui est en permanence, comme tous les préfets, calcule très justement qu'à deux citernes par jour, il faudrait près de cinq mois pour vider toutes les citernes de Nicolosi.

Le torrent de lave n'en mettra pas tant pour entrer dans la ville. Un ingénieur et un lieutenant d'infanterie, qui ont eu la témérité d'approcher des bouches d'éruption, ont pu mesurer la vitesse des laves. Elle est de cinquante mètres à la minute au milieu du courant, de trente mètres sur les bords. C'est la vitesse d'un fleuve ordinaire.

Alors, le préfet ordonne l'évacuation de la ville pour le lendemain. Le 31 mai, à midi, le signal du départ est donné par les cloches des six églises de Nicolosi. Une émotion immense s'empare de tout ce peuple, massé sur la place et mêlé d'habitants des bourgs voisins. L'archevêque de Catane harangue la foule, et l'exhorte à quitter le pays sans trouble, sans confusion, à ne pas désespérer encore. Il y a quelque chose de tragique et d'inusité, dans ce départ de toute une ville.

« Et le triste cortège, au tintement lugubre des cloches, se mit lentement en marche. L'archevêque allait à pied, avec le clergé de Nicolosi et de Pedara ; puis venaient, portées sur les épaules, les statues du Christ, de la Vierge et des saints protecteurs du pays ; pour clore la procession, un flot énorme de peuple, éperdu et pleurant, qui laissait derrière lui tout son bien, tant de souvenirs et d'affections, et s'acheminait vers l'inconnu. »

Quand le dernier habitant eut quitté Nicolosi, des

sentinelles, dispersées de place en place, empêchèrent qu'on ne rentrât dans la ville, et un télégramme officiel annonça : « Pays tranquillement évacué, au milieu de scènes de désolation. La lave, du côté des monts Rossi, continue de s'avancer avec la vitesse accoutumée, qui s'accroît sans cesse. On coupe les communications télégraphiques. »

Les exilés descendent donc la montagne. Ils trouvent asile, les uns à Catane, d'autres à Pedara, d'autres à Aci-Reale et dans les villages disséminés sur les premières pentes. D'heure en heure, ils attendent la nouvelle de leur ruine complète, ils regardent vers là-haut, si l'incendie ne s'allume point encore.

C'est tout le contraire qui arrive. Ils ont à peine abandonné leurs maisons, que la violence de l'éruption diminue. La lave, progressivement ralentie dans sa marche, s'arrête à trois cents mètres de la ville. Après treize jours d'exil et d'angoisses terribles, la population peut remonter pour prendre possession de ses foyers, en procession, comme elle était partie, ramenant ses saints, mais tumultueuse, cette fois, ivre de joie, et couvrant le bruit des cloches avec les détonations de ses boîtes d'artifices, car cette Sicile enthousiaste ne comprend pas le bonheur sans fusées.

L'éruption était terminée. Elle avait duré vingt

et un jours, donné naissance à une montagne de six cents mètres de diamètre, que le Club alpin baptisa du nom de monte Gemellaro, vomi jusqu'à trois millions de mètres cubes de lave en un seul jour, englouti quatre cent cinquante-trois hectares, dont cent vingt-deux de vignes, et causé pour plus d'un million de dommages...

Quand j'eus achevé la lecture du livre de l'ingénieur Gentile-Cusa, je regardai l'Etna. Il fumait tranquillement. Il était vêtu, tout en haut, de vapeurs à demi transparentes, que les rayons du couchant teignaient de rose et de jaune pâle. Plus bas, les villas étincelaient de soleil.

J'allai trouver l'homme qui m'avait donné les premiers renseignements sur l'ascension projetée.

— Eh bien ! lui dis-je, est-ce pour demain ?

— Pas probable, monsieur, il a son béret.

— Et c'est mauvais signe ?

— Oui, vous auriez grande chance de rencontrer de la brume là-haut, ou bien du vent. La saison se fait tardive, voyez-vous, après la première semaine de septembre, et nous sommes le 11 déjà : on ne saurait répondre des deux jours de beau temps qu'il vous faut !

Le lendemain, en effet, bien qu'il fît très chaud à Catane, la montagne était dans la brume.

De désespoir, ennuyés d'attendre le bon plaisir du

brouillard dans les rues d'une grande ville, nous partons pour Aci-Reale, d'où il est également facile de monter à l'Etna, ville à peu près inconnue et charmante entre toutes, la plus douce à vivre qu'il m'ait été donné de rencontrer en Sicile, voisine de Catane et posée, elle aussi, sur le premier ourlet de terre qui s'enfle et devient la montagne, mais recueillie, point affairée, toute blanche dans sa couronne d'orangers, et vieille cependant comme la mythologie. Son nom même est un nom de légende. Elles étaient six autres villes, au moins, à le porter, en souvenir du malheureux Acis, que tua Polyphème, et que la nymphe Galathée changea en fleuve : Aci-San-Antonio, Aci-Trezza, Aci-Castello, Aci-Patane, Aci-Catena, Aci-Santa-Lucia. Tous les bourgs voulaient avoir le même parrain. Songez un peu, de l'eau courante! Mais la nymphe était femme. Elle a cessé de veiller. Un jour de grande soif, l'Etna a bu le fleuve comme un verre d'eau. Il n'en reste plus rien, pas un coin de marécage, pas un bosquet de lauriers-roses. Et sept villes, du même coup, ont perdu le droit à leur prénom.

Aci-Reale a gardé tout le reste. Elle possède une auberge « Galatea », des grottes de nymphes à la douzaine, de grands écueils de basalte, un peu à droite, qui sont authentiquement les palets lancés par le cyclope contre ce fuyard d'Ulysse; elle a le climat qui conviendrait encore aux héros peu vêtus de la fable, une population aimable, des pêcheurs habitués à entendre chanter la sirène, et, pour descendre à la mer, des escaliers taillés dans la falaise et bordés de figuiers d'Inde.

Tout cela est si joli, tout cela endort si bien le souvenir, et la peine de vivre, et le désir d'être ailleurs, que j'aurais peut-être oublié la rude excursion de l'Etna, pour les promenades au soleil autour d'Aci-Reale, si mon compagnon ne m'avait éveillé, un matin, dès l'aube, en me disant :

— L'Etna n'a pas un nuage : en route pour Nicolosi, où nous prendrons des guides !

XII

L'ascension de l'Etna.

On prétend que l'empereur Hadrien et plusieurs autres anciens fort connus sont montés à l'Etna. Ni les uns ni les autres n'en ont écrit. Et c'est dom mage. Il eût été curieux de connaître leurs impressions, à supposer qu'ils en eussent beaucoup, ce qui n'est pas très sûr. Les hommes de ce temps-là étaient moins attentifs et moins abandonnés que nous aux accidents de la route. Ils tenaient leur esprit en bride, là où nous lâchons le nôtre, et suivaient quelque belle méditation, tandis que nous nous laissons emporter aux mille sensations qui viennent, et passent, et se succèdent.

Pour mon compte, j'aurais aimé savoir si la calèche qui nous traîne appartient à la haute antiquité. J'inclinerais à le croire, à cause de tout le confortable qui lui manque : pas de ressorts, ou du moins des ressorts inflexibles, et pas de dossier. L'absence de dossier me semble un souvenir des âges primitifs, et je l'ai constatée presque partout en Sicile. On est assis. On sent, au bas des reins, quelque chose de solide, une barre de défense qui vous pousse en avant. Mais, pour appuyer les épaules ou pour poser la tête, on n'a qu'un rideau de toile cirée, fuyant sous la pression et flottant à la brise.

Le mieux est de se pencher en avant et de regarder par la portière. Le paysage en vaut la peine. C'est la campagne large de l'Etna, toujours montante, avec peu d'arbres et beaucoup de vignes.

En deux heures et demie, par San-Antonio et Trecastagne, nous arrivons à Nicolosi, un gros bourg de trois mille trois cents habitants, situé à sept cents mètres en l'air. Il n'est pas plus mal construit qu'un autre. Mais la lave dont ses maisons sont bâties lui donne un air fané. Pierre ingrate entre toutes, difficile à tailler, impuissante à relancer le moindre rayon de soleil, comme à nourrir une touffe de mousse ou de giroflée. Des murs, des façades qui devraient être éblouissantes de lumière, et qui restent ternes, des frontons de portes dont les sculptures grossières n'ont jamais été jeunes, et qui ne se sont pas même, en vieillissant, fleuries d'une herbe folle, cela fait l'effet de ces pauvres qui ne savent pas sourire. Le cœur se serre à les voir. Et puis, il y a des traces partout des tremblements de terre qui ont ruiné plusieurs fois la ville : des lézardes noires, des pierres descellées, des fenêtres que soutiennent des arcs-boutants en bois.

Nous rentrons chez l'aubergiste organisateur de toutes les caravanes, le vieux Giuseppe Mazzaglia, *fornitore del Clubo alpino italiano, sezione Catania,* et nous demandons à voir le chef des guides.

Renseignements pris, le chef des guides, n'attendant pas de voyageurs en cette saison, est allé faire ses vendanges. On va l'avertir, tandis que, dans la petite chambre blanchie à la chaux, nous feuilletons les cahiers où les ascensionnistes, depuis de longues années, consignent leurs impressions, ainsi que cela se pratique dans tous les lieux célèbres.

Il faut savoir que Nicolosi est l'étape obligée de presque tous les gens qui montent à l'Etna. Qu'on vienne de Catane ou d'Aci-Reale, c'est par là qu'on doit passer. Le Club alpin y a établi une escouade de neuf guides. Mais beaucoup de voyageurs se contentent d'une promenade aux environs de Nicolosi, d'une visite aux monts Rossi ou aux champs de lave de 1886. Ceux qui font la grande ascension ne sont pas bien nombreux. Je parcours les certificats donnés au vieil Etna sur les registres de l'auberge : ils sont médiocres. Je rencontre cette pensée, d'un avoué au tribunal de la Seine : « Les volcans ont des pudeurs de jeune fille; en nous voyant arriver, l'Etna s enveloppe de nuages » ; cette autre : « La pluie ne cesse de tomber depuis ce matin »; cette troisième : « Le vent soufflait avec une violence telle qu'il était difficile de se tenir debout. » La même note peu rassurante se trouve répétée çà et là, en italien, en allemand, en anglais. Les Allemands dominent, sur les cahiers du bonhomme Mazzaglia, aussi bien que sur les listes d'étrangers des grands hôtels de Milan.

A dix heures, tout est prêt. Trois mules sont devant la porte. Sur la première est monté un beau montagnard brun, d'une cinquantaine d'années, Antonio Carbonaro, coiffé d'un chapeau pointu qu'agrémente une plume bleue. C'est un des neuf guides en titre du Club alpin. En été, s'entend. Jusqu'au mois de juin, il occupe une autre situation qui pourra paraître étrange tout d'abord : tailleur de neige sur l'Etna. J'expliquerai la chose. En ce moment, il est assis les deux jambes pendantes du même côté, sur un énorme bissac qui contient des vivres, du vin, des couvertures, des gants de laine et une provision de charbon, car nous ne reviendrons que demain, et nous ne rencontrerons pas là-haut de grand hôtel du Righi. Mon compagnon enfourche la seconde mule, tandis que les commères de Nicolosi dissertent avec animation sur son rabat de prêtre français. La troisième monture est pour moi. A notre gauche se tient un muletier, un garçon de quinze ans, l'aîné des huit enfants du guide. Pour faire l'apprentissage du métier paternel et conquérir le diplôme, il doit faire à pied l'ascension. C'est la quatrième fois qu'il monte à l'Etna. Il est rose et solide. Il a un fouet en bandoulière. Sur un signe de son père, il pousse trois cris, très joliment, d'une voix haute : « Ah! ah! » pour exciter les mules.

Et nous partons.

Le chemin, comme les vignes, comme les champs, d'ailleurs, est bordé de murs en lave sèche, le sol n'est que de la lave brisée et l'on ne comprend guère comment des arbres peuvent y pousser. Il en pousse cependant et de toute sorte. En sortant de Nicolosi, on se trouve au milieu de vergers et de vignobles qu'est venue traverser la coulée de lave de 1886. Entre des groupes d'amandiers, à droite, tout à coup, on aperçoit un large espace dénudé, un talus d'abord, aux arêtes convulsées, surplombantes et figées, puis un fleuve, dont on suit sur la montagne le cours ramifié, un fleuve immobile, qui a la couleur, l'aspect poreux et les ondes lourdes de la boue. On passe vite, on regarde plus haut et plus loin, car la vue est immense, et la première chose dont on s'avise c'est que les pentes de l'Etna, qui, de Catane, paraissent unies, sont, en réalité, couvertes de petites montagnes. A gauche, à droite, en avant, se dressent des cônes d'éruption, hauts de plusieurs centaines de mètres, entre lesquels monte le sentier. Il y en a de vieux, il y en a de récents. Et rien n'est joli comme les colorations diverses qu'ils doivent à leur origine. comme les vêtements variés que leur ont faits les oiseaux et le vent : car le vent a charrié des poussières, et avec l'aide des oiseaux, il a semé des graines. Tel de ces cratères éteints se trouve, jusqu'à moitié, habillé d'herbes folles, tel autre de chênes trapus, un autre de ce genêt spécial, appelé genêt de l'Etna, poussant en grosses boules et couvert, en cette saison, de milliers de fleurs jaunes. Quant aux sommets, presque tous dénudés, la chimie seule pourrait dire quels minéraux en fusion se sont répandus autour d'eux en larges coulures blanches, brunes, rouges, noires ou violettes, que le soleil illumine et délaisse tour à tour.

Au moment où nous atteignons la région des bois, nous croisons deux Allemands qui reviennent du cratère. Le mari se raidit pour avoir l'air de se tenir encore à cheval et faire bonne contenance devant l'étranger. Mais la jeune femme, que j'avais vue l'avant-veille à table d'hôte, est à peine reconnaissable : elle a le visage et les mains criblées de tavelures pourpres, les cheveux en désordre, retenus par une mantille qu'elle n'a plus le courage de renouer correctement, et elle tomberait à terre, si le guide ne la soutenait en la suivant pas à pas.

— Povera donna ! nous dit Antonio. L'Etna n'est pas fait pour les dames, et vous verrez que nous y aurons froid cette nuit.

Pour le moment, la température est exquise. Il souffle un air frais sous les châtaigneraies à travers lesquelles nous nous engageons, et l'arome des mousses attiédies, des grandes fougères encore chargées de l'humidité des dernières pluies, accroît la douceur de l'ombre. Les mules en piaffent de plaisir. C'est tout le bruit que nous entendons. Pas d'oiseaux, pas de bûcherons, pas d'eau courante. On s'étonne un peu, étant dans la montagne, de ne pas rencontrer de gaves, ni de troupeaux à sonnettes. Et cependant cette paix, particulière à l'Etna, n'est pas sans charme. On goûte, avec surprise d'abord, puis avec ravissement, ce repos absolu que la nature a rarement et que nous n'avons jamais. Dans toute cette chevauchée sous bois, parmi les cépées clairsemées que coupe çà et là une faille profonde et sans verdure de la lave, je n'ai aperçu qu'un seul être humain, une belle fille qui avait un fagot sur la tête. Oh ! un si petit fagot qu'il en aurait fallu plusieurs comme celui-là pour la charger. Peut-être était-ce une nymphe ? Corot l'aurait bien su. Elle nous a ri de ses yeux bleus. Et les branches l'ont cachée. Je n'en saurai jamais plus.

Un peu après midi, nous arrivons à la *Casa del Bosco*, bâtie sur un raidillon, dans la châtaigneraie, à quinze cents mètres au-dessus du niveau de la mer. Les mulets des voyageurs ont la permission d'y manger l'orge. Mais c'est beaucoup plus qu'une auberge : un établissement scientifique. Le gouvernement italien entretient à la *Casa del Bosco* un poste d'observations météorologiques. Hélas ! bien pauvre cet observatoire ! Devant la maison, qui ressemble à une toute petite ferme, sur une terrasse étroite, cinq ou six instruments lamentables sont espacés, des tubes, des moulins à ailettes, une lunette dont le pied est raccommodé avec des ficelles. Cela fait peine de penser que ce grand Italien taillé à l'américaine, qui vient à nous, en costume de forestier, la main tendue, si accueillant, si aimable, et fort savant, j'en suis sûr, ne dispose que de pareils moyens pour surprendre les secrets de la montagne et du vent.

— Bonne chance ! nous dit-il en prenant congé. Vous trouverez là-haut mon collègue de l'Université de Catane, l'illustre Bartoli. Bonne chance, et à demain!

Nous voilà repartis. Pendant une heure encore nous ne quittons pas la région silvestre. Seulement les bouleaux et les hêtres remplacent les châtaigniers. Puis, presque subitement, à deux mille mètres d'altitude, le bois s'arrête.

Alors, sur la croupe de lave qui monte devant nous, c'est un océan de fougères qui remplacent les arbres. Elles sont merveilleuses de teintes rousses ou dorées. Elles ressemblent à des moissons trop mûres. Qui donc a parlé de « l'Etna lugubre? » Jusqu'aux deux tiers, où nous sommes rendus, je n'ai pas vu de montagne plus riante que celle-là. Nous nous retournons sur la selle, et, par-dessus les bois, la Sicile nous apparaît comme une moire changeante, toute verte, à reflets d'un mauve léger. Où sont les collines? Où sont les ombres? Pas un trait n'apparaît sur ce long ruban déroulé, dont un peu de brume ouate les bords. Les couleurs seules nous parviennent, adoucies et fondues.

De rudes voix d'hommes, qui nous saluent, nous tirent de cette contemplation. Une, deux, trois, dix mules à la file nous croisent sur le sentier. Elles descendent, lourdement chargées de sacs dont la double ouverture ne laisse voir que des paquets de feuilles sèches. Plusieurs montagnards engagent avec le guide le dialogue des gens qui n'ont pas de temps et pas d'idées à perdre : « Bonsoir ! — Bonsoir ! — En reste-t-il encore ? — Pas beaucoup. — Suffit d'une nuit. — Bonsoir. »

— Qui sont ces gens, Antonio ?

— Mes caramades, monsieur, les tailleurs de neige.

— Et c'est de la neige qu'ils emportent dans leurs sacs ?

— Oui, monsieur, après qu'ils l'ont battue et couverte de feuilles. Ils vont la mener ce soir à Nicolosi. Elle y dormira. Et demain les charrettes de Catane viendront la prendre. Si vous avez mangé des *granite*...

— Assurément !

— Eh bien ! l'Etna est le grand fournisseur des cafés. En ce moment, la provision du vieux père est presque épuisée. Mais, en été, le convoi comprend quarante, cinquante mules tous les jours.

— La carrière de neige est-elle loin ?

— Non, monsieur, regardez là-haut.

En effet, à peu de distance au-dessus de nous, dans un creux, je vois la tranche d'un talus blanc recouvert d'une pellicule grise. C'est la neige mise à l'abri sous une couche de cendre. Quand nous approchons, une troupe d'oiseaux s'envole. Ils viennent de boire à l'unique fontaine de l'Etna.

La végétation se fait de plus en plus pauvre. Sous le pied de nos bêtes, la lave bossuée, fendue, ravinée comme des terres meubles après un grand orage, offre des places entièrement nues. Les fougères disparaissent à leur tour. Il n'y a plus sur le rocher que de grosses touffes rondes, compactes, fleuries de milliers d'étoiles d'or, qui essayent d'égayer encore le vieux mont. Elles ont peine à se maintenir à de telles hauteurs, dans le froid, dans le vent presque toujours furieux, sans une goutte d'eau pour abreuver leurs racines. A mesure que nous montons, elles s'espacent davantage. On ne les rencontre plus que dans les creux. Nous arrivons à la limite où la vie s'arrête.

Un dernier effort de nos mules nous porte en haut de l'épaulement que nous avons lentement gravi, à cause de la raideur des pentes. Et nous entrons dans le désert.

Je n'ai rien vu de plus saisissant que ce sommet de l'Etna. Je ne sais s'il est possible de se représenter, sans l'avoir une fois contemplée, cette longue plaine onduleuse, légèrement montante et toute formée de dunes de sable noir à gros grains. Pas un arbuste, pas un caillou blanc, sur l'étendue de ces vagues sombres. Un silence de mort. Et pour horizon, à droite et à gauche, deux remparts de cimes inégales, découpées sur le ciel et de la même couleur de fumée. On éprouve un malaise étrange à sentir le soleil impuissant. Il brille, et rien ne lui répond, rien ne luit, et rien ne fait ombre autour de soi. On erre dans un paysage nocturne, avec une lumière inutile au-dessus.

Un seul point semble avoir pris pour lui toute la vie et toute la couleur de cette vallée infernale. C'est, devant nous, loin encore, le cratère de l'Etna. Il s'enlève nettement sur le noir de la terre et sur le bleu de l'air. Il est rayé de cannelures jaunes, qui sont des coulées de soufre, et l'on dirait une haute colline labourée, portant, au creux de ses sillons, des lames de colza fleuri.

Nous avions fait quelques centaines de mètres dans les sables noirs, lorsque, par une brèche, sur notre gauche, un nuage entra. En un instant, des lambeaux de brouillard, déchirés par le vent, tordus en tous sens, glissèrent autour de nous, traversèrent la vallée, grimpèrent le long des murailles qui la fermaient. Puis tout le ciel s'assombrit; la température, déjà basse, devint glacée; l'horizon se rétrécit. Tremblants de froid, enveloppés jusqu'aux yeux dans nos couvertures et courbés sur nos mules, qui refusaient tous les dix pas d'avancer, et se contentaient de secouer les oreilles, nous devions ressembler à ces lithographies tragiques des voyageurs surpris par la tourmente, vous savez, quand ils sont blottis les uns contre les autres, face à l'orage, le regard navré, sentant plier sur leurs têtes le bord de leurs chapeaux. Le fils d'Antonio lui-même ne disait plus rien.

Il nous fallut plus d'une heure pour traverser ce désert et atteindre la *Casa inglese*. Enfin, l'observatoire apparut, dans la brume qui galopait échevelée : une masse carrée, surmontée d'un dôme, juste au pied du cratère, à trois mille mètres en l'air.

Le guide souffle dans sa corne. La porte s'ouvre. Nous sommes reçus par M. Bartoli, professeur à l'Université de Catane.

Jamais l'hospitalité ne m'avait paru une aussi belle vertu. Il est vrai que M. Bartoli l'exerce de la plus aimable façon. Il nous introduit dans la seconde chambre, blanchie à la chaux, et autour de laquelle on a disposé en étages une dizaine de couchettes, semblables à celles des cabines de navires, nous indique les lits où nous serons le moins mal à l'abri, apporte un brasero, et, quand nous sommes un peu revenus de l'engourdissement causé par le froid, tandis qu'Antonio surveille une cafetière pleine de neige, et des tranches de bœuf qu'il a mises sur le feu, nous invite à passer la soirée.

Comme il n'a pas de salon, nous revenons dans sa chambre, aussi pauvre que la nôtre, éclairée par un fagot de bois, — un luxe à cette hauteur, — qui flambe dans la cheminée. Nous causons. Et, au bout de quelques minutes :

— Mais, monsieur Bartoli, lui dis-je, je reconnais dans vos mots la douce aspiration florentine. Seriez-vous...?

— Sans doute, je suis Florentin, né au bord de l'Arno. Vous connaissez cette chère ville?

— Il n'y a pas de jour que je ne me souvienne d'elle.

— Et le *viale dei colli?*

— Et Sainte-Marie-des-Fleurs!

— Et Fiesole, d'où il faut voir Florence dans sa coupe de montagnes?

Plusieurs noms se croisent encore, que nous nous jetons l'un à l'autre, avec le même sourire et quelque chose du même amour. Ils suffisent à mettre entre nous une nuance rapide de cordialité. M. Bartoli nous raconte ses séjours sur le sommet de l'Etna, qui n'est guère habitable que de juin à la fin de septembre, le genre de vie qu'il y mène, les visites de savants étrangers, les expériences tentées. Pendant cette période de l'année, le froid ne va guère au delà de douze à quinze degrés. En hiver, il doit être plus considérable, mais l'accès est impossible à la *Casa inglese*, entièrement recouverte de neige.

— La vie vous paraît un peu triste, peut-être,

nous dit-il, sur ce volcan, dans ce désert de roches et de cendres noires, sans autres compagnons que mes employés! Mais, en dehors même de l'intérêt scientifique, je vous assure que l'habitation au pied du cratère de l'Etna n'est pas sans charme. Je contemple, à toutes les heures du jour ou de la nuit, des paysages célestes comme vous n'en verrez jamais. J'ai, au-dessous de moi, des couchers de soleil, des levers de lune, des formes de nuages magnifiques et singuliers. La terre de Sicile, que j'aperçois comme d'un phare, n'est jamais immobile. La couleur lui sert de mouvement. Et de même pour le cratère, qui revêt, pour des causes dont une partie m'échappe, des nuances que nul ne pourrait dénombrer, ni peindre, hélas! ni oublier.

Nous serions restés plus longtemps à écouter ce savant doublé d'un poète, sans le mal des montagnes qui nous tenait, moi surtout, et me serrait la tête comme dans un étau. Le feu mourait. Antonio nous attendait. Notre hôte alla ouvrir la porte extérieure, par où la tempête s'engouffra, consulta le thermomètre, et revint nous dire :

— Bonne nuit, messieurs! La soirée est fraîche. Trois degrés au-dessous de zéro. Enveloppez-vous bien : *Fa un' aria finissima!*

Oui, c'était bien cela : un air très fin, si fin qu'il semblait percer les murailles, qu'il entrait dans la peau et courait dans les moelles. Les couvertures n'y faisaient rien. Au fond des petites armoires trop courtes où nous nous couchâmes, on eût dit que tous les brins de chaume de l'unique paillasse étaient autant de chalumeaux par où soufflait sans trêve, piquant comme une aiguille et froid comme un glaçon, l'*aria finissima* de l'Etna.

A deux heures du matin, Antonio frappe à la porte. C'est l'heure convenue pour commencer l'ascension du cratère.

— Eh bien, Antonio?

— Le vent s'est apaisé.

— Ah!

— Mais il y a encore, autour de la montagne, *una nebbia*.

— Un nuage! Il passera pendant que nous monterons!

— Je ne le crois pas, messieurs.

Nous nous levons quand même, et, sur le seuil de la maison, nous trouvons le guide enveloppé de son manteau et portant une lanterne. La nuit est toujours froide et terne. Mais, à peine avons-nous tourné l'angle de l'observatoire que nous nous arrêtons devant une vision merveilleuse. Le nuage s'est déchiré juste au-dessus du cratère, et l'enveloppe à distance. Tout le cône est découvert, d'une blancheur de lait. Il jaillit des ténèbres, régulier, majestueux, formant une île de lumière. La fumée sort de son sommet à gros bouillons éclairés en-dessous et nuancés de rose pâle. Un cercle d'étoiles le couronne.

Le courage nous revient, et l'espérance. Les yeux baissés, pour ne pas heurter les roches volcaniques éparses autour de nous, tâtant la route de nos bâtons, nous marchons pendant un quart d'heure. Peut-être la déchirure va-t-elle grandir, la nuit devenir claire ; peut-être pourrons-nous, après avoir gravi ces trois cents mètres à peu près à pic, contempler ce spectacle tant rêvé d'un lever de soleil sur la Sicile !

Hélas ! les nuages se rejoignent. Le rideau se tire sur le cratère qui disparaît totalement. Nous sommes plongés dans la plus profonde obscurité, sur une pente raide, au milieu de blocs de lave. Et, comme le matin approche, sous l'influence de l'air plus doux le brouillard commence à tomber en gouttes de poussière. La lanterne du guide, à six pas devant moi, fait un effet ridicule dans l'ombre monstrueuse.

— Est-ce désespéré, Antonio ?

— On peut toujours essayer de monter, monsieur, mais pour sûr on ne verra rien.

Il faut revenir à l'observatoire, perdre un temps considérable en préparatifs de départ et se remettre en route pour descendre. Nous sommes en selle, derrière les murs de la *Casa inglese*, et nous attendons je ne sais plus quoi, lorsque des ouvriers siciliens, engagés pour faire une réparation à la toiture, sortent de leur logement. Ils sont de belle humeur. Ils s'amusent à prendre des plaques de zinc tombées à terre, et à les lancer en l'air. Elles retombent avec fracas, et ils imitent la note qu'elles font : *do, si, sol, mi.* Un quart d'heure après, nous entendions encore le concert. Et je me souvenais d'un mot de l'aimable M. Bartoli : « Figurez-vous, nous avait-il dit, qu'un pan de mur s'est effondré, manquant de m'écraser et emportant une partie du toit. Je voudrais que ce fût réparé avant l'hiver. — Vous avez bien le temps ! — J'ai du moins les ouvriers. — Que vous faut-il ? Une semaine ? — Eh ! eh ! — Deux semaines ? — Eh ! eh ! — Trois semaines ! — Eh ! eh ! sur l'Etna ! Des ouvriers de Sicile ! Pour un monument public ! » Le Florentin ne s'était pas avancé. Il avait raison.

Nous descendons dans un nuage de pluie, et c'est très extraordinaire, je vous assure, de la voir tomber dans ce désert noir où l'on se dirait dans un autre monde. Elle ne fait aucun bruit, et ne laisse aucune trace. Les dunes la boivent comme la lumière, sans seulement changer de nuance.

Malgré l'intérêt de cette constatation, malgré cette belle et rapide vision du cratère, en pleine nuit, nous avons le cœur très triste en songeant que l'aube nous trouve à trois cents mètres au-dessous de la *Casa inglese*, au lieu de nous trouver à trois cents mètres au-dessus.

Mais voilà que, par une de ces sautes de vent fréquentes sur l'Etna, le nuage se relève rapidement. En quelques minutes, il est tendu sur nos têtes, ses bords décrivant un cercle, comme un abat-jour. Et, par-dessous, la Sicile nous apparaît, non pas tout entière comme nous l'eussions vue de là-haut, mais sous un angle large et avec la même magie de couleurs. Car c'est l'heure unique pour de tels paysages. Le soleil se lève. Toutes les montagnes de la base de l'Etna, fondues et perdues la veille dans la brume du jour, toutes les collines emmêlées qui couvrent l'île de leur réseau, se dressent en relief, et versent du même côté leur dentelle d'ombre lilas. Les plus lointaines ressemblent aux veines d'une fleur d'iris. Elles plongent dans la mer qui est d'or. Et la mer est à peine distincte du ciel. Où se trouve la limite ? Le regard ne la cherche plus. On perd un instant le sentiment des lieux, des formes, des contours. Et l'âme s'ouvre à une impression nouvelle, étrange, d'une inflnie douceur, comme si l'on était transporté dans l'espace, parmi des champs de lumière qui n'auraient point de corps.

Alors, plus joyeux, ayant eu de l'Etna ce que nous étions venus lui demander, nous nous remettons à descendre.

Descendre une montagne, vous le savez, c'est un peu s'en aller vers le printemps. L'air s'échauffe et s'embaume. La verdure s'épaissit. Nous dévalons rapidement la région des fougères, celle des bois, celle des vergers et des vignes. A onze heures, nous apercevons de loin, sur le seuil de sa porte, le bonhomme Mazzaglia, qui regarde la caravane approcher, avec le sourire inquisiteur et madré de la Sicile. « Ne sont-ils point gelés, pense-t-il, ni perclus, ni fourbus? Comment s'est accompli le voyage? »

— Le mieux du monde, don Giuseppe, mais nous avons hâte de nous reposer à Aci-Reale. Faites atteler la *carrozzella*.

Le cheval et le cocher, qui n'ont pas bougé de vingt-quatre heures, et qui s'en vont vers la patrie, sont de la même humeur gaillarde. L'un cabriole, l'autre sonne un air avec son fouet, et la voiture, emportée sur la pente rocheuse, saute d'une pierre à l'autre, presque en mesure.

Ce retour, bride abattue, nous donne occasion d'observer un amusant trait de mœurs.

Les routes sont pleines de contadini, et, comme le temps menace, chacun a pris son parapluie.

Il faut savoir que le Sicilien et son parapluie sont extrêmement fidèles l'un à l'autre. La peur de la goutte d'eau est ici générale. Dès qu'on aperçoit un nuage dans le ciel, on se munit du cher *ombrello*. Les paysans qui vont aux champs, les petites gens qui se promènent, portent le leur en bandoulière, attaché par une ficelle. Et ce ne sont pas, remarquez-le, de ces étoffes de soie tendues sur une armature légère, mais des meubles de famille, des pièces de cotonnades montées sur perches, et qui, lorsqu'elles s'ouvrent, développent un périmètre à rendre jalouses toutes nos marchandes de gâteaux.

Donc, une averse superbe nous surprend à mi-chemin. C'est de la pluie chaude, après la pluie froide de là-haut : tout le contraire du Hammam. Aussitôt, la route se couvre de tentes ambulantes. les unes rouges, les autres vertes. Le cocher, qui n'est pas qu'un peu sicilien, tire du fond d'un coffre le riflard de ses pères, le fixe sur le siège, et, malgré nos protestations, nous arrose du jet puissant de cinq gouttières en vraie baleine. Puis, sentant que l'humidité le gagne, craignant d'avoir *un pò freddo*, il tourne à angle droit, subitement, et nous précipite, au grand trot, sous un toit protecteur. Nous nous trouvons entrés jusqu'au milieu d'une immense écurie pleine de charrettes, de voitures, de chevaux empanachés et de gens qui font grand tapage. A elle seule, la pièce est une hôtellerie : on y peut manger, boire et dormir sur la paille, hommes et bêtes côte à côte. Et j'imagine que, du temps des Grecs, en ce pays reculé, on devait trouver des auberges exactement semblables. A gauche de l'entrée, à l'intérieur, un homme vend des fruits : raisins, figues noires, figues d'Inde, tomates et pêches, il a des pyramides de toute sorte rangées sur son tréteau. Dans le coin opposé, sous un auvent qu'emplit la fumée, sa jeune femme fait frire des poissons, des pâtes, des tranches de courges, et rit avec les clients d'aventure, avec tous les passants de la route, qu'un coup de vent a, comme nous, rassemblés autour d'elle.

Un quart d'heure s'écoule. La pluie cesse. Un grand rayon de soleil tombe sur la chaussée. Alors tout le monde est parti, en même temps, sans adieu, sans payer. En une minute, les petites charrettes jaunes, les mules, les cavaliers montés sur des ânes, les piétons en voyage, se sont répandus sur la route, puis espacés, puis évanouis dans toutes les directions. Je n'ai jamais vu que des hirondelles pour se disperser plus vite.

L'hôtesse est restée seule à frire ses tranches de courges. Et nous avons gagné le bord de la mer.

XIII

Un vieux pêcheur.

J'étais si violemment pris au charme d'Aci-Reale que, devant quitter cette très douce ville, je résolus de collectionner et d'emporter tout ce que je pourrais trouver, chez le libraire, de notices ou d'histoires locales. Je dis le libraire, parce que, bien souvent, ces petits livres, écrits avec tant d'amour, brochés en couleur claire, pour mieux tenter l'œil italien, ne se rencontrent que chez un seul marchand. Le long de la rue principale, qui monte, je m'en allais, cherchant l'enseigne, quand j'avisai un prêtre qui sortait d'une église en contre-bas. Il avait la face pleine, la large bouche dont les Romains sont fiers, et les yeux de la Sicile, qui ne sont que noirs au repos, mais très fins quand ils rient. Je le supposai chanoine, pour l'aborder.

— Monsieur le chanoine, lui dis-je...

Il effaça le mot, d'un geste circulaire,

— Non, pas chanoine, simple abbé.

— Alors, monsieur l'abbé, pourriez-vous m'indiquer la boutique où je trouverai quelque ouvrage sur Aci-Reale ?

— *Ma che!* Nous sommes tout à côté de notre grand libraire! Je vous y conduirai. Vous aimez donc notre pays ?

— Aucune ne me plaît davantage, en Sicile.

Je vis mon interlocuteur s'épanouir de cette joie — comment l'appeler ? — municipale, si fréquente là-bas, si bien perdue chez nous.

— Bien dit! répondit-il. Venez! venez!

Sur la place de l'hôtel communal, à cent pas de là, nous entrons chez le libraire. On m'apporte un volume sur « Aci-Reale et ses environs », et deux autres, consacrés à la Sicile en général, mais où l'on peut lire, m'assure-t-on, « des détails du plus puissant intérêt, touchant la contrée qu'immortalisèrent le cyclope et la nymphe Galathée ».

L'argument me décide à prendre les trois livres. Je demande le prix.

— Ah! pardon, interrompt l'abbé. Monsieur est mon libraire; nous venons de convenir que les trois volumes seront inscrits à mon compte. Je vous en fais le petit présent. Puisque vous aimez notre ville, vous l'en aimerez un peu plus !

J'insiste, mais vainement. Il faut accepter cette offre si gracieusement faite par un inconnu à un étranger, pour l'amour d'Aci-Reale.

Car l'abbé n'est pas même l'auteur du guide anonyme que j'emporte. Il me l'avoue, tandis que nous descendons la rue ensemble, moi, feuilletant le volume, et lui me le commentant. Que de choses j'apprends, de l'un et de l'autre ! Après l'histoire, les monuments et les grands hommes, le consciencieux écrivain a voulu énumérer toutes les coquilles qu'on ramasse sur le rivage de la chère patrie, les plantes et les oiseaux de ses bois, les poissons de la mer, les constellations visibles à chaque mois de l'année.

— Mon Dieu, dis-je au pseudo-chanoine, qui devenait un fort intéressant compagnon, il y a une lacune dans la plupart des livres que j'ai consultés, et qui traitent de la Sicile. On n'y parle pas du langage par signes.

— Veh ! Vous avez remarqué notre peuple, comme il sait se passer des mots ?

— Oui, surtout les cochers. Toutes les fois que je prends une voiture, je devine que le conducteur, avec son fouet, ses bras et ses yeux, avertit les autres de l'endroit où il va, et s'il est content, et de quelle nation nous sommes, et de plusieurs choses encore dont le sens m'échappe. Est-ce vrai?

— Tout à fait. Un de nos écrivains a donné la clé de plusieurs signes : *un uomo dottissimo...*

— Ah!

— *Valentissimo!*

— Je n'en doute pas.

— Notre Giuseppe Pitrè. Mais cette langue-là, monsieur, ne s'apprend guère dans les livres. Elle a son patois, d'ailleurs, et ses tours personnels. Il faut la *voir*.

— Ancienne comme la Sicile, n'est-ce pas?

— Assurément! Que de contes on a faits là-dessus! N'ont-ils pas prétendu qu'elle était née, au temps des Bourbons, du besoin qu'avait le peuple, sous un gouvernement rude et paternel tour à tour, de fronder la police et de lui cacher ses affaires? Mais ne sentez-vous pas que c'est puéril, et que, si le peuple de Sicile a deux langages à la fois, celui des mots et celui des gestes, il en a toujours usé de même, ayant souvent deux pensées ensemble, dont l'une souligne l'autre, ou bien la contredit?

— Un orchestre?

— Ma foi, dit en riant l'abbé, c'est un peu cela : un orchestre où parfois l'accompagnement devient partie chantante, et continue tout seul. Ils sont fiers de cette mimique conventionnelle, nos Siciliens, autant que d'une langue étrangère. Et, de fait, elle leur rend les mêmes services, et est aussi difficile à saisir, non pas pour des oreilles, mais pour des yeux non habitués. Savez-vous, par exemple, les différentes manières de dire : non?

— Pas même une.

— Eh bien! la plus commune est de renverser la tête en arrière et de la baisser ensuite, ce qui signifie : « Oui », dans vos pays du Nord. Une autre consiste à plisser le front, en relevant les sourcils; une troisième à contracter légèrement le coin gauche de la bouche. Enfin, quand un homme d'une certaine catégorie, mêlé à certaines affaires... vous comprenez?

— Un mafioso?

— Précisément. Quand un homme, dont l'autorité est reconnue de ses semblables, veut exprimer un refus très net, il se tire la barbe d'une main, et lève les yeux en l'air.

La promenade avec mon donateur nous avait amenés jusqu'au bord de la falaise à pic sur laquelle est bâtie Aci-Reale, à l'ouverture d'un escalier taillé dans le roc, où plusieurs fois déjà j'étais allé m'asseoir et regarder la mer. Comme nous nous penchions pour voir, à nos pieds, la dentelle très fine de l'écume ourlant cette muraille formidable de plus de cent mètres de haut, mon compagnon s'exclama :

— L'apercevez-vous?

— Qui donc?

— Eh! mon ami Salvatore, un des plus vieux pêcheurs de la côte, des plus adroits, et l'un des types les plus réussis de son espèce. Quel dommage que nous soyons si haut!

— Pourquoi?

— Je lui aurais posé deux ou trois questions, et les réponses vous auraient amusé.

— Il y a un escalier, dis-je timidement.

L'abbé, qui le connaissait mieux que moi, me regarda en souriant :

— Rude comme celui du Paradis, répondit-il, et je n'ai plus que vingt minutes à moi. Cependant, puisque je vous ai, le premier, donné le désir de voir Salvatore, descendons!

Descendre! Il fallait plutôt sauter d'un bloc de rocher à l'autre, entre deux haies de cactus, dont l'une était appliquée à la falaise, et murissait ses fruits à la chaleur des pierres, tandis que la seconde servait de rempart contre la tentation du vide.

Chemin faisant, je me rappelais l'avoir remarqué, ce vieux pêcheur. Dès que le soleil commençait à chauffer, il apparaissait, — ayant sans doute traversé quelques brasses de mer, sa culotte relevée, — sur un écueil plat, de deux ou trois mètres de largeur, devant lequel l'eau, plus profonde, était d'un bleu plus pur. Sa boîte d'appâts près de lui, assis sur ses talons, rafraîchi par la brise, il jetait sa ligne. Les vagues ne le gênaient pas. Elles étaient lentes, petites et si transparentes qu'il devait apercevoir son poisson au travers. Et la journée se passait ainsi. L'heureux homme ! Avoir devant soi la mer Ionienne et les belles côtes de la Calabre, pour métier le plus pacifique de tous, et rentrer le soir avec une bourriche pleine au logis, dans une des plus douces contrées du monde !

J'avais comparé son sort avec celui de nos marins des côtes de l'Océan, toujours en mer, dans le vent et la peine, trompés par l'incessant déplacement du poisson, guettés par la brume, incertains du retour. Et le classique pêcheur de Théocrite m'était revenu en mémoire, avec sa cabane de roseaux, ses hameçons, ses appâts couverts de fucus, ses nasses, et rêvant, — un rêve de pêcheur du midi, — qu'il tirait de l'eau un poisson d'or. C'était lui que nous avions devant nous.

Quand il s'entendit appeler : « Don Salvatore ! hé, don Salvatore ! » il détourna lentement la tête ; nous vîmes apparaître, par-dessus son épaule, le profil de sa barbe blanche et mêlée comme une toison, un nez camard, d'un beau brun rouge et un œil tout petit, glissant vers nous, pour découvrir si nous n'étions pas de ces mauvais plaisants qui troublent volontiers le pêcheur à la ligne. Dès qu'il eut reconnu l'abbé, il se redressa agilement, laissa la gaule tomber sur le rocher, et, enlevant son bonnet, d'un geste théâtral :

— *Baciu li manu a so Riverenza!* dit-il. (Je baise la main à votre Révérence.)

— La pêche est-elle bonne, mon vieil ami ?

Au lieu de répondre, le bonhomme fit une grimace singulière, qui porta la pointe de son nez à gauche.

— Comment, demanda l'abbé, mauvaise pêche?

Don Salvatore, qui avait replacé sur sa tête l'espèce de bas de laine brune qui lui servait de coiffure, souffla dans sa main gauche, puis, fermant les deux poings, les tourna en rond, collés l'un contre l'autre.

L'abbé se pencha vers moi :

— Vous voyez, me dit-il, le pauvre homme m'explique, en soufflant sur sa main, qu'il n'a pas pris un poisson, et en tournant ses poings, qu'il est très en colère.

Il ajouta tout haut :

— C'est la faute du vent. Le poisson ne vient pas à la côte. Autrefois don Salvatore allait le chercher au large!

— Oui, fit le pêcheur.

— En ce temps-là, n'est-ce pas, tu entendais chanter la sirène?

— Salvatore qui, jusque-là, s'était montré jovial, me regarda, d'un air gêné, et répondit, avec une pointe d'humeur :

— Moi et d'autres. La sirène ne chante pas pour un seul.

— Et que chante-t-elle?

— Je vous l'ai dit, Padre : il faut l'avoir entendue!

— Et moi, je te répète que je n'y crois pas, à vos sirènes que vous n'apercevez jamais!

Pour le coup, le pêcheur fit semblant de perdre patience. Il leva les épaules, et, riant de toute sa face, comme un masque de comédie, mais, la voix nasillarde et posée, fit cette jolie réponse :

— Padre, il est bien des choses que je crois sans les avoir vues. D'ailleurs, la sirène ne m'importe guère à présent : ma femme est trop vieille pour la craindre, et ma fille ne s'est pas mariée.

Alors, se retournant, il ramassa la ligne, l'amorça, et jeta l'hameçon le plus loin qu'il put. Ces questions, où perçait une pointe de moquerie, lui avaient déplu. Avec le sans-gêne et la soudaineté du Midi, Salvatore nous quittait.

— N'allez pas vous imaginer, me dit l'abbé, pendant que nous remontions la falaise, que mon ami Salvatore croie encore aux déesses marines qui chantent, attirent les pêcheurs, et les noient. L'ancien mythe, au cours des temps, s'est déformé. La sirène a perdu son caractère païen, et sa figure de femme, et sa queue de poisson, et son affreuse industrie. Elle n'est plus qu'une voix sans corps, s'élevant sur les eaux, dans les jours de calme, et qu'il est impossible de définir. Quand ils l'entendent ou croient l'entendre, les pêcheurs sont dans la crainte, car elle annonce qu'il y aura une épidémie sur les femmes en couches et leurs nouveau-nés. Vous avez vu que Salvatore, n'ayant pas marié sa fille, se montre assez irrévérencieux vis-à-vis de la sirène.

— Il vous en veut, je crois, de l'avoir fait parler.

— Faire parler un Sicilien ! Oh ! monsieur, que dites-vous là ? Ils s'expriment facilement, c'est vrai, mais, dans leurs têtes peu savantes, le moindre mot est pesé à la sortie. Je vous prie de croire qu'il n'en passe guère d'imprudents, et que mon vieux Salvatore n'en regrette pas un seul.

Nous étions en haut de l'escalier. Le pêcheur, tout en bas, avait l'air d'un petit fantoche brun, piqué sur une rondelle. L'abbé me tendit la main, me recommanda plusieurs endroits du guide d'Aci-Reale, et dit avec une émotion qui retardait l'élan plusieurs fois pris de son sourire d'adieu :

— Je ne sais pas si vous aimez la Sicile, monsieur. Mais, ce pauvre peuple, il est digne d'amour, oui, digne d'amour !

Presque aussitôt il se perdit, au tournant d'une des ruelles qui traversent le quartier misérable où nous étions, et je demeurai dans ce couloir étroit, regardant la mer, entre un mur de jardin et un second jardin protégé par une haie de cactus. De l'autre côté des grosses branches munies de raquettes, j'aperçus une forme qui faisait ombre sur le chemin. C'était une femme pas très vieille, mais usée déjà et ridée, qui tenait par la main un enfant. Elle crut peut-être que je cherchais une figue d'Inde sur l'arbre dégarni, et me proposa de me vendre celles qu'elle avait mises à sécher, là, sur le toit. Je compris qu'elle aussi parlait des « premières pluies tombées », du fruit devenu, par leur vertu, un « sorbet », mais surtout qu'elle était pauvre et demandait l'aumône.

J'entrai, par une barrière de trois lattes appliquée à une ouverture de la haie, et je montai, pendant une dizaine de pas, jusqu'à la maison qu'une cour pierreuse séparait de l'extrême bord de la falaise. Du seuil de ce logis d'ouvrier, on découvrait un horizon immense de mer et les dentelures des côtes. L'air arrivait, irrespiré, tout tiède de soleil. Trois enfants de sept, huit et douze ans dormaient sur les marches d'un escalier extérieur. Le plus grand alla chercher des figues d'Inde dans un mannequin, pendant que la mère me disait des choses lamentables : le père mort, l'affreuse misère, les privations, les prix dérisoires qu'elle gagnait à carder de la laine, quand il y avait de l'ouvrage. Je l'écoutais, et je suppose que la pitié se devine à grande distance, comme la qualité d'étranger. Une seconde femme, portant un nourrisson dans ses bras, sortie de quelque masure voisine et venue je ne sais par où, s'avança timidement, et murmura : « J'en ai sept ». Une troisième, toute jeune, amena sa bande de cinq. Elles me racontèrent, l'une après l'autre, quelquefois ensemble, des histoires navrantes, dans leur dialecte sicilien que je comprenais à moitié. Je leur donnai, et elles ne quittèrent pas leur air dolent. Rien ne reparut dans leur regard, pas même un souvenir lointain de cette jeunesse éclatante, si vite fanée dans le peuple. Mais je donnai aussi quelque monnaie aux enfants. Leurs yeux flambèrent comme de la poudre. Quand j'arrivai au garçon de douze ans qui m'avait dépouillé une figue d'Inde, et me la présentait à bout de bras :

— Qu'est-ce que tu fais, toi ? demandais-je.

— Commissionnaire.

— Vas-tu à l'école ?

— Non.

— Y as-tu été?

— Jamais.

— Pourquoi?

Il me regarda avec des yeux que la vie ne flétrira pas, non seulement éclatants ceux-là, mais intelligents, spirituels, décidés, presque insolents.

— Monsieur, répondit-il en secouant sa tête crépue, il est bon d'aller à l'école, mais quand on a du pain!

XIV

Messine

On reconnait, au premier coup d'œil, les villes d'ancien commerce maritime. Elles sont marquées, Gênes et Messine, par exemple, du même caractère de puissance et d'opulence plébéiennes. Peu de monuments publics de haute valeur : seulement ce qu'il en faut pour que la cité n'ait pas à souffrir dans son orgueil. Ne lui demandez pas ce prodigieux superflu d'art, cette folie de la fresque, de la pierre ou du bronze ciselé, qui témoigneront toujours d'un peuple porté au rêve et plus ou moins détaché de l'action. D'autres pensées hantaient l'esprit de ses habitants. Ils étaient maîtres, par leurs banques et par leurs navires, du commerce du monde, engagés dans de vastes entreprises, audacieux, connaisseurs d'hommes, diplomates en passant, et tous plus ou moins atteints par l'influence de l'Orient. Leur rêve, où l'amour de la cité entrait pour une part, était de se bâtir des palais magnifiques et utiles, avec des portiques, des rez-de-chaussée voûtés servant de magasins ou de bureaux, et des appartements somptueux au-dessus. Ils les reliaient l'un à l'autre, et élevaient ainsi, autour du port, une ceinture de monuments qui pouvaient passer pour une gloire de la ville, et disaient sa richesse.

Cela est bien frappant à Messine, toute construite en longueur et resserrée entre la mer et les montagnes. Sa vie, sa raison d'être et sa beauté, c'est le port, légèrement cintré du côté de la terre et aux deux tiers fermé, vers le large par une presqu'île en forme de croissant que termine un château. Ce vieux fort de guerre, bruni par le soleil, la ligne de façades massives, à grosses pierres saillantes, qui suit la courbe de la côte, lui donnent tout à fait grand air. Et cette majesté n'est pas morte. D'innombrables ouvriers travaillent sur les quais. Les tramways y courent, et s'en vont jusqu'au Faro, l'extrême pointe de la Sicile. A chaque instant des navires entrent ou sortent. Ils ne jettent point l'ancre dans ces eaux trop profondes, et s'amarrent à des bouées. Au delà, c'est le détroit, qui coule comme un fleuve, bleu indigo, couvert de grandes voiles, et, au delà encore, les côtes montagneuses de la Calabre, qui semblent toutes proches à cause de la limpidité de l'air, et qu'on voit sur une énorme étendue, depuis San Giovanni jusqu'après Reggio.

Le paysage est surtout admirable le soir. Quand le soleil s'est couché derrière les montagnes de Messine, il illumine encore celles d'en face, et la chaîne des Calabres apparaît teinte de deux couleurs : la base de pourpre violet et les sommets d'orange vif.

Mais tout le pittoresque de Messine n'est pas là. Si vous sortez du port, au premier pas, sous les portiques, abrité dans un angle, vous rencontrerez l'écrivain public. Il est fort répandu à Messine, l'instruction ne l'étant guère parmi le peuple. J'en ai trouvé un peu partout, en Sicile, mais nulle part d'aussi nombreux, ni de plus convaincus. Ils officient. Ils ont le haute-forme invraisemblable, la redingote illustrée de taches, la plume d'oie, la petite table, l'écriteau indicateur que leur donnait Gavarni, dans le Paris légendaire d'il y a cinquante ans, et le même sérieux professionnel. La clientèle seule n'est plus la même : des filles aux robes claires, dictant une lettre à leur promis qui n'a pas encore fini de *fare il soldato;* des paysannes graves de la montagne ; des gens du port, abondants en gestes et conturés de rides.

N'est-ce pas un signe, et l'institution de l'écrivain public, conservée ici dans toute sa splendeur, n'indique-t-elle pas, à sa manière, que les mœurs locales ont été moins qu'ailleurs changées par le progrès ?

Les Italiens le disent. A les entendre, les maris de Messine sont ombrageux, et les pères surveillent étroitement leurs filles. Les uns et les autres reçoivent peu, ayant, sur l'intimité du foyer, des idées d'une rigueur orientale. Les conséquences se devinent. Quand un jeune homme aime une jeune fille, et veut le lui déclarer, ne pouvant guère entrer dans la maison, il se contente de passer devant. Avec sa canne, ou son mouchoir qu'il laisse tomber, il exprime sa passion à la chère beauté cachée derrière le store de mousseline. Huit jours après, on aura audience, et on se parlera, du trottoir au balcon, à la nuit close. Peut-être alors les parents se laisseront attendrir, et admettront le soupirant à franchir le seuil de la maison. S'ils résistent ? Eh bien ! un beau matin, deux chevaux s'arrêteront devant la porte. La jeune fille, avertie d'avance, se jettera dans la calèche, et, fouette cocher ! Avant que le père ait été averti de la fuite de l'enfant, — la mère est souvent complice, — les deux amoureux seront mariés, ou bien la jeune fille, conduite dans une maison amie, attendra la décision paternelle. Celle-ci ne tardera guère, et sera vraisemblablement favorable. Au bout de deux ou trois jours, en effet, un personnage complaisant, un intime, s'il se peut, se présentera chez le père infortuné, essuiera sa première colère, lui montrera la nécessité de céder devant le fait accompli, vantera les qualités du ravisseur, et finira par demander une honnête dot, en signe d'entier pardon, pour le bonheur de deux enfants et le repos de deux familles. Il paraît que l'argument réussit presque toujours. On s'embrasse. Et le jeune ménage, devenu vieux, voit avec étonnement sa progéniture répéter la comédie de la canne et de l'éventail, de la calèche à deux chevaux et de l'avocat matrimonial.

Mais les Italiens ne sont pas tous indulgents, quand ils parlent de la Sicile. Pour eux, les affaires de l'autre côté du détroit sont un peu *cosas de Espana*. Je voulus interroger un habitant du pays, et voici ce qu'il me répondit :

— Messine d'il y a vingt ans ou trente ans, passe encore ! Oui, monsieur, elle pouvait avoir des traits de ressemblance avec le portrait que vous dites et que je connais de longue date. Aujourd'hui la légende peut se répéter encore, et se répète, en effet. Mais elle n'a plus guère raison d'être. Si les Messinois reçoivent peu, la cause en est beaucoup plus au manque de fortune et de tradition, dans la plupart des familles, qu'à cette jalousie féroce dont on nous affuble. Que voulez-vous ? l'usage est déplorable autant qu'ancien : les hommes se réunissent, échangent des nouvelles ou des idées, non pas chez eux, mais dans la boutique du coiffeur ou du pharmacien. Moi qui vous parle, j'ai mon pharmacien, chez qui j'entre tous les soirs. Un à un, je recueille les amis qui passent. Vous devinez si cette vieille mode nuit aux relations mondaines, Cependant elle commence à tomber, et des cercles se fondent. Je vous citerais vingt familles qui n'ont rien gardé de ces mœurs jalouses, et où les jeunes femmes ont toute liberté de recevoir, d'avoir de l'esprit et de le montrer. Pour les enlèvements, bien qu'ils soient assez communs dans toute la Sicile, je crois que Messine aurait le prix. J'en ai compté cinq dans une seule semaine. Il est vrai qu'il y a de cela plusieurs années, et que la semaine était exceptionnelle. Songez que ce délit amoureux demeurait autrefois impuni. On ne le poursuivait pas. Le nouveau Code est plus sévère. Nos magistrats, venus de toutes les parties de l'Italie, de la Toscane et du Piémont aussi bien que du Midi, n'ont plus de ces indulgences qu'entretenaient, chez leurs devanciers, le vieux sang sicilien et le préjugé local. Peu à peu, je crois que nous remiserons la calèche à deux chevaux. Repassez dans dix ans, vous verrez celle du dernier enlèvement parmi les pièces historiques. Nous n'en sommes pas encore là. J'avoue qu'il subsiste dans le peuple, et même ailleurs, des traces nombreuses d'un tempérament spécial, rude et rebelle aux nouveautés. Tenez, un trait entre plusieurs. Les domestiques, à Messine, se gagent pour quinze francs par mois, environ, chez les étrangers; elles y sont traitées doucement, et elles ne restent pas. Chez beaucoup de Messinois, elles sont payées dix francs, sept francs, cinq francs par mois. J'en ai vu qui recevaient dix centimes par jour, d'autres qui ne recevaient rien. Elles sont giflées de temps à autre, et elles restent.

— Vous appelez cela « être rebelle aux nouveautés? »

— Sans doute! Il y a beau temps qu'en Sicile nous formulons, croyons et pratiquons cette théorie qu'il ne saurait y avoir de bonnes servantes sans correction manuelle, sans une petite *bastonata* à l'occasion. Elles y sont si bien habituées, vous le voyez, qu'elles ne sauraient s'en passer. Voulez-vous quelque chose de plus sérieux? Nous devrions, plus que toute autre ville, à cause de nos relations commerciales avec toute l'Europe et du voisinage du continent, user du système décimal. Mais, ne vous y fiez pas. Si vous aviez une affaire à conclure avec des cultivateurs ou des ouvriers, à marchander un lot d'agrumes ou à débattre le prix de la journée, vous seriez obligé de compter par once de douze francs soixante-quinze centimes, par *tari* de quarante-deux centimes et demi, par *grani* de deux centimes; vous apprendriez que le soufre se vend au *cantar* de soixante-dix-neuf kilogrammes trois cent quarante-cinq grammes, que chaque *cantar* contient cent *rotoli*, que la *salma*, en usage pour les transactions de noisettes et d'amandes, comprend deux cent vingt *rotoli*, et vous ne pourriez pas, sans une longue pratique, vous reconnaître au milieu des mesures très variables employées pour le vin.

— Vous en êtes restés aux systèmes anciens parce que votre population compte, je crois, quatre-vingts pour cent d'illettrés, voilà tout!

— Quatre-vingts pour cent dans les livres, qui sont vieux ou mal renseignés, oui, monsieur; en réalité, soixante-dix pour cent, et c'est bien assez. Mais ce n'est pas toute la raison du fait que je vous signale. Et, puisque vous êtes si difficile à convaincre, je vous rappellerai un trait bien décisif de notre histoire. Il n'est pas relatif à la seule Messine. Mais il revêt ici un caractère plus probant, parce que, entre les villes de Sicile, Messine a toujours été l'une des plus libérales, et, comme vous dites, des plus *avancées* en politique. Vous avez dû remarquer l'usage, partout répandu, du baise-main,

— Assurément.

— Mais peut-être ignorez-vous que ce fut un des premiers actes de Garibaldi, à peine entré en Sicile, en 1860, de décréter l'abolition du baise-main, signe de servitude, débris des âges... Vous devinez tout ce qui peut se dire sur un si beau thème. Eh bien ! l'émoi fut général. A Palerme, il prit les proportions d'une sorte de mouvement populaire. Nulle part, pas même à Messine, la proclamation de l'agitateur n'eut de succès sur ce point, et le souffle de révolte qui passait alors sur notre île, capable, comme on l'a vu, de détruire bien autre chose, se trouva impuissant à déraciner cet usage qu'elle tenait de l'antiquité. La preuve vous suffit-elle ?

— Oui, mais je voudrais savoir autre chose.

— Et quoi donc ?

— Comment Messine peut lutter commercialement avec ses puissantes rivales, Catane et Palerme ?

Mon interlocuteur se rembrunit un peu.

— De quelle façon l'entendez-vous ? demanda-t-il.

— Mais, d'abord, vos montagnes sont en partie arides. Vous n'avez pas de blé.

— Nous en achetons.

— Pas de bétail, ou, du moins, très peu.

— Ce n'est pas une infériorité. La Sicile tout entière est dans le même cas : elle n'a pas assez de pâturages pour nourrir de nombreux troupeaux, et pas assez de troupeaux pour nourrir ses habitants. Nous faisons venir des animaux de la Calabre, de même que Palerme en fait venir des provinces danubiennes, et particulièrement du port de Galatz.

— Les cultures d'agrumes sont moins abondantes peut-être autour de Messine que dans certaines provinces ?...

— La vraie patrie des fruits, me dit en riant le Messinois, est celle des capitaux qui les achètent. Nous attirons à nous si nous voulons, les oranges d'Adernò et de Paternò, les mandarines de la Calabre. Nous avons le plus beau port de l'Italie, sur la grande route de l'Orient, des filatures de soie, des imprimeries sur tissus, des maisons, dont une française, pour l'exportation des amandes et des pistaches, et surtout, monsieur, nous sommes les plus proches voisins de cette contrée qu'on a justement appelée « le paradis du vin », celle de Milazzo. Informez-vous. Je ne puis vous fournir des chiffres, mais je vous affirme que, malgré la concurrence, malgré plusieurs injustices commises envers nous par le gouvernement italien, la vieille Messine n'est point déchue.

Puis, comme il me quittait, craignant d'avoir médit de sa ville, ou plutôt de n'en avoir pas dit assez de bien, il ajouta, en se retournant :

— Ne vous méprenez pas sur le sens de mes paroles, monsieur. J'ai constaté une certaine rudesse, il est vrai, dans le peuple de ma province. Mais nous n'avons jamais connu le brigandage, nous autres, pas plus que Catane et Syracuse. Les brigands étaient le monopole, — il étendit la main vers l'ouest, — des provinces de Caltanissetta, Trapani et Palerme !

Je me trouvais, à Messine, dans une atmosphère toute commerciale. Le bon génie des voyages, qu'on doit toujours aider un peu, me fit connaître plusieurs hommes en position de me bien renseigner sur les points qu'avait seulement effleurés mon premier interlocuteur. Grâce à leur conversation abondante en détails, je pus me former quelque idée du commerce de la Sicile, et la physionomie de Messine, en même temps, m'apparut plus précise.

J'appris d'abord de fort belles choses sur les oranges et les citrons.

Tout le monde sait, — ne fût-ce que pour avoir visité des citronniers en captivité, taillés en boule et chauffés l'hiver, — que ces arbres portent des fleurs et des fruits presque en toute saison. Mais la vraie récolte commence en octobre, et les meilleurs citrons qu'elle donne proviennent de la province de Messine, des bords ravagés de ces torrents dont les montagnes sont sillonnées, et qui s'appellent des *fiumare*.

Les oranges, que l'on cueille en décembre et janvier, sont d'autant plus parfumées qu'elles ont mûri plus lentement, à une altitude plus élevée. Celles des hauts villages de l'Etna n'ont pas de rivales. Nous ne les connaissons guère. Nos commerçants se fournissent en Espagne. « La valence ! la valence ! » Dieu sait dans quel mépris les Siciliens la tiennent ! A les en croire, nous ignorons ce que c'est qu'une orange, et ceux-là seuls peuvent parler oranges, qui ont goûté un fruit des grands « crus » d'Adernò.

Les Américains ont eu longtemps cette supériorité sur nous. La Sicile expédiait presque toutes ses oranges de qualité aux États Unis. Elle en tirait gloire et profit. Hélas ! fragilité des choses ! La Floride, la patrie des belles lianes, s'est mise à cultiver l'oranger. Et l'orange a parfaitement réussi. Et les prix ont baissé depuis cinq ans. Et elle n'est plus, la quiétude heureuse de tant de Siciliens, habitués, de père en fils, à ne point douter de leur soleil, et à regarder en paix mûrir la pomme d'or dans leurs enclos bien arrosés.

Cette rivalité nous profitera peut-être. Peut-être entendrons-nous crier dans nos rues : « Demandez la palerme ! la belle palerme ! » Souhaitons-le.

En tout cas, si nous ne sommes pas les premiers connaisseurs d'oranges, nous avons la fine fleur des citrons de Sicile. Il y a même, à ce propos, un détail que je n'aurai garde d'oublier. Quand les agrumes arrivent, par quantités énormes, dans les centres d'expédition, un peuple d'ouvriers s'empresse autour d'eux : des femmes pour les trier, des hommes pour les emballer. Une seule maison de Messine, la maison Baller, emploie un millier de femmes à ce travail. Or, les plus parfaites séries de citrons, celles où l'on ne rencontre aucun défaut extérieur, aucun péché de forme, de couleur ou de parfum, s'appellent « les Parisiennes », et les suivantes « les Lyonnaises ». Ce serait une attention toute charmante, capable d'influer, même après Cronstadt, sur les sentiments d'un peuple aussi impressionnable que nous, si ces appellations ne venaient simplement du lieu de destination. Les « Parisiennes » s'en vont à Paris, et les « Lyonnaises » à Lyon, par petites caisses cubiques de quatre cent soixante fruits. Les citrons moins fins, emballés par familles de trois cents et de trois cent soixante, assaisonneront les soles frites ou les grogs des nations étrangères : Russie, Allemagne, États-Unis. Dans les bonnes années, Messine expédie environ douze cent mille caisses d'oranges et six cent mille de citrons; Palerme, une égale quantité d'oranges et quinze cent mille caisses de citrons; Catane, quatre cent mille caisses d'oranges et deux cent mille de citrons.

Que reste-t-il, au pays, de ces monceaux d'agrumes? Uniquement les fruits de rebut. Encore servent-ils. On les pèle, et des femmes, des enfants, exprimant les écorces, recueillent, sur des éponges sèches, les essences qui se vendent aux parfumeurs et confiseurs, ou bien on les coupe par quartiers et on les jette dans des cuves. Après la récolte, on peut voir, sur les quais de Messine, des files de tonneaux remplis de morceaux d'oranges, qui macèrent dans l'eau de mer. Les simples passants se donnent parfois le plaisir d'ajouter un baquet d'eau à la marinade. On puise à même le port, qui, tout profond qu'il soit... Bref, le fruit salé, séché, méconnaissable, nous revient sous la forme de ces marmelades délicieuses que nous achetons à l'Angleterre.

Les mines de soufre rapportent encore bien plus à la Sicile que ses champs d'orangers et de citronniers. Elles ont donné, en 1889, quatre millions et demi de *cantars* de soufre, d'une valeur de trente millions, et très inégalement répartis entre les diverses nations. De ce chef, nous sommes les plus gros clients de la Sicile après les États-Unis. Tandis que l'Allemagne, la Russie, et même l'Angleterre ne consomment que des quantités relativement modestes de soufre, la France en achète huit cent soixante-dix mille *cantars*, pour ses vignes surtout, et les États-Unis près du double, pour l'industrie.

Mais la première richesse de la Sicile, très atteinte par la dénonciation de nos traités de commerce, à peu près rétablie depuis lors, grâce à une série de hasards et d'efforts que je ne veux pas énumérer, c'est le vin. Nous connaissons le nom de quelques crus célèbres, du marsala, qui doit l'origine de sa fortune à l'amiral Nelson, du zucco et du corvo blanc. Nous avons entendu parler du muscat de Syracuse. Le reste n'a pas de réputation, et ne mérite pas d'en avoir. Est-ce la faute des cépages, de la terre trop prodigue d'aromes, ou plutôt, comme on me l'a dit, des procédés de fabrication tout aussi primitifs qu'au temps du bon Noé? Le vin qu'on boit en Sicile est lourd et fumeux. Il n'a pas la belle humeur du nôtre, et les gens qui connaissent la question affirment que l'ivresse produite par un vin de Sicile et l'ivresse produite par un vin de France ne se ressemblent nullement.

Un ancien consul d'Allemagne à Messine, aujourd'hui consul général à Gênes, je crois, M. Schneegans, a écrit sur ce point une page d'un style badin. Son livre, traduit en italien, *la Sicilia*, est un livre consciencieux, bien informé, riche en souvenirs, et amusant à cause du perpétuel effort que fait cet érudit Germain, transporté parmi les fleurs d'oranger et les légendes antiques, pour avoir un style, comme disent nos soldats, « à hauteur ». M. Schneegans a donc comparé les deux ivresses, — qu'il appelle les deux Bacchus, — et il le pouvait faire, connaissant l'Allemagne et la France, et habitant Messine, où passent de si grandes quantités de vin commun venu de l'Etna ou des immenses vignobles de Milazzo.

« J'ai fait une singulière observation, dit-il : c'est que le vin sicilien ne renferme pas la gaieté divine et épanouie de nos vins du nord. Dans le vin du Rhin, dans les vins de France et de la haute Italie, se cache un petit dieu charmant, facétieux, caressant, un jeune Bacchus allègre, qui cause volontiers, et rit, et chante, et aime. En vain le chercheriez-vous dans le vin noir et écumeux de Sicile. Le dieu qui se cache là est un Bacchus plus mûr et plus vieux, pour qui la joie, la chanson et l'amour ne sont plus que des souvenirs ; c'est un dieu paresseux, disposé à la mélancolie, qui, tout à coup, se met en fureur et se lance avec frénésie contre ses ennemis. Ce Bacchus sicilien est un perfide Dyonisios, auquel on ne peut jamais se fier... Tenez-vous donc en garde, mon cher compatriote, si vous allez dans ce paradis du soleil, et rappelez-vous cet avis : on peut flirter avec le vin du Rhin et le champagne, mais point avec le faro ni le muscat ! »

Un si bon conseil, terminant un morceau littéraire, indique déjà le consul vigilant, qui se révèle un peu plus loin par de très noirs projets contre nos vins de Bordeaux. La renommée du château-Laffitte et du château-Margaux pourrait bien constituer, aux yeux de M. Schneegans, une atteinte aux droits de l'empire. Quoi! la première puissance militaire de l'Europe resterait tributaire des bords de la Garonne! Le Rhin ne se suffirait pas à lui-même! Non, il faut que l'Allemagne unifiée, si elle ne se prête à la culture des cépages délicats, travaille au moins des vins d'alliés. Écoutez :

« Les grands vapeurs de Hambourg arrivent dans nos ports allemands chargés de fruits du midi; mais le vin reste en route, dans les escales françaises. Pourquoi donc, nous autres Allemands, ne cherchons-nous pas à nous libérer de la tutelle des fabricants et de l'étiquette française en faisant, à Hambourg même, grâce à nos légers vins du pays, une manipulation qui donne à Cette de si beaux résultats? Plusieurs prétendent que, malgré les lois, les vins allemands sont souvent falsifiés. Ne serait-il pas mieux d'en finir avec cette fabrication nuisible à la santé, et d'adopter pour le coupage les vins de Sicile? Qui sait si nous ne réussirions pas à produire un vin noir naturel, qui plairait mieux à notre goût d'hommes du nord, que tous ces prétendus vins de Bordeaux, qui viennent sur nos tables, non pas de Bordeaux, mais de la Sicile, après de longs séjours dans des stations intermédiaires? Les gens du métier en décideront, mais je regardais comme un devoir de soulever cette question et de la remettre à l'ordre du jour, car il n'est pas possible qu'elle échappe à tous ceux qui ont parcouru, ne fût-ce qu'une fois, le paradis du vin sur les côtes orientale et occidentale de la Sicile. »

Le plus curieux, c'est que, récemment, le vœu de l'ancien consul de Messine a été repris par le chancelier de l'empire et publiquement exprimé par lui du haut de la tribune.

Je crois que Bordeaux ne sera pas ému. Hambourg pourra faire tout le mauvais vin qu'il voudra, le vendre comme grand cru, et répandre en Allemagne le culte du Bacchus mélancolique dont parle si bien M. Schneegans. Mais l'arome, ô chancelier, la mystérieuse et poétique vertu de la terre, du soleil et du vent, n'appartiennent pas aux conducteurs d'empire. Ouvrez votre *Légende des siècles*, et relisez *la Rose de l'infante.*

A mesure que j'étudiais ainsi Messine, longeant les quais du port ou suivant les rues au bras d'un ami, le souvenir de Gênes me revenait plus net, et la ressemblance entre ces deux grandes villes m'apparaissait plus frappante. Cela me donna l'idée de visiter le cimetière, dont les Messinois sont aussi fiers que les Génois du leur.

Il est au sud de la ville, assez loin, et sur les premières hauteurs qui dominent le détroit. On s'y rend à travers un faubourg bordé de fabriques et de maisons basses, animé de la double vie ouvrière et rurale. Quelques beaux vergers rompent la ligne des murs, descendant à gauche, montant à droite. On trouve enfin, de ce dernier côté, une porte monumentale.

— C'est là, me dit le cocher.

J'entre, et rien, d'abord, ne révèle un cimetière. Je suis au milieu d'un jardin anglais montant en pente douce, soigné, sablé, planté de beaux massifs d'arbres et d'arbustes méridionaux. Des vues sont ménagées sur la mer, des coins ombreux contre la chaleur. On sent que le *campo santo* est un lieu de promenade. Le souvenir de la mort n'apparaît pas tout de suite, et, quand il se montre, c'est sous la forme de monuments de marbre enveloppés de fleurs, de chapelles bien alignées au bord de deux avenues en zigzag, qui grimpent, imitant deux éclairs parallèles, jusqu'au sommet de la colline. Ces chapelles appartiennent souvent à plusieurs familles, à des confréries, groupées sous le vocable d'un saint, à des collèges de prêtres, d'avocats, d'employés. Elles sont vastes et de cette blancheur que la pierre conserve longtemps dans les pays de soleil. Les pentes, entre les deux allées, sont couvertes de buissons fleuris et de gazons. Chaque fois qu'on se retourne, l'horizon est plus vaste. Quand on arrive à la terrasse où les deux avenues aboutissent, on peut apercevoir presque tout le détroit et toute la pointe de Calabre. Mais je songe moins à contempler ce paysage, déjà familier, qu'à l'étonnante disposition de ce cimetière, et au sentiment très particulier de la mort qui s'en dégage. Pendant plus de cent mètres peut-être, je longe le mur qui soutient la terrasse. Il est en pierre magnifique, et percé de trois étages de tombes fermées par des portes pleines de même dimension. Une vraie paroi des catacombes exposée au jour. Parvenu à l'extrémité, je gravis les marches d'un escalier, et j'entre dans une sorte de temple grec précédé de la colonade traditionnelle. Là sont les morts illustres de Messine. L'intérieur ressemble à un musée. Des gardiens s'y promènent entre des rangées de bustes, et les morts reposent dans l'épaisseur des murs, dans des niches symétriques recouvertes d'un revêtement de marbre blanc. Moins de sculptures qu'à Gênes. Les groupes dramatiques sont plus rares. Mais ils viendront. La ville construit pour eux cette galerie, qui reliera le temple à un second tout semblable, à l'autre extrémité de la terrasse. Alors, le *campo santo* sera achevé.

Et Messine pourra parler avec plus d'orgueil encore de ce jardin funèbre qui lui a coûté des millions.

Tant de massifs et d'architecture heurtent quelque chose en nous. Des âmes méridionales peuvent s'épanouir ici, et se répandre en souvenirs et en larmes. La mienne y souffre. Le respect attendri de la mort, l'humble retour sur nous-mêmes sont gênés par le décor théâtral. Et puis, la grande leçon d'égalité, l'idée vengeresse et consolante qui sort du rapprochement de toutes les tombes, riches et pauvres, manque au cimetière de Messine. Où sont les humbles, ici ? Où les petits carrés de buis, les inscriptions naïves du peuple, les médaillons à pensées, les douleurs qui s'expriment si bien sans marbre, sans sculptures ni saules pleureurs ? Je demande à un gardien. Il m'indique, à droite de la colline, en bas, presque caché aux promeneurs par un rempart de verdure, un champ couvert de croix noires toutes semblables, d'un pied de haut, qui ne portent pas même un nom, pas même une date, mais un numéro d'ordre inscrit sur une plaque de zinc...

Oh ! les humbles cimetières de Bretagne, comme je les comprenais mieux, en sortant de celui-là !

XV

Fête en Calabre.

Sur le quai de Messine, depuis l'aurore, on ne s'entend plus. Les bateaux à vapeur de deux Compagnies rivales luttent de tapage, afin de séduire la foule qui descend par grappes, prête à partir. Le premier ne cesse de siffler et de sonner de la cloche. Le second possède un orchestre primitif, trombone, piston, clarinette et grosse caisse. Et ces quatre instruments, rudoyés par des musiciens infatigables, n'ont qu'un seul air qui toujours recommence, strident comme la sirène du voisin et enrhumé comme elle. Les deux bateaux s'éloignent enfin, noirs de passagers. Il en revient deux autres, avec les mêmes moyens de persuasion. Et, jusque dans les hauts quartiers de Messine, les bourgeois et bourgeoises, les employés, les petites ouvrières qui ont économisé trente sous le mois précédent, sont avertis qu'il y a aujourd'hui grande *gità di piacere* à Reggio de Calabre, en l'honneur de Notre-Dame-de-Consolation.

En aucun cas, je n'aurais résisté au désir de passer le détroit, mais j'avais une raison de le faire imprévue l'avant-veille : une invitation à dîner chez un négociant en agrumes. Comment cette invitation m'était-elle arrivée? peu importe. Je devais m'y rendre, et je m'embarquai, vers deux heures, sur le navire à orchestre.

Il y avait beaucoup de monde sur le pont. Mais on ne détacha les amarres que lorsqu'il ne fut plus possible de trouver à s'asseoir. Société très joyeuse, presque entièrement composée de gens de classe moyenne et d'une simplicité de mœurs tout à fait amusante. Je crois avoir déjà noté que les Italiens n'ont pas honte de certaines menues misères que nous mettons une excessive vanité à cacher. Ainsi, chez nous, un mari qui aurait oublié son mouchoir manœuvrerait savamment pour emprunter celui de sa femme, sans être vu. Là, pas du tout. Dans un groupe, un monsieur aux moustaches roulées, d'un noir de jais, fit signe à une jeune femme élégamment vêtue, placée en face de lui. Celle-ci tendit, devant tous les assistants dont aucun ne parut surpris, un carré de batiste, fleuri d'au moins trois bons petits trous, que l'autre lui rendit de même, ostensiblement. Ce n'est rien, mais cela dénote un amour-propre autrement placé que le nôtre.

Reggio paraît assez proche, quand on le regarde de Messine. Mais il faut près d'une heure pour l'atteindre. Nous jetons l'ancre devant la ville calabraise, arrondie sur une colline en pente, et terminée, ce jour-là, par les échafaudages de deux feux d'artifice, un à droite, l'autre à gauche. Une barque m'emmène à terre, et la première chose que j'aperçois, c'est un groupe de paysans qui dansent.

Le spectacle m'arrête net. Les types, les costumes, la danse, tout est nouveau. J'ai vu danser la tarentelle à Capri, mais pour vingt sous, par des filles d'auberge et des pêcheurs de comédie, tandis que j'ai devant moi des montagnards authentiques. Les deux hommes, jeunes tous deux, et de haute taille, portent le bonnet retombant sur l'épaule, en laine bleue, des vestes de velours à boutons, le col blanc, le gilet à fleurs, la culotte de velours ouverte aux genoux et laissant passer une autre culotte de linge un peu plus longue, les bas de laine où viennent se lacer les sandales. Le costume des femmes est superbe aussi. Elles ont le grand voile blanc presque disparu à Naples, le corselet de couleur éclatante lacé par devant, des jupes à rayures, et la noblesse du geste qui agrandit la scène. Il faut les voir, sérieuses, les yeux baissés, arrondir les bras au-dessus de leur tête, imiter le jeu des castagnettes et se dérober, avec des mouvements d'une lenteur souple et calculée, à la poursuite du danseur. A côté d'eux, au premier rang du cercle qui les enveloppe, une sorte de berger sauvage, barbu jusqu'aux paupières, assis sur une borne, souffle dans un biniou à quatre flûtes, et un tout jeune homme, debout, maigre et droit, agite en mesure un tambour de basque. Les spectateurs s'intéressent évidemment à la correction des pas et des attitudes. Aucun ne rit, et très peu causent. Ils regardent en connaisseurs. Et cette tarentelle, qui se développe avec un art savant, me fait songer aux danses anciennes, où il y avait un rite.

Je l'observe longtemps. Et, voyez le préjugé de nos civilisations trop avancées! J'attends que ces personnages magnifiques, habillés pour la circonstance, prennent enfin la sébile, et quêtent « au bénéfice des artistes ». Rien de pareil. Une des femmes se trouve fatiguée. Elle fait un signe. Aussitôt une autre, presque vieille, sort de la foule, et continue le rôle. Je remonte la digue où nous avons atterri, je longe les quais ensoleillés au bord de la mer, et je découvre que c'est tout un peuple qui danse, des centaines de Calabrais et de Calabraises descendus des montagnes. Partout la veste de velours ou de laine, la double culotte, les souliers de peau blanche à lanières et des corselets rouges, bleus, roses, vert tendre, des jupes rayées de barres voyantes, qui tournent, se mêlent, s'écartent et reviennent. Partout l'indispensable tambour de basque accompagnant tantôt le biniou, tantôt une guitare et une flûte aigre. Je traverse les rues, même spectacle. J'arrive sur la place de la Cathédrale. Elle est éclatante de costumes comme une image d'Épinal ou mieux comme une scène de l'école vénitienne. Car ce tourbillon de couleurs n'offense pas les yeux, et les types sont remarquables, énergiques chez les hommes, un peu empâtés mais souvent très doux chez les femmes, qui sont grandes et bien faites. On a peine à passer parmi les groupes. Parfois, une jeune fille se détache, et va s'agenouiller dans l'église grande ouverte, devant le tableau de la Vierge qu'encadrent des cierges à profusion; puis elle réapparaît, debout sur la première marche blanche, blanche elle-même dans les plis de son voile, le sein encore haletant de la danse qu'elle va reprendre et l'œil fixé sur le quadrille où elle manque. Des marchands tout autour vendent des pièces montées de figues enfilées, des merveilles de pâtisserie représentant tous les animaux de la création; d'autres, des melons; d'autres, des petits pois secs torréfiés, qui grillottent en plein air, dégageant une odeur fade. Sur le trottoir de la rue voisine, deux théâtres populaires ont élevé leurs affiches parlantes, deux toiles peintes gigantesques, l'une figurant les rois mages, et la seconde le désastre des Italiens à Dogali.

Vous savez si le temps passe, quand les yeux s'amusent. Nous devions dîner de bonne heure, à cause d'un départ de bateau. J'arrivai légèrement en retard chez le négociant en agrumes. C'était un appartement au premier, sans rien d'original ou de soigné. Mais les hôtes! Le maître de la maison, d'abord, très petit, très noir et très fin, portant lunettes montées sur fil d'or, derrière lesquelles des yeux fureteurs, luisants, gardaient, en toute occasion, le même sourire énigmatique. L'origine sicilienne était manifeste. En l'abordant, je cherchai s'il ne mettait pas la main à la corne de corail mêlée à ses breloques, ou dans sa poche pour saisir une clef de fer, moyens sûrs de conjurer la *jettatura*. Mais non. J'eus la joie d'apprendre ainsi que je n'avais pas le mauvais œil. Cela ne se devine point.

Le négociant vint à moi, et me présenta à sa femme, belle Italienne au profil légèrement busqué, à sa cousine blonde, jeune et fanée, et à son cousin, un grand Calabrais à l'air terrible, nerveux comme un maître d'armes, pour lequel il ajouta le qualificatif : *proprietario*. Propriétaire de quoi ? Là n'est pas la question : d'un bout de vigne, d'un bosquet, d'une maison, peu importe. Il est propriétaire, c'est-à-dire d'une caste supérieure, qui se donne du « cavaliere », et compte ses mots pour des faveurs. Il a bien voulu nous honorer de sa présence, mais tout son rôle s'est borné à dîner copieusement et à lancer de temps à autre sur sa femme un de ces regards en coup d'épée comme Othello devait en avoir, avant les premiers soupçons.

Dans la salle à manger, nous trouvâmes une vieille grand'mère, qui avait eu de beaux yeux profonds, et les avait encore souriants, et trois enfants, de huit, six et trois ans. Le cercle de famille fut bientôt complété par l'apparition d'une servante brune et camuse, qui apportait un potage où nageaient, en nombre extraordinaire, des boulettes de viande grosses comme une canette, et des tranches d'un légume indéfinissable, peut-être melon, peut-être courge. Et je vous assure que cet intérieur bourgeois, dans la ville la plus extrême de l'Italie méridionale, ne manquait pas d'intérêt.

Le négociant, hospitalier et d'une politesse prévenante qu'on rencontre chez presque tous les Siciliens, dirigeait la conversation. Il causait vite, de choses qu'il savait, que j'ignorais, et qui ne pouvaient compromettre ni lui, ni moi : de la culture des orangers et mandariniers, du commerce en Calabre, de la fête, des usages perdus ou conservés. Forcément, comme il arrive entre étrangers, la causerie, d'un sujet à l'autre, avait de cours arrêts. Il se croyait obligé de les remplir, et lançait, en attendant une idée nouvelle, un petit refrain susurré, qui ne répondait à rien et soutenait seulement l'attention : « *Sissignore*, *Sissignore*. » La cousine blonde l'approuvait d'une phrase sensée, gracieuse, dont on sentait que les ailes se fussent ouvertes sans la surveillance jalouse du spadassin. Mais la maîtresse du logis surtout faisait mon étonnement. Chez nous, cette brune puissante eût été active, elle aurait eu l'œil au service, aux enfants, à la pyramide de figues qui venait de s'écrouler. A Reggio, influence du climat sans doute, et de l'éducation, elle laissait aller. Elle avait, tant qu'elle ne parlait pas, quelque chose de languissant et de déçu que j'ai souvent observé chez les Italiennes. Voyez une actrice, par exemple, même une des meilleures, sur une scène de Naples ou de Palerme. Dans les moments où elle ne donne pas la réplique, elle ne prend aucune peine pour paraître s'intéresser à ce que débite son partenaire. Elle se repose, en regardant la salle ou sa robe dont elle retouche un pli. Puis, tout à coup, lorsque son tour est venu de rentrer en scène, elle se pose, elle s'anime, elle sourit, elle est charmante. Ainsi de la femme du marchand d'agrumes. Cette sorte d'indifférence et de nonchalance faisait place à des réveils soudains. La jeune femme, jolie, vive, spirituelle s'épanouissait. Le beau rire italien découvrait ses dents blanches Deux étoiles se levaient dans l'ombre de ses yeux, puis s'éteignaient. Quant aux enfants, ils avaient bien chacun leur chaise autour de la table, mais ils ne l'occupaient que rarement. L'un ou l'autre, parfois deux, parfois tous trois, couraient en rond, sans que personne, surtout la mère, eût l'air de s'en apercevoir. Quand ils faisaient un peu trop de bruit, la grand'maman les recueillait dans les plis de sa robe puce, leur donnait la becquée, prenait pour eux un gâteau dans l'assiette voisine, les lâchait de nouveau, et alors, s'ils tombaient, au tournant de la pièce, on avait la vision rapide que l'usage du pantalon n'est pas général chez les tout petits bourgeois du pays.

Au dessert, la servante apporta tous les fruits de la saison et les plus jolies imitations en sucre que j'aie jamais vues. Cela venait, je crois bien, de Sicile.

Et nos confiseurs ne sont que de grossiers ouvriers auprès des artistes de Palerme. C'étaient des raisins transparents, des figues de Barbarie à demi mûres, des caroubes, des pistaches, jusqu'à des œufs sur le plat, jusqu'à une bouteille microscopique de champagne dormant dans un bain de glace.

J'admirai beaucoup. Nous commencions à nous connaître, mon hôte et moi. L'heure des idées générales avait donc sonné. Je le compris tout de suite, quand nous passâmes de la salle à manger sur le balcon. De là nous découvrions les quais, le grand détroit et les côtes dentelées de Sicile, que commandait à gauche la masse harmonieuse de l'Etna. Quelque temps mon hôte resta silencieux. Puis, comme je disais : « Bien curieuse, votre Sicile, et bien différente de la terre italienne ! » il fit un signe d'assentiment, et répondit :

— C'est un royaume.

— Trop petit pour avoir un roi.

Alors ses yeux brillèrent, et, rapidement, la voix plus émue, il dit :

— Oui, monsieur, trop petit. Je n'attends pas de révolution, je n'en désire pas, mes opinions n'ont que faire ici. Mais il est bien vrai pourtant que cette race est à part et que son rêve séculaire a été l'indépendance. Rêve nébuleux, sans doute, que bien des gens ne formulent pas, mais qui demeure au fond des âmes, et les rend volontiers impatientes du joug. Nous avons subi toutes les dominations, ou plutôt, nous avons été convoités, comme une belle et riche proie, par toute sorte de maîtres, exploités par chacun d'eux, jusqu'au jour où un rival heureux le chassait et le remplaçait. Mais aimés ? Je vous le demande, qui nous a aimés, qui nous a compris, qui a vraiment eu un cœur sicilien, parmi nos maîtres ? Peut-être les rois normands, Roger et les autres, en qui paraît s'être incarnée la poésie de la Sicile. Le peuple a gardé chèrement leurs noms. Depuis, on nous a trop laissé voir que nous étions surtout une source de revenus. Les Bourbons, par exemple, nos derniers souverains, qui avaient à Naples de si chauds partisans, ont laissé en Sicile un bien moindre souvenir. Ils habitaient presque toujours loin de nous. Les faveurs, les fêtes, dont nous sommes avides comme des enfants, tout était réservé à l'une des capitales, et l'autre, jalouse, en souffrait.

— Et à présent ?

— A présent ?

— Oui, aujourd'hui que la Sicile n'est plus qu'une province du royaume d'Italie, son rêve, que devient-il ?

Mon hôte leva les yeux du côté de l'Etna, dont la fumée allait rejoindre de gros nuages noirs, rajusta ses lunettes pour se donner le temps de répondre, puis, se retourna brusquement vers moi, avec un sourire :

— La Sicile est toujours la Sicile, mon cher monsieur. Naples hier, l'Italie aujourd'hui. Elle va d'accord, oui, d'accord Je vous ai dit que son rêve était irréalisable.

Après cela, il changea la conversation, et me montra, feignant de s'y intéresser beaucoup, des ballons en baudruche, en forme d'animaux, qui s'élevaient dans l'air, aux acclamations de la Calabre.

La nuit n'était pas encore close quand je remontai à bord du petit navire. La traversée fut assez rude, car un vent violent soufflait. Le détroit se hérissait de lames sombres, dont le bruit couvrit tout de suite celui des tambours de basque et des binious. Et je ne sais ce qu'il est advenu des beaux feux d'artifice, sans lesquels il n'y a pas de fête complète, là-bas, où l'on danse la tarentelle.

XVI

De Messine à Naples. — Deux Napolitains. — Les poètes nouveaux. — Fête de quartier.

Nous devions prendre, pour aller à Naples, un navire venant d'Égypte et qui fait escale à Messine. Il est signalé. Il apparaît, superbe, très haut sur le détroit bleu. Ses mâts coulent le long des pentes de la Calabre. Quel bonheur d'embarquer sur un pareil marcheur! Mais il ne change pas sa route. Il dépasse Messine. Il est déjà loin. Nous interrogeons. Ce beau vaisseau a eu un cas de choléra à bord. La santé n'a pas permis qu'il s'arrêtât. Heureusement pour nous, un autre le suit à peu d'intervalle. C'est le même qui nous a portés de Malte à Syracuse. Celui-là entre au port, et s'amarre à une bouée, non loin du vieux château. A peine a-t-il stoppé, qu'une foule de barques viennent à lui, de tous les points du quai. Nous serons en nombreuse compagnie Hâtons-nous!

En effet, je n'ai pas pris possession de ma cabine et remonté l'escalier, que des chalands amènent deux cent cinquante hommes du 13e d'artillerie et leurs officiers, qui changent de garnison, et se rendent à Ancône. Le spectacle est joli. Sur la mer clapotante et taillée à facettes, plus de cent barques dansent autour du grand navire noir : les soldats en tenue de campagne, les officiers avec l'écharpe bleue, des marins du port, des jeunes femmes, des fonctionnaires, des amis qui sont venus dire adieu à l'escadron qui part. On s'embrasse d'un bord à l'autre, on se tend la main, on agite des mouchoirs. Il y a beaucoup de monde sur les quais, là-bas, le long des hautes maisons majestueuses, déjà entrées dans l'ombre, car le soleil décline vers les sommets des monts de Sicile.

Au moment où la cloche sonne et où les curieux s'éloignent, je me trouve appuyé au bordage à côté d'un jeune lieutenant. Il ne dit rien. Il regarde vaguement devant lui la belle ville, les collines qui la dominent, les crêtes, plus lointaines, frangées d'or. Mais je le vois frissonner au premier coup d'hélice. Un souvenir triste parle et pleure en lui discrètement. Et peut-être qu'au fond de mon cœur, moi qui ne suis pas né sur cette terre de Sicile, moi qui ne laissais derrière moi que des paysages aimés, des sympathies fragiles, des émotions mortes, j'ai senti de même une petite larme couler, de celles qui vont à je ne sais quoi, à tout un passé confus dont le regret n'a de nom ni de sens que pour nous.

Je dîne avec une vingtaine d'officiers. Ils causent de la garnison qu'ils abandonnent et d'Ancône. Les plus jeunes parlent de faire chanter une chanteuse d'opérette assise à l'extrémité de la table, maigre e modeste, souriant à peine aux compliments : une petite figure de fresque ancienne. Comment peut-elle paraître sur un théâtre et dire des couplets légers? J'ai vu des transformations si complètes et tant d'éclairs soudains dans ces physionomies italiennes, que les contrastes ne m'étonnent plus. Personne, d'ailleurs, n'a émis clairement la proposition que mes voisins ont chuchotée. Une vieille femme s'est trouvée malade, et très simplement, très gentiment, la chanteuse d'opérette est allée la soigner.

Quand nous remontons sur le pont, les soldats se sont établis pour la nuit, chacun à sa fantaisie. Ils occupent tout l'avant, plusieurs déjà couchés sur le plancher, sur des cages à poules, sur des piles de cordages, la plupart assemblés en petits groupes, évidemment de la même province, devisant et fumant. J'observe une vingtaine de Vénitiens qui chantent en parties, à voix contenues, un air du pays. « Celle que j'aime est la plus belle. » Tous ces soldats ont bonne mine. Ils ne jurent pas, et font à peu près trois fois moins de tapage que n'en ferait, à leur place, une compagnie de lignards français, et dix fois moins qu'une compagnie de zouaves. Les officiers leur parlent sans crier, assez paternellement.

Autour de nous, la mer s'élargit. Nous sortons du détroit, laissant à droite le fameux écueil de Scylla, un promontoire échancré, terminé par un champignon de roches que couronne un château. Dans l'échancrure, une petite ville blanche. Rien de formidable. Et le tourbillon de Charybde? Pas même aperçu : la mer a de larges ondes, à perte de vue tranquilles. Et le Stromboli? D'après les guides, il serait toujours en travail, et vomirait des pierres environ toutes les dix minutes. Si c'est vrai, je n'ai pas eu de chance. J'ai regardé pendant plus d'une heure ce bon travailleur. Il n'est pas sorti de son sommet une fumée de cigarette. En revanche, il s'enlevait bien, son cône violet mi-plongé dans la mer et dans le ciel. Derrière lui, les autres Lipari s'égrenaient indécises, comme des vapeurs mauves. Et tout le couchant était clair.

Le lendemain, au réveil, nous sommes dans la baie de Naples. Capri est dans la brume et Sorrente dans le brouillard. Par-dessus les côtes sans couleur et sans vie, dans l'azur net du matin, le Vésuve tord sa grosse fumée. Il fait froid. Les officiers, si gais la veille, se promènent à grands pas, drapés dans leur manteau. Personne ne cause. La mer est grise. Le bateau même a l'air grognon. Mais voilà qu'en avant, puis à droite, puis à gauche, le rideau se lève. Naples apparaît, toute jaune et rose. Nous sommes tout près. Les passagères montent en hâte des cabines. On s'appelle. On se montre le Château-Neuf, la Chiaja, le château Saint-Elme, et l'énorme cap du Pausilippe enchâssant ses villas dans sa verdure profonde. Le soleil court sur le pont. On met une voile pour le recevoir. Tout le monde est de belle humeur.

Et c'est heureux. Nous nous trouvons de suite à l'unisson de la ville. Elle est en fête, naturellement, même en grande fête. On célèbre la Saint-Janvier. Les murs sont ponctués d'affiches vertes : « *Viva San Gennaro!* » et les trottoirs couverts de débris de pétards éclatés la veille. Ce soir, les boîtes d'artifice recommenceront à sonner, car des gamins, les uns tout nus, les autres en chemise, les mieux vêtus culottés, me tendent la main à chaque instant : « *Signuri, u soldo!* » tandis que je m'en vais, après un court arrêt à l'hôtel, et par les petites rues, vers la cathédrale. Beaucoup de monde autour du Dôme. Sur les marches, on vend des statuettes de saint Janvier pour un sou. Il y a là moins de mendiants que je n'aurais cru. Moins de foule aussi, a l'intérieur de l'église, où les vingt premiers mètres sont libres et servent de promenoir. On entre, on sort, on cause à demi-voix. Presque personne ne prête attention à l'office solennel que chante, dans le chœur, le chapitre en violet. Les femmes montées sur des chaises, les hommes du port, à tête de forban, les filles du peuple aux tailles souples, vêtues de longs châles, et qui passent, se donnant le bras et jouant de l'éventail, regardent tous vers la chapelle de droite, si riche, si vivement éclairée par la lumière des cierges, et comble de fidèles et de curieux. C'est là que se trouve exposée l'ampoule de cristal où, chaque année, le sang de saint Janvier se liquéfie; c'est là qu'au premier rang se tiennent les femmes du môle, arrière-cousines du martyr, prétendent-elles, et dont j'entends les voix aiguës dans les grandes ondes de chants qui nous viennent. Approcher? Je n'y songe pas même. D'abord, l'idée du miracle m'a toujours paru raisonnable, et il me serait à peu près indifférent d'en voir un ou de n'en pas voir. Et puis, l'eussé-je voulu, que je n'aurais pu faire dix pas dans cette presse désordonnée. Je m'avance simplement vers un groupe de contadines qui ont gardé un reste du costume classique et des croix d'or sur la poitrine.

— Eh bien?

Elles ont un geste dramatique, et, tendant le poing vers la chapelle :

— *Non è fatto!*

Il est dix heures, et le miracle n'est point fait. Saint Janvier est en retard d'une heure. Et je suis sûr qu'on l'injurie, qu'on l'appelle « impertinent », et « face verte », là-bas, dans l'assistance houleuse qui entoure l'autel. Près de moi, je remarque une certaine inquiétude dans les physionomies. Chez ce peuple superstitieux, tout est présage. Un retard dans l'accomplissement du miracle annonce quelque malheur. Ne l'a-t-on pas observé, lors de la dernière épidémie de choléra, et en bien d'autres circonstances notées dans la mémoire des *popolani?* Pour peu que saint Janvier tarde encore, ne le verrait-on pas arriver ce jour dont le pressentiment a toujours troublé le cœur des Napolitains, ce jour de misère où la ville sera détruite par le Vésuve, où les gens de Capri, venus sur leurs barques et naviguant au-dessus des rues abîmées dans les flots, diront, en soulevant leurs bonnets : « *Qui fù Napoli!* »

Mais non. Un grand murmure s'élève. Plusieurs de mes voisins s'écrient : « *E fatto! E fatto!* » Des femmes envoient un baiser de reconnaissance vers la statue de saint Janvier. Le *Te Deum*, chanté par des milliers de voix, roule sous les voûtes. Et je sors au moment où le premier coup de canon lui répond au dehors.

La fête est commencée. Et Naples est encore pl. vivante que de coutume. Il semble que tout le monde soit dehors, que tout le monde ait voulu prendre sa part de soleil, comme à Paris le dimanche. Mais quelle différence! Ici la foule a plus de gestes et moins de fièvre. Elle n'a pas quitté ses vêtements de travail et de ménage, et je crois qu'elle serait bien en peine de le faire. C'est Naples pauvre, familière, heureuse de respirer, allant par groupes. Et les rues sont pleines de ce double mouvement qui leur donne une physionomie bien à elles : l'allure nerveuse des hommes, et la marche lente, onduleuse, des femmes qui vont, balançant leurs longs châles et leurs chignons pointus.

J'ai deux visites promises, chez deux hommes très différents de conditions, le premier appartenant à la noblesse napolitaine, riche, partisan des Bourbons de Naples, le second, journaliste tout jeune. Je m'amuse à deviner les nuances probables de leurs jugements et la couleur de nos entretiens. Mais je dois, d'abord, toucher une lettre de crédit, et je sais qu'il faut la faire viser au bureau du timbre. Où est-il ce bureau du timbre? J'aborde un monsieur, qui doit être renseigné.

— Ma foi, me dit-il, le timbre, j'ignore tout à fait, mais voici un de mes amis...

Et, s'adressant à un passant de belle mine, largement pourvu de breloques :

— Prince! Eh! prince! venez ici, je vous prie!

Le prince arrive en souriant.

— Pourriez-vous indiquer à cet étranger le bureau du timbre?

— Assurément.

Et l'obligeant Napolitain revient sur ses pas, traverse dix rues avec moi, entre dans un palais administratif, monte un étage, frappe lui-même au guichet, et me quitte avant d'avoir su la somme qu'on doit me verser.

N'est-ce pas un aimable pays que celui où les princes en usent de la sorte?

Je suivais la mer, le long du beau jardin de la Chiaja, lorsque je rencontrai la première personne que je venais visiter. Nous nous connaissions déjà. M. de G... parle à ravir le français. Il est de ces étrangers qui ont vu toute l'Europe, et ne sont d'un pays que par le fond de leur âme. Au bout de cinq minutes, comme nous continuions notre promenade :

— Est-il vrai, lui demandai-je, que Polichinelle soit mort?

— Mort! Pulcinella?

— Ou bien malade. On me l'a dit. Et ce serait un événement, un signe grave de transformation dans les mœurs napolitaines. Les pantins qui sont nés chez nous ne sont pas des êtres indifférents...

— D'accord, mais...

— N'allez pas dire que c'est impossible. J'ai suivi de près la décadence de Polichinelle aux Champs-Élysées. Elle est complète. De personnage principal, il est devenu simple comparse. Le rire qu'il provoquait, d'un bout à l'autre de la pièce, est bien court à présent. Peut-être à Naples, dans sa patrie, une lassitude, si vous voulez une ingratitude pareille...

— Et le nom du vainqueur, à Naples, s'il vous plait?

— Je ne me souviens plus : un nom de ce dialecte populaire que je ne comprends pas bien.

— *Sciosciammocca*, peut-être?

— Précisément. Cela veut dire?

M. de G... se mit à rire.

— Mot à mot : « Souffle dans la bouche ». C'est le monsieur qui zézaye, un Polichinelle bourgeois créé par un acteur-auteur, M. Scarpetta, et dont on a fait grand bruit, en effet. Mais cela durera-t-il? Allez voir ce Sciosciammocca, au Théâtre Sannazaro, et vous me direz votre avis! Et lors même que la vogue lui resterait un peu de temps fidèle, le menu peuple de Naples, qui ne va pas au Sannazaro, gardera son admiration, ses éclats de rire, ses battements de mains pour le vieux Pulcinella. Le peuple de Naples n'a pas changé, même à cet égard.

— Alors, monsieur, la fameuse *Camorra?*

— Toujours assez bien portante, je vous remercie. Mais que pourrais-je vous dire de nouveau là-dessus, à vous qui revenez de Sicile?

Il s'arrêta un peu, voyant que je souriais, et reprit :

— Toutes ces basses pratiques, monsieur, dont on a fait trop de bruit, son intimement liées à la misère. Elles disparaîtraient si la misère disparaissait.

— Je la croyais diminuée.

— Non. Ce n'est pas en taillant des rues nouvelles dans l'épaisseur des vieux quartiers qu'on donnera du pain à tant de gens qui n'en ont pas. On leur donne de la lumière, et je reconnais que c'est déjà quelque chose. Mais on meurt de faim ici, monsieur, dans cette ville de six cent mille âmes, autant qu'à Londres. Lisez le livre de Mathilde Serao, *Il ventre di Napoli,* vous aurez une idée de ce qu'est la vie des pauvres gens, c'est-à-dire du plus grand nombre à Naples.

— Était-elle meilleure autrefois?

— Oui et non. Je ne regrette pas, vous le savez, tout ce qui a été emporté avec l'ancienne monarchie. Il y avait de la poussière, dans la vieille maison. Mais c'est le propre de toute révolution d'ébranler des catégories entières de gens qui se tenaient juste en équilibre. Or, tous les équilibres perdus n'ont pas été retrouvés. Il s'en faut. La noblesse pauvre, par exemple, se faisait attribuer des charges secondaires à la cour, ou bien entrait dans l'administration des œuvres pies. Deux ressources dont l'une est perdue et l'autre presque fermée, pour beaucoup de familles, par les lois qui tendent à transformer les œuvres pies en simples rouages administratifs et leurs gérants en fonctionnaires.

— Mais les bourgeois ?

— Les bourgeois avaient des privilèges que la situation actuelle du commerce n'aurait pas permis de conserver, mais qui enrichissaient Naples. La capitale prélevait un droit de courtage sur tout le commerce du royaume. Un navire de Bari qui chargeait pour Marseille payait à Naples son tribut. C'était là un abus, tant que vous voudrez. Mais ce n'est pas déjà si facile de remplacer un abus. Avez-vous réfléchi à ce problème : faire vivre une ville immense, qui n'a pas d'industrie très développée et qui n'a plus les droits dont je parlais tout à l'heure ?

— Je ne vois qu'un moyen.

— Évidemment : créer des industries. On l'essaye. Mais cela demandera du temps, et la crise n'est pas finie. Quant au peuple, il avait bien des impôts en moins, et payait le pain dix-huit centimes au lieu de quarante.

— Croyez-vous qu'il regrette le passé ?

— Je serai franc, et je vous répondrai : en général, non. Les jeunes sont trop jeunes, et peut-être trop mobiles. Mais les vieux, qui ont vécu sous les anciens règnes, ont une manière bien originale d'exprimer leur sentiment. Ils disent : « Tout était mieux, quand tout était pire. » Et, de fait, ce gouvernement des Bourbons de Naples, souvent trop autoritaire, avait un côté paternel et une sorte de bonté rude qui ont laissé de profonds souvenirs. Je n'ai nulle intention de faire de la politique. Vous connaissez mes idées, et cela suffit. Mais je veux vous citer deux petits traits qui vous aideront à comprendre l'âme des vieux Napolitains. De tous temps, les costumes des gardes du corps ont été coûteux. A Naples, ils étaient particulièrement riches : broderies, casque d'argent, éperons d'argent. Tout cela s'en allait périodiquement chez les usuriers. Et le mois de septembre arrivait, échéance pénible, car le roi passait en revue sa garde pour la fête de Piedigrotta. La veille donc de la fête, Ferdinand II se promenait dans les rangs. Il avait le ton bourru. « Eh bien, mes enfants, disait-il de sa grosse voix, combien manque-t-il de casques ? » Quelqu'un répondait timidement : « Le mien, Sire ! » Puis, c'était un concert : « le mien ! le mien ! le mien ! » Le roi s'approchait du premier qui avait parlé : « Combien te faut-il pour payer tes dettes ? — Au moins cinquante ducats, Sire. — Et à toi ? — Cent ducats. » Le roi grondait, pour le principe, mais le lendemain tous les casques étaient retrouvés. En ce temps-là aussi, les employés n'étaient pas largement rémunérés. On en trouvait, dans les bureaux, qui touchaient vingt-cinq francs par mois, et dépensaient le triple. Seulement, le roi faisait une tournée, de loin en loin, et s'arrêtait devant les visages tristes : « Qu'est-ce que tu as, toi ? — Sire, ma femme est malade. — Qu'a-t-elle ? — Un enfant. — Toujours la même réponse, un enfant ! Et tu n'as pas de quoi payer le médecin ? — Non, Sire. — Je t'enverrai le mien. Et puis, tu n'as pas le sou ? — Non, Sire. — Tiens, mon garçon, porte ceci à ta femme, et reprends ta belle humeur. »

Nous nous trouvions, M. de G... et moi, à l'extrémité de la via Caracciolo. Comme j'allais prendre congé de lui :

— Ce que je vous conte là, me dit-il, c'est du

passé. D'autres vous parleront de l'avenir, autrement sans doute que je ne le ferais, mais il y a un symptôme curieux que je ne veux laisser à personne le plaisir de vous apprendre.

— Lequel ?

— Le réveil du dialecte napolitain. Il en existe plusieurs signes. Et voici l'un d'eux, que je puis constater chaque jour. Vers 1860, on avait quelque honte, dans les salons de Naples, à se servir du langage populaire. Aujourd'hui, c'est tout le contraire, et, quand on ne parle pas le français, on parle le napolitain. Tout ce qui paraît en napolitain est encensé, applaudi, porté aux nues. Quand on a découvert, voilà quelques années, un vieux poème en patois, à la gloire du Pausilippe, c'a été tout un événement. Nous nous reverrons. Adieu, monsieur.

Quelques heures plus tard, je continuais cette conversation avec un jeune Napolitain bien différent de physionomie et d'humeur : petit, les yeux brillants, l'esprit vif et passionné, avec un fonds déjà considérable d'érudition. Celui-là me rappelait et résumait en lui la jeunesse élevée dans les universités royales et dont j'avais rencontré plus d'un exemple : ces jeunes gens, instruits et sérieux, parlant bien l'allemand et bien le français, fiers de l'unité italienne et croyant à ses destinées, croyants aussi de la science d'outre-Rhin, trop francs pour le cacher, trop courtois pour ne pas atténuer, dans la conversation, l'expression de leurs préférences.

Il me décrivit les travaux d'assainissement entrepris, les efforts tentés pour développer les anciennes industries et en établir de nouvelles, les résultats obtenus, résultats très appréciables déjà, puisque le nombre des ouvriers employés, dans la province de Naples, s'est élevé d'au moins six mille depuis dix ans; il parla longuement économistes et économie politique, — une science toute italienne, comme il disait avec une pointe d'orgueil, — de l'enseignement et des universités, de diverses questions voisines, et, comme nous tombions d'accord qu'un mouvement d'études intéressant se produit aujourd'hui en Italie, je jugeai le moment favorable pour demander :

— Et le dialecte ?

— Le nôtre ?

— Oui, on m'a dit qu'il avait cours dans les salons du grand monde ?

Je croyais le voir sourire. Mais non. Il resta sérieux, et répondit :

— Je ne suis pas garant de la durée de ce réveil littéraire. Mais c'est mieux qu'une mode. On ne parle pas seulement le napolitain dans les salons. On l'écrit, et fort bien.

— Des chansons ?

— Pardon, des essais en tous genres. Nous avons des poètes populaires très goûtés, des lettrés qui mettent leur gloire à être compris du petit peuple et à remettre en honneur la langue expressive dont il use. Achetez, par exemple, *Sunettiata*, — *Sonnets*, — de Ferdinando Russo, l'auteur d'une des dernières chansons de Piedigrotta, *la Stiratrice*, — *la Repasseuse*. Demandez les œuvres de Salvatore di Giacomo, particulièrement *'O Munasterio*, qui eut à Naples tant de succès. Vous vous convaincrez qu'il s'agit ici d'hommes de vrai mérite. D'ailleurs, ce mouvement n'est pas limité à notre seule Naples. A Rome aussi, on trouverait des poètes de dialecte, qu'entendent les paysans et les bouviers de la campagne.

Il s'arrêta un instant, eut un éclair de plaisir dans le regard, et reprit :

— Nous aurions chance, à cette heure-ci, de rencontrer au café quelqu'un de nos ciseleurs de sonnets. Voulez-vous venir ?

L'ombre avait commencé à descendre sur Naples. Par les rues où la foule coulait, toujours agitée de remous et confuse, je descendis, avec mon guide, la rue de Tolède. Nous n'avions pas cessé, en marchant, de causer poésie et littérature méridionales. Je disais :

— Vous avez à Naples, monsieur, à côté d'auteurs de livres que je ne connais pas, des journalistes que je lis souvent. Ils ont bien de l'esprit. Un esprit d'une autre sorte que le nôtre, plus fuyant, plus voilé, d'une ironie plus douce et plus mêlée à toute la phrase. Ils ont aussi une note sentimentale qui se fait rare en France, qui me rappelle le temps de la *Ballade à la lune*. Avec ces dons majeurs, et servis par une langue infiniment souple, riche et musicale, ils font des chroniques amusantes. Ils excellent dans les variations sur un thème léger. D'une ligne, ils tirent trois colonnes. Et cela se lit bien. Les paye-t-on de même ?

— Affreusement mal. L'esprit, à Naples, n'enrichit guère. Aussi n'existe-t-il qu'un très petit nombre de journalistes de profession. La plupart de ces articles qui vous amusent sont écrits par des jeunes gens, employés, professeurs, propriétaires peu rentés, qui jettent, de temps à autre, un article dans la boîte du journal. Ceux qui écrivent le plus et le mieux ne se font pas deux cents francs par mois. Le directeur du plus grand journal de Naples, — vous entendez, le directeur, — ne reçoit quarante louis que depuis très peu d'années. Et la phalange littéraire n'est pas encore remise de l'émotion, presque du scandale que cette nouvelle a causé ! Cela ne s'était jamais vu !

Pendant qu'il continuait à me parler de cette jeunesse, légère d'argent, éprise de prose, de vers et de musique, concourant pour le prix des chansons à la fête de Piedigrotta, reprenant pour son compte la langue abandonnée des vieux maîtres napolitains, la pensée me revenait de notre période romantique, et je voyais en imagination de hardis effets de chapeaux mous sur des têtes un peu pâles.

Je ne me trompais pas tout à fait.

Nous entrâmes au café. C'était l'heure accoutumée. Ils étaient là. A peine assis, mon compagnon me désigna du doigt un groupe d'habitués discutant avec animation, au côté gauche de la salle. Il me les nommait, architectes, peintres, sculpteurs, musiciens, poètes, simples amateurs mêlés à toutes les luttes d'école. Presque tous ces jeunes hommes avaient un air d'esprit, de la vie, le geste des convictions ardentes, et des jaquettes claires. On les eût pris pour un groupe de Parisiens, pour des symbolistes bien portants, si plusieurs n'avaient eu le chapeau que j'attendais, le tyrolien à larges bords, faisant ombre jusqu'aux moustaches, et aussi des yeux par trop noirs, et des poses abandonnées pendant les moments de silence.

— Ferdinando Russo n'est pas ici, me dit mon guide en se penchant.

Il n'avait pas achevé, que l'auteur de *la Stiratrice*

entra : vingt-cinq ans, peut-être, très long, très maigre, les yeux fortement cernés, le regard un peu « fatal », tel que nos mères nous ont représenté le beau ténébreux. Sur un signe, il s'avança de notre côté, distribuant quelques poignées de main avec le sérieux un peu désolé que donnent les prompts succès. Je le félicitai de sa renommée précoce. Il voulut bien sourire, dit quelques mots, avala une granita au café, rapidement, comme un devoir, et sortit à la recherche d'un sonnet.

Depuis, j'ai lu plusieurs de ses œuvres, et j'ai reconnu que ce poète était un vrai poète et un ciseleur délicat.

Je sortis à mon tour, presque aussitôt, et je m'en allai seul à travers les rues, songeant à ces réveils de poésie populaire qui se produisent çà et là, dans les nations vieilles, mouvements bien courts, en général, provoqués par un groupe d'artistes et finissant avec eux. Le peuple n'y est pour rien. Son heure d'inspiration est passée, ou plutôt son inspiration a choisi d'autres voies. Car tout peuple est un grand poète, qui s'exprime, au cours des siècles, sur des instruments différents.

Sans le savoir, suivant d'instinct la foule qui devenait de plus en plus pressée, j'arrivai dans un quartier dont c'était la fête, ce soir-là, puisqu'il y a toujours une fête quelque part, à Naples. Sur les murs, des affiches : *Onore alla santissima vergine addolorata!* En l'honneur de Notre Dame des Sept Douleurs, voici une première ruelle décorée, illuminée. D'une maison à l'autre, des draperies sont jetées, rouges ou bleues, rehaussées de franges d'or, alternant avec des cordons de lampes et de lustres suspendus. Les draperies se balancent au vent; les lampes envoient des traînées de lumière jusqu'aux dernières petites fenêtres, au quatrième étage, où des têtes se penchent parmi des chiffons qui sèchent; un flot de curieux passe au-dessous. Le bruit grandit. Bientôt on ne s'entend plus marcher. Je suis porté vers une place carrée, où aboutissent cinq ou six *vicoli* éclairés *a giorno*. La place elle même est éblouissante. A quelques mètres au-dessus de la foule, débouchant de toutes parts et s'étouffant dans l'étroit espace, des milliers de verres de couleur forment des arcs qui se croisent, s'écartent, se retrouvent, se mêlent de cent jolies façons. Le dessin, les oppositions ou les accords de nuances révèlent une entente extraordinaire de la décoration. Et au fond de la place! C'est là qu'est le chef-d'œuvre : des marches, un autel, une sorte de baldaquin au-dessus, montant à la hauteur des balcons, des rideaux retombant de chaque côté, le tout orné de losanges gris et bleus qu'encadre un filet d'argent. Ce monument d'un seul jour, qui l'a élevé?

Des gens du peuple. Ils ont quêté dans les ruelles pauvres; ils ont fait des prodiges d'adresse et de générosité pour que leur fête fît pâlir celle du quartier voisin, et dans cette architecture légère, dans la disposition compliquée des lampes, des lanternes, des bougies, des verres de couleur, ils ont mis tout leur cœur, tout leur esprit d'artistes illettrés.

Ils ont bien réussi. Et leur poème de lumière chantait délicieusement dans la nuit.

XVII

Naples sur les toits.

L'hôtel étant plein de monde, on m'a donné une chambre au cinquième. C'est une faveur que je n'apprécie pas tout d'abord. Mais comme je suis vite revenu de mon ingratitude ! Comme je me suis félicité, à la réflexion, de cet arrêt du maître d'hôtel désignant du doigt ma valise, et commandant à l'ascenseur : « *Numero novanta sei !* » Bienheureux 96 Sans lui, je n'aurais connu ni Pappalardo, ni le ménage de la véranda, ni la dame à l'éventail blanc.

Il faut vous dire que tous ces personnages habitent la terrasse de l'immense maison, une vraie cité ouvrière, située en face, et dont je vois, de ma fenêtre, les murs s'enfoncer à pic et plonger dans le gouffre de la rue. Entre nous, il y a cet abîme d'où montent la rumeur des passants et le cri des vendeurs ambulants. Cela fait mal de se pencher pour apercevoir, au fond de ce couloir tournant et privé de soleil, des voitures grosses comme des melons et des melons gros comme des petits pois. J'aime mieux regarder la terrasse. Elle est plate, bitumée, divisée en trois parties par des digues de ciment d'un demi-pied de haut. Dans la partie médiane, au fond on a construit une maisonnette, avec porte et fenêtre, enveloppée d'un treillage vert qui se coude en haut, formant marquise, et toute couverte de volubilis. A droite, l'espace est bien plus grand, à cause d'un retour en arrière que fait la terrasse. Une seconde cabane y est bâtie, en retrait de la première. Enfin, le carré de gauche est absolument nu, et sert de promenoir, de jardin, de séchoir, à M. Pappalardo, locataire d'un étage inférieur, qui accède à ce domaine par une trappe toujours béante.

Voilà deux jours que j'étudie Pappalardo, dont le nom a été crié devant moi par le fils du voisin. C'est un bonhomme gras et alerte. Ses joues rasées, son ventre rond, dansent devant lui quand il fait un pas. Il a l'œil noir et enfoncé, la bouche large et mobile, le nez de Polichinelle et, quand il rit, un air de béatitude. Qu'a-t-il été ? Que se passe-t-il sous la petite calotte noire qui couvre ses derniers cheveux ? Je le suppose retraité d'un des innombrables métiers de la rue napolitaine, philosophe et grand-père. Quand il apparaît, tant qu'il demeure, quand il s'en va, il ne fait aucun bruit. Ses gestes sont moelleux, et je crois qu'il aime les enfants.

Ce matin, huit heures et demie. — Pappalardo ne s'est pas encore montré. Il se lève tard. En revanche, on s'agite fort dans la maisonnette aux volubilis. Une tête frisée, — quatre ans peut être, — puis une seconde, un peu plus grosse, puis celle d'une jeune fille à la peau brune, aux cheveux dénoués et bouffants, ont apparu derrière la vitre de la fenêtre. Bientôt la porte s'ouvre, quatre ans sort en chemisette blanche, sans pantalon. Huit ans le suit, portant culotte mais sans chemise. Et comme le soleil est chaud, l'asphalte tiède, la terrasse libre, tous deux s'élancent avec des cris, levant les bras en l'air et sautant par-dessus les limites en ciment, sans le moindre respect pour la propriété des voisins.

Leur tapage attire Pappalardo. Le voici qui vient. Voici la calotte noire, les épaules rondes, le gilet à manches, qui émergent du trou de la trappe, avec un balancement. Il aperçoit les bandits. Eux se sauvent à la maison. Ont-ils peur ? Oh ! la peur semble aussi peu familière à leur mines futées que la sévérité au visage de Pappalardo. En effet, une minute après, ils accourent de nouveau, avec un cerf-volant dont la ficelle est embrouillée. Le bonhomme comprend, sourit, les embrasse en les soulevant l'un après l'autre, tranquillement, jusqu'à ses grosses lèvres, et, tandis qu'ils le considèrent, l'œil sur ses yeux, les mains sur la couture de la chemisette ou de la culotte, lui, pour faire plaisir à ses amis, se met à dénouer la corde. Quand le travail est achevé, bondissant de joie, les petits lancent le cerf-volant. La lune rouge monte au-dessus de la terrasse, monte au dessus des combles de l'hôtel, monte dans le vent léger qui souffle de la mer.

Et voilà, comme si c'était un signal, que, des toits étagés sur la pente, d'autres lunes rouges avec des queues ondoyantes, des oiseaux écarlates qui sont des cerfs-volants japonais, s'enlèvent et planent de tous côtés. La rue ne se doute pas qu'on s'amuse tant, là-haut ! Toutes les ficelles sont tendues, et cent gamins, pauvres entre les pauvres, rient à la belle brise.

Alors Pappalardo, ayant accompli cette bonne œuvre d'aïeul, s'est détourné pour inspecter l'horizon. Il a posé les deux mains sur le mur extérieur, à hauteur d'appui, il s'est courbé, n'offrant plus, à l'extrémité de son domaine, qu'une masse grise en raccourci, ronde au sommet, assez pareille aux cerfs-volants. Heureux vieillard ! Il contemple chaque jour cette vue merveilleuse qui est mienne aussi pour une heure : entre le mur de la maisonnette et le dôme de l'église voisine, étincelant dans son revêtement de faïence jaune, il voit les terrasses et les toits innombrables qui descendent vers la mer, s'étirent en s'éloignant, deviennent un ruban moiré de blanc et de rose autour de la baie énorme, puis un collier de perles égrenées au pied du Vésuve, rejoignent Portici, continuent jusqu'à Torre-del-Greco, et se perdent dans les brumes vers Torre-Annunziata ; il voit tout le golfe, où les plus grands navires ont l'air d'allumettes qui fument, et la poussière des barques disséminées, et le ciel tout pâle de rayons. Peu à peu, remarquant l'immobilité du bonhomme, les deux enfants se sont approchés, et, avec des poses, des effarements, des rires étouffés, ont attaché leur cerf-volant à la boucle de son gilet.

Que peut bien avoir été ce Pappalardo ? Tout à l'heure je le supposais sorti de quelque métier de la rue. Ne serait-il pas plutôt ancien capitaine de pêche, ou de cabotage, dans les mers tranquilles de l'horizon ? Ce balancement rythmé de la marche...

Onze heures du matin. — La chaleur est forte. Pappalardo a regagné son appartement. Les enfants s'amusent, assis l'un près de l'autre, avec des pierres. Deux femmes sortent de la cabane aux volubilis, la mère et la fille évidemment, très semblables, brunes toutes deux, maigres, les traits fins. La plus jeune a seize ans peut-être, et elle est jolie. Elles viennent, en peignoir, achever leur toilette dehors. Le ménage est fait. Elles s'avancent, doucement, traînant leurs pauvres jupes blanches comme des robes de bal, sur l'asphalte craquelé. Arrivée près du mur de la rue, la mère s'assied, ayant le vide effrayant à sa gauche, et la fille, debout, commence à la coiffer. C'est vite fini, une coiffure de mère ! D'un tour de main, la petite Napolitaine a roulé le maigre écheveau noir en limaçon, elle y pique une aiguille, et tout est dit. A son tour maintenant ! Oh ! c'est plus long. D'abord, une forêt de cheveux, une broussaille crépelée, qui échappe au peigne, s'envole à la brise et fait sauter les épingles. La mère, qui s'est levée, commence à séparer toute une frange de frisons qu'elle dispose avec amour autour du jeune front couleur d'ambre. Puis, essayant de démêler le reste, elle le lisse avec la main, le dresse, le noue d'un ruban sur le sommet de la tête, édifie par-dessus un second étage en forme de colline, et la fille se relève, avec le plus coquet chignon, avec le plus joli casque pointu qu'on puisse rencontrer du largo San-Ferdinando à la piazza Dante. Les deux femmes se considèrent une minute, contentes, sourient pour se remercier, donnent un coup d'œil à des chemises qui sèchent sur le mur, et rentrent ensemble.

Moi, je sors.

Trois heures. — Les voici revenues sur la terrasse. Elles sont en toilette : la jeune fille en jupe rose, la mère en jupe mauve, assises de travers, l'une vis-à-vis de l'autre, sur le mur bordant la rue, ne faisant rien et visiblement disposées à ne rien faire. Le linge sèche tout seul, et l'après-midi est si chaude, si claire! Elles ne se parlent guère. Parfois seulement de petits mots, qui leur suffisent. Elles regardent les toits qui fuient, et la mer, vaguement. Entre temps, l'une d'elles croque une graine de melon qu'on appelle, je crois, là-bas, *spassatiempo*. Le bon Pappalardo, qui est remonté, lui aussi, dort, la tête sur le bourrelet de ciment qui limite son héritage, dans la raie d'ombre que fait le mur.

Tout à coup, un son de voix plus aigu, un cri familier de vendeur emplit la rue profonde, et s'élève iusqu'à la terrasse. La mère se penche, la fille court chercher une sorte de sébile attachée à une ficelle, et, plaçant un sou dans le fond, la laisse couler, le long de la façade, jusqu'au pavé. Je regarde. Un marchand de melons vient d'arrêter sa charrette juste au-devant de la maison. Tous les étages sont avertis. Et du premier, du second, du troisième aussi bien que de la terrasse, des corbeilles descendent.

Le marchand récolte les sous, met à la place deux tranches de melon blanc, et voilà toutes les ficelles qui remontent, tirées, comme des cordes de puits, à la brasse, par un peuple de locataires.

Mes deux voisines se mettent à manger chacune leur tranche, lentement, avec un peu de pain. Et je crois que c'est tout leur dîner.

Six heures. — Un garde civil en uniforme! Il arrive par la droite, où personne ne s'est montré de toute la journée. Viendrait-il arrêter Pappalardo, qui s'éveille, et, avec une élasticité de balle de caoutchouc, sursaute à son approche? Quelle erreur! C'est un galant, et, j'imagine, le *fidanzato* de la petite Napolitaine. Il frappe à la vitre. On rit à l'intérieur. On accourt. Lui, saluant militairement, pour demander la permission, embrasse la mère d'abord, la fille ensuite. Et rien que cet ordre rigoureux indique le sérieux et l'honnêteté de ses intentions. Évidemment, le garde civil a été relevé tout à l'heure de son service. Il doit avoir une foule de choses à raconter. La jeune fille n'en a pas moins à lui répondre. Et c'est un caquetage mêlé de rires, pendant cinq minutes.

Le bon Pappalardo s'avance. Pour la première fois de la journée, il franchit les frontières, il entre sur le bitume du second carré. On lui fait fête. On l'entraîne, on lui apporte une chaise, et pendant que le soir descend sur Naples, les quatre personnages, groupés devant le treillage vert, se livrent à un long bavardage dont la mimique est bien étonnante. Je remarque surtout l'animation croissante de Pappalardo. Sous ce bonhomme pacifique, un autre s'éveille. Il bat la mesure, il imite, avec cette élégance dans la farce que possèdent les gens du peuple à Naples, divers instruments d'un orchestre, il se lève même, et esquisse un pas de ballet, aux applaudissements de la terrasse, sous les premières étoiles étonnées.

Le soir se fait de plus en plus. Les enfants vont se coucher. Et je n'y comprends plus rien. Car les deux femmes restent assises, et c'est le garde civil qui emporte, l'un après l'autre, les deux gamins dans la maison. Encore un homme maternel! J'en avais vu d'autres. Mais porter au lit ses futurs beaux-frères, avec tant de bonne grâce, en uniforme, voilà un trait nouveau.

Le soir est tout à fait venu. Le phare s'allume, par-dessus les toits qui ne sont plus que de la nuit, au bord de la mer encore luisante un peu. Devant la maison aux volubilis, je n'entends plus rien. Elle épaissit l'ombre autour d'elle. Pappalardo a dû s'éloigner. Je n'aperçois plus que la lueur, par intervalles, d'une cigarette ou d'une pipe allumée, qui dénote la présence du *fidanzato*. Quelque chose d'amoureux flotte dans l'air, d'une douceur inexprimable. Seulement, dans la partie droite de la terrasse, un peu moins sombre et où rien n'a bougé pendant le jour, une forme blanche est assise, très vague. Elle se balance légèrement d'avant en arrière. et en mesure, sur le fond bleu de l'horizon; un grand éventail blanc se lève et s'abat comme une aile. Cause-t-elle avec un voisin qu'on ne peut voir? Rêve-t-elle, tournée vers la haute mer où la lune va paraître? Attend-elle? Qui le saura?

Désespérant de connaître tout le petit mystère de la terrasse, je sors, et je me rends au Sannazaro, pour juger au moins si Polichinelle se meurt.

Le théâtre est plein, l'orchestre, le parterre, les loges, d'une foule plus abandonnée naïvement à l'impression, moins correctement posée, plus vivante que chez nous, marquée d'un certain air de famille qui ne se rencontre pas même dans nos théâtres de province. Sur le rideau, il y a des Amours ou des Génies soutenant des banderoles. Et les banderoles portent deux noms français accolés à deux noms italiens : Cossa, Ferrari, Sardou, Dumas. Je les relis. Et la toile se lève, et je vois enfin ce rival de Pulcinella, le *Sciosciammocca* destiné, me disait-on, à remplacer le héros légendaire de tous les guignols de l'Europe.

Ames sensibles, rassurez-vous! La comédie était

bien jouée, Sciosciammocca très bien rendu. Il ne tuera rien. Je le connaissais avant de l'entendre. C'est un hybride, un Calino apprêté à la napolitaine, demi-bourgeois, demi-philosophe, zézayant, bébête et drôle surtout par le jeu de l'acteur. Il n'a pas l'esprit de Pulcinella, ni son humeur populaire et mordante, ni son rire de coquin observateur, ni son nez ni sa bosse, la bosse du génie. Les marchands de melons, les pêcheurs, les fabricants de pâtes, ni les tailleurs de gants ne se reconnaîtront en lui. Ils ne l'adopteront pas. Pulcinella continuera de vivre pour la joie des faubourgs et des enfants bien sages.

Comme je songeais ainsi, écoutant et riant, je fus frappé de l'insolence d'une clarinette qu'on entendait dans l'orchestre à de certains moments. Elle avait une mesure bondissante, une verve spiritue e et endiablée, je ne sais quelle façon agressive d'accompagner Sciosciammocca. Je me dressai pour voir par-dessus la balustrade, et j'aperçus... oui, Pappalardo lui-même, mon ancien capitaine au long cours mon ancien marchand ambulant, Pappalardo transformé, en veston noir, en cravate blanche, les joues gonflées, les yeux mobiles, jouant avec la tête, avec les bras, avec ses jambes ramassées, dépensant en deux heures la prodigieuse économie de forces qu'i avait faite tout le jour. C'était Pulcinella en personne, engagé dans l'orchestre de Sciosciammocca, combien plus vivant et plus amusant que l'autre! Et je compris alors, mieux que par de longs discours, qu'il n'y a point de mort à redouter pour un héros de théâtre qui a laissé de pareils descendants sur les terrasses de Naples!

XVIII

Naples qui donne

Pour le passant d'un jour, Naples est la ville du Vésuve et du Pausilippe, des fêtes continuelles et des barcarolles. On a eu quelque différend avec un cocher de fiacre, donc le peuple napolitain est querelleur; on vous a *fait* le mouchoir dans la rue de Tolède, donc ce peuple est voleur; vous avez vu de vos yeux le sans-gêne de la foule au miracle de saint Janvier, donc ce peuple est à demi païen; un chœur de faux pêcheurs a chanté trois romances sous les fenêtres de l'hôtel, donc ce peuple est musicien.

Le voyageur qui ajoute à ces souvenirs si personnels une chromolithographie représentant la rade bleue, le volcan rouge, la ville blanche, le tout aperçu entre deux pins parasols formant le premier plan, croit avoir emporté sa Naples bien complète : psychologie et paysage.

Les Italiens, les Napolitains surtout, protestent contre cette manière superficielle et vulgaire de juger leur pays. Ils sont prodigieusement agacés par ce qu'une femme d'esprit appelait chez eux « la petite rhétorique à base de golfe et de collines fleuries ». Et ils ont raison. Je crois que nous sommes plus justes envers les Anglais eux-mêmes.

D'abord, ce peuple si bruyant n'est pas gai, j'entends de gaieté habituelle. Gœthe avait observé déjà qu'il y a un fond de mélancolie dans l'exubérance napolitaine. Après lui, les juges les mieux renseignés ont répété que « les cantilènes populaires, les œuvres les plus réussies, révèlent en ce pays, plus qu'en bien d'autres, une sorte de mélancolie découragée » ; ils ont parlé de « cette langueur sentimentale, mélange de douceur et d'angoisse, répandue dans l'air de Naples ».

Comment en serait-il autrement, avec tant de misère?

Quand vous traversez Naples, ne vous contentez pas de la rue de Tolède, de la place du Plébiscite et de la riviera di Chiaja. Prenez le bras d'un ami, et faites-vous conduire dans les quartiers pauvres, autour de la via dei Mercanti, ou de la Vicaria, de l'autre côté de ces façades encore passables des quais, le long de la mer, là où les ruelles sont si étroites qu'une voiture ne peut s'y engager, si obscures que la nuit y tombe longtemps avant la fin du jour, si malpropres qu'on a peine à éviter les tas d'ordures, jamais enlevées, pourrissant aux deux côtés du ruisseau. Vous verrez les maisons sans air et sans joie qu'habitent les artisans, les chambres humides où vivent quatre, cinq, dix personnes et plus, pêle-mêle avec les chiens, les poules, quelquefois même les taupes qui sortent de dessous terre. On a calculé qu'un seul de ces îlots, traversé par cinq coupures appelées rues, de deux mètres de largeur et d'une trentaine de longueur, renfermait de quinze mille à seize mille personnes.

C'est là que se rencontrent les maisons borgnes de prêts sur gages, les appartements à cinq sous la nuit, les dépôts de chiffons, les fabricants de feux d'artifice, les pêcheurs obstruant le chemin, déjà bien resserré, de leurs nasses et de leurs filets ; c'est là que tournent et crient toute la journée les marchands ambulants ; c'est l'empire de la fièvre, de l'usure et de la loterie, qui s'unissent pour ruiner, corps et biens, cette race à moitié grecque, faite pour le soleil, le grand air et le chant.

Les habitations dont je viens de parler coûtent

dix, huit, cinq francs par mois de loyer. Et l'artisan napolitain ne peut payer davantage.

Il se nourrit à l'avenant, avec trois ou quatre sous. On n'imagine pas tout ce qu'on peut acheter, pour un sou, dans ces quartiers de misère! Demandez-le à cet ami qui nous accompagne. Il vous prouvera que pour un sou vous aurez une tranche de cette *pizza*, qui constitue le fond de la nourriture populaire, sorte de galette assaisonnée de tomate, d'ail et de poivre; — j'en ai goûté, c'est affreux! — que pour le même prix, vous aurez encore deux ou trois petits poissons frits, huit ou neuf châtaignes pelées, nageant dans un liquide roux, deux épis de maïs cuits à l'eau, une cuillerée de bouillie de courges pour étendre sur du pain, une livre de mauvaises figues, une douzaine de prunes ou deux tranches de ce melon rouge, dont les Napolitains sont si friands.

La viande, le vin, il n'y faut pas songer, ou si rarement! car Naples, la ville la plus populeuse de l'Italie, est peut-être celle où le travail est le moins payé. Il est avéré que les typographes reçoivent trois fois moins qu'à Rome, — en cela, d'ailleurs, les journalistes ne sont pas mieux traités, ainsi que je l'ai dit, — un maçon, un menuisier, se fait un franc vingt-cinq; un tailleur de gants, — et ils sont plusieurs milliers de cette profession, — quatre-vingts centimes. Les femmes qui ont un métier gagnent encore moins. La grande majorité n'en a pas, et, forcées par le besoin, par la faim qui tourmente les enfants, elles quittent le logis, après trois ou quatre ans de mariage, pour aller, tout le jour, faire le ménage des riches. Elles vont, à de grandes distances, exténuées par la marche et les privations, louer leurs services chez les bourgeois de la ville. On les paye dix francs par mois, sans nourriture. Mais elles vivent et font vivre *le creature* · c'es· tout ce qu'elles demandent.

Si vous voulez pénétrer maintenant l'âme de ce peuple pauvre, adressez-vous à ceux qui l'ont vraiment connu, vraiment aimé; lisez, par exemple, ces deux ouvrages si différents de ton et si fraternels d'inspiration : les pages émues, d'une éloquence superbe, d'un style ardent et pittoresque, écrites par madame Matilde Serao, sous le titre assez naturaliste : *il Ventre di Napoli*, puis l'histoire, en quatre volumes, de la charité à Naples, composée avec un amour patient, avec je ne sais quelle tendresse maternelle et communicative pour tous les *poverelli della mia Napoli*, par une grande dame que de grands deuils ont intéressée à toutes les douleurs humaines, la duche se Ravaschieri.

Ni dans l'un ni dans l'autre de ces livres, vous ne verrez niés les défauts du menu peuple napolitain, l'ignorance, la superstition, la fourberie, l'immoralité presque fatale, mais vous entendrez aussi la défense des accusés. Et combien persuasive! Madame Serao vous dira : « La race qui habite ces quartiers populaires, sans air, sans lumière, sans hygiène, n'est pas une race bestiale, sauvage, oisive; elle n'est pas désolée dans sa foi, ni enfoncée dans le vice, ni révoltée dans le malheur. Ce peuple de nature aimable aime les maisons blanches et les collines. Le jour de la Toussaint, quand Naples entière porte des couronnes à ses morts, sur la colline de Poggioreale, dans ce cimetière plein de fleurs, d'oiseaux, de parfums et de marbres, on l'a entendu dire ce mot charmant : « O Jésus, je voudrais mourir » pour être ici! » Il préfère, ce peuple, les couleurs gaies; il orne de houppes et de bouffettes les chevaux de ses charrettes, arbore des panaches éclatants, les jours de fêtes, porte au cou des mouchoirs écarlates, pose une tomate sur un sac de farine pour obtenir un effet pittoresque, et c'est lui qui a créé ce monument brillant de cuivre, de bois peint, de citrons parfumés, de verres et de bouteilles, qui est une fête pour les yeux et s'appelle la boutique du vendeur d'eau. Ce peuple, qui aime la musique, et sait la jouer, qui chante avec tant d'amour et de mélancolie que ses chansons donnent un serrement de cœur, et causent à l'exilé une invincible nostalgie, possède une sentimentalité expansive qui se répand dans l'harmonie musicale. »

Goût du pittoresque, musique, nature aimable, cela n'est pas suffisant, direz-vous, pour excuser le reste. Je le sais bien. Et si vous demandez des qualités plus hautes, pour relever dans votre esprit ce pauvre peuple napolitain, on vous répondra par la meilleure de toutes, qui fait beaucoup pardonner : la charité. D'abord, l'obscure charité qui se traduit en services de voisinage, en mille façons ingénieuses d'assistance qu'une misère invente pour une autre. On vous montrera comment les mères s'entr'aident pour garder ou même pour nourrir leurs enfants. Celles qui restent à la maison, plutôt que de voir dépérir le nourrisson de la voisine obligée de travailler au loin, donneront leur lait au petit étranger, et le sauveront, et l'aimeront comme un fils. On vous dira les sacrifices, les privations de toutes sortes que s'imposent de pauvres femmes, de pauvres filles, pour procurer quelques douceurs, des oranges, un peu de viande, un peu de vin à des parents, ou même simplement à des malades du quartier, et la sympathie vite éveillée parmi ces misérables, et l'élan de compassion que cause au milieu d'eux le malheur d'un passant.

Je ne citerai que deux traits, parce qu'ils sont d'une couleur locale bien vive et bien jolie.

« Une jeune cuisinière avait été soignée à l'hôpital, pour une pneumonie. Elle s'était guérie, et, pâle, épuisée, finie, s'en était allée. Cependant l'hôpital, pour la secourir encore, lui accordait, chaque matin, quatre doigts d'huile de foie de morue, qu'elle devait venir chercher là-haut. Elle arrivait donc tous les matins avec son verre. Et il en fut ainsi jusqu'à sa guérison. Alors on lui déclara qu'elle n'aurait plus droit au médicament. La jeune fille rougit, pâlit, pleura, supplia la religieuse que, par charité, on continuât de lui donner l'huile, et on finit par apprendre que, cette huile, elle s'en privait pour en faire aumône à une pauvre femme qui, surmontant le dégoût naturel, se servait de la drogue pour assaisonner son pain, ou pour faire frire un sou de poivre d'Espagne.

» Je me rappelle encore ce fait. Un jour, dans le largo Consiglio, une femme enceinte, prise des douleurs de l'enfantement, s'étendit sur des marches et accoucha sur la voie publique. Aussitôt, grand émoi dans le quartier. Elle se taisait, mais les autres femmes, apitoyées, criaient et pleuraient. En peu de temps, de tous les bouges, de toutes les boutiques, de toutes les soupentes d'escalier, on apporta de petites brassières, des langes pour envelopper le nouveau-né. Une mère proposa le berceau de son fils mort Une autre baptisa l'enfant, et lui fit le signe de la croix sur le visage. Une troisième se mit à faire une quête dans les environs. Une quatrième, domestique, offrit de se louer, et se loua, en effet, au bénéfice de la pauvre accouchée. La boulangère d'à côté partagea son lit avec la jeune femme ; le boulanger dormit pendant dix jours sur une table, avec un sac pour oreiller; et la pauvre misérable pleurait d'attendrissement chaque fois qu'elle embrassait son enfant. »

Ce sont là des traits de la vie quotidienne et populaire. Mais la charité qui s'y révèle apparaît bien autrement belle, quand on la considère dans ses fondations durables, dans cet ensemble d'hôpitaux, d'asiles, de refuges, d'écoles, de confréries, d'orphelinats, qu'on a coutume de désigner sous le nom d'œuvres pies. Tout affaissées que semblent plusieurs d'entre elles, gênées par les cadres trop lourds d'anciennes organisations, à demi ruinées par le fisc, convoitées par les uns comme une proie, méconnues par les autres, elles vivent encore, elles remplissent une partie de leur mission d'origine. Et, pour leur histoire passée, je ne sais pas s'il en est de plus attachante ou de plus curieuse.

Voici, par exemple, la *Santa Casa dell' Annunziata*, une des œuvres les plus anciennes et les plus populaires de Naples. La duchesse Ravaschieri nous raconte que deux gentilshommes, Jacques et Nicolas

Scondito, prisonniers de guerre, gémissaient et soupiraient après le beau ciel de Naples. Se souvenant d'une image vénérée de l'Annunziata, ils firent vœu, s'ils retournaient dans la patrie, d'édifier une église et un hôpital. Leur vœu fut exaucé. Rapatriés en 1322, par suite d'un échange de prisonniers entre les Pisans et le duc d'Anjou, les deux frères se mettent en devoir de construire d'abord l'église, et bientôt l'hôpital. Création bien nécessaire, car il n'y avait guère debout, à ce moment, que l'hospice de Saint-Éloi. Mais deux fondations seulement pour tant de misères à secourir, misères de corps et misères d'âmes! On ne s'arrête pas en si bon chemin. Les membres de la confrérie, gens de noblesse ou bourgeois, à laquelle, suivant l'usage, le soin de l'hôpital était confié, avaient coutume, les uns disent tous les vendredis, les autres le vendredi-saint seulement, de parcourir les rues de la ville pendant la nuit, en se frappant à coups de discipline et en récitant des prières à haute voix. Une nuit ils rencontrèrent, abandonnée sur la chaussée, une petite fille enveloppée de langes qui portaient cette inscription : « Jetée là par pauvreté ». Il faut la conduire à notre hôpital, pensèrent-ils, à la Santa Casa dell' Annunziata. Ce qu'ils firent. Puis, songeant que beaucoup d'autres *créatures*, — c'est le mot du pays pour désigner les nouveau-nés, — périssaient ainsi chaque année, faute d'une maison qui les recueillît, ils fondèrent un asile pour les enfants abandonnés.

L'œuvre des enfants abandonnés fut aussitôt populaire, et, pendant des siècles, les Napolitains, pour en assurer la vie, firent des prodiges de générosité. Les gentilshommes donnaient de grosses sommes. L'un d'eux s'engageait à payer mille ducats chaque fois qu'il succomberait à la tentation du jeu. Un autre en promettait cent. Presque tous laissaient en mourant un peu ou beaucoup de leurs biens à la charitable maison. Un calcul, fait au commencement du XVIIIe siècle, établit qu'elle avait reçu, à cette époque, plus de trente mille legs. La seule famille des Caracciolo avait fait vingt et un testaments en sa faveur, et celle des Caraffa presque autant. Le peuple donnait aussi, à sa manière. Un grand nombre de pauvres femmes s'offraient à nourrir de leur lait, sans rémunération, les enfants de l'asile, et celles qui louaient leurs services savaient, à l'occasion, montrer qu'elles étaient mieux que des mercenaires, et qu'une sorte de maternité adoptive les attachait à leurs nourrissons. On le vit bien, un jour de crise financière, quand les directeurs de l'œuvre pie annoncèrent qu'ils ne pourraient plus payer le salaire promis, et que les femmes avaient le droit de rapporter les enfants à la Santa Casa où elles les avaient pris. « Nous sommes pauvres, répondirent-elles unanimement, mais nous n'abandonnerons pas nos créatures. La Vierge sainte nous aidera! » Et pas une ne refusa d'élever gratuitement l'orphelin dont elle était chargée. Ce n'est pas tout. Les garçons qui grandissaient étaient placés chez des artisans, qui croyaient faire une bonne œuvre en les accueillant sous leur toit. Les filles trouvaient facilement un mari, non pas seulement à cause de la petite dot fournie à chacune d'elles et des talents de ménagères qu'on leur reconnaissait, mais pour une autre raison, toute naïve. Les ouvriers, les marins surtout, montraient une préférence marquée pour ces « filles de la Madone », dont la présence à leur foyer leur semblait un gage de bonheur. Et, en cas de danger, ils promettaient souvent de ne pas aller chercher femme ailleurs qu'à la Santa Casa.

Il en est de même aujourd'hui. A travers bien des vicissitudes, l'Annunziata a gardé la faveur des premiers temps. Le peuple est demeuré fidèle à ce culte de pitié pour les petites créatures délaissées. Pour lui, l'illégitimité de la naissance, l'infamie quelquefois, est effacée par l'admission dans l'orphelinat. Quand une femme a perdu son enfant, elle s'en va, un dimanche, avec son mari, portant au cou « le foulard noir qui est tout son deuil ».

Ils se rendent à l'Annunziata, et, parmi les deux mille pensionnaires de l'œuvre, choisissent la plus jolie enfant qu'ils peuvent trouver. Ils l'emportent, après avoir fait leur déclaration au directeur. Désormais la petite délaissée a une famille. S'il lui survient des frères et sœurs, elle ne se sentira pas étrangère au milieu d'eux. Même elle sera presque toujours aimée d'un amour de prédilection. Dans tout le petit monde de son âge, elle sera la plus gâtée, la moins souvent battue. Et la mère adoptive, pour excuser sa faiblesse, aura ce mot charmant : « Pauvrette, je n'ai pas le cœur de la battre : c'est une fille de la Madone ! »

A côté de cette œuvre d'assistance pour les enfants abandonnés, en voici une autre destinée au soulagement d'autres misères, l'hôpital de *Santa Maria del Popolo degl' Incurabili.* Grande fondation également due à l'ardente charité de deux femmes à jamais réunies dans l'histoire et dans la légende. De la première de ces femmes, on connaît à peine l'origine. On sait seulement qu'elle s'était mariée à Naples, et qu'elle resta veuve, très belle et très jeune, d'un gentilhomme catalan, de la suite du roi Ferdinand le Catholique, qui s'appelait Giovanni Lonc. Empoisonnée par une fille de charge, à laquelle elle avait reproché son inconduite, Maria-Lorenza Lonc recouvra la santé à Lorette, et, depuis lors, se voua au service des pauvres. Elle les servit d'abord dans l'hôpital des gens de mer, bâti non loin du château de l'Œuf, et doté magnifiquement par la reine Jeanne. Puis, comme le sacrifice appelle le sacrifice, elle voulut se dépouiller de toute sa fortune, et fonder un hôpital pour les malades de tous pays et de toute religion. Et, quand elle eut réalisé sa généreuse pensée, quand le nouvel édifice s'éleva sur l'emplacement d'une ancienne fondation pareille, appelée *di Santo Agnello*, et qu'elle se vit chargée d'un si grand nombre d'infirmes, Maria Lonc, ayant tout donné, se fit quêteuse par charité. Cela se passait vers 1522. On la rencontrait, tendant la main, à la porte de son hôpital, et chacun admirait qu'une si grande dame, dont le mari avait tenu l'une des premières charges de la cour, se réduisit volontairement à cette humiliation.

Maria Lonc avait une amie et une émule en Marie d'Aragon, descendante de rois et veuve du duc de Termoli. Celle-ci, éprise du même violent amour des pauvres, soignait dans l'hôpital des Incurables les malades les plus rebutants. Elle avait aussi grande pitié des femmes tombées, et pour elles, jusque-là bien abandonnées, elle avait bâti le monastère *delle Convertite*.

Quant au peuple, objet d'un pareil dévouement, il vénérait Maria Lonc et la duchesse de Termoli à l'égal de deux saintes, et, ne sachant comment leur rendre le bien qu'il recevait d'elles, il leur fit une légende. Lorsque toutes deux furent mortes, on suivit le désir, qu'elles avaient chacune exprimé, d'être réunie dans la même tombe avec la compagne de toute sa vie. La foule se porta en masse aux funérailles de la duchesse, qui avait survécu. Et les vieux historiens racontent que, le cercueil de Maria Lonc ayant été ouvert, on vit le bras de la morte se soulever vers le cou de son amie.

Quelle touchante histoire encore, presque une idylle, ces débuts du *Reale Albergo dei Poveri*, monument colossal, qu'on aperçoit, comme une longue ligne blanche, au milieu de la ville découpée et montueuse, quand on arrive par mer, le plus vaste palais du royaume, selon le vœu de son fondateur, qui abrite aujourd'hui plus de deux mille cinq cents pauvres, et possède plus d'un million de rentes !

Nous sommes au premier tiers du XVIIIe siècle. La reine Marie-Amélie a travaillé aux ornements de la chapelle palatine et fait de la charpie pour les hôpitaux. Elle se met à habiller des bergers, des bergères et des rois mages, pour la crèche de Noël, une des merveilles de la cour. Pendant ce temps, une dame d'honneur, qui voit la reine tout absorbée dans la composition d'un dessin de perles pour la robe d'une paysanne, lui raconte une histoire. Et comme elle sait la souveraine fort encline aux œuvres de charité, elle parle de ce qui s'est passé à Gênes, grande ville aussi, où l'on a fondé un refuge pour les mendiants. Comment une pareille maison manque-t-elle à Naples ? Comment peut-on laisser tant de vagabonds dans les rues, sans asile, exposés au froid de la nuit ? Vraiment, ce qu'on a fait à Gênes serait encore plus utile ici. On s'y est pris de telle façon. Elle cite plusieurs beaux traits, celui, entre autres, de ce marquis de Brignole qui, après avoir dépensé sa vie et sa fortune à relever l'*Albergo dei Poveri*, avait voulu être enseveli dans la chapelle de l'hospice, désirant reposer, disait-il, « sous les pieds de ces pauvres que j'ai grandement aimés ». La reine écoute, s'émeut, s'enthousiasme pour la cause nouvelle qu'on lui donne à plaider devant le roi. Oh ! une facile plaidoirie, pour celle dont Charles III répète : « Amélie et la chasse, voilà les deux amours de mon cœur ! » Elle n'a qu'à dire : « Je désire ». Son mari, aussitôt, adopte le projet. Il ouvre largement les caisses de l'État. La reine donne tous ses bijoux. Toute la noblesse du royaume entre dans la fraternité laïque organisée pour le soutien de l'œuvre. Les banques souscrivent. Deux des architectes refusent de se faire payer. Et l'on commence, dans un accès de générosité presque folle, un palais de proportions telles qu'il faudra des millions et plus de cinquante années pour l'achever.

Un volume ne suffirait pas à esquisser l'histoire et la physionomie des œuvres charitables de Naples. Avec celles que j'ai nommées, combien d'autres à étudier ! Ce serait l'hospice des saints Pierre et Janvier, dont les pensionnaires, presque tous anciens domestiques ou anciens cochers de fiacre, avaient coutume de suivre et suivent encore quelquefois les funérailles des riches, moyennant une légère aumône : trois francs s'ils sont en habits de deuil, un franc trente-six centimes avec le manteau bleu et la banderole, et quelques centimes seulement quand la banderole est absente ; le *Pio Monte della Misericordia*, Association formée, au XVIIe siècle, entre sept gentilshommes qui s'étaient assemblés, un matin, pour aller joyeusement déjeuner au Pausilippe, et, subitement saisis d'une pensée généreuse autant qu'imprévue, décidèrent d'employer le prix de la collecte, — nous dirions de la cagnotte, — au soulagement des pauvres, et convinrent de se retrouver à jours fixes, et de se consacrer chacun à l'une des sept œuvres de miséricorde ; l'hospice *dei Pellegrini*, bâti pour héberger les pèlerins qui se rendaient à Rome, aujourd'hui transformé en un grand hôpital de douze cents lits pour les blessés ; ce seraient encore plus de cinquante asiles ou refuges pour les femmes et les jeunes filles, et près de deux cents confréries, écloses la plupart au XVIe siècle, devenues, au cours des temps, assez semblables à nos Sociétés de secours mutuels, mais conservant du passé un caractère religieux, certaines coutumes originales, adonnées de plus au soutien des œuvres que j'ai citées et possédant ensemble plus d'un million de revenu.

Il y a là, dans l'histoire et l'organisation de ces œuvres pies, la matière d'un bien beau livre ; il y a toute une Italie digne de respect et d'admiration. Je laisse à d'autres, qui pourront l'entreprendre, un si bel et si attachant ouvrage, qui demanderait des années de séjour au bord du golfe, et je veux dire seulement quelques caractères de cette charité méridionale qui m'ont frappé, montrer par où et comment la bienfaisance napolitaine me paraît se distinguer de la nôtre.

En premier lieu, les œuvres pies de Naples offrent ce phénomène que toutes ou presque toutes, à un point de leur durée, ont tenté d'embrasser l'universalité des souffrances humaines. Filles d'une foi ardente qu'enhardit encore l'enthousiasme des peuples du midi, elles semblent incapables de ne pas se prodiguer. Elles s'ouvrent au premier appel d'une misère qu'elles n'avaient pas prévue et qui crie vers elles. Les fondateurs avaient créé un hôpital.

Ils rencontrent une petite fille abandonnée : vite un orphelinat ! L'orpheline grandit : ne faut-il pas lui créer une dot ? Des femmes de mauvaise vie manifestent quelque désir de s'amender : si on bâtissait un refuge ? si on ajoutait une aile aux bâtiments anciens, pour une maison de maternité, une autre pour une école gratuite ? Et quand on aura fait tout cela, il se trouvera un donateur qui engagera le *pio luogo* à s'occuper des pauvres honteux, des prisonniers si mal nourris, des captifs exposés aux traitements barbares des pirates africains. C'est comme une floraison de vingt fleurs différentes greffées sur le même tronc, ou, pour prendre une comparaison plus réaliste, comme nos grands magasins qui réunissent toutes sortes de commerces et s'ingénient à prévenir les demandes les plus disparates, ameublement et parfumerie, couvertures de voyage et vaisselle plate. Sans doute, de temps à autre, une de ces branches trop nombreuses cédera, et tombera. La multiplicité des charges, l'extrême facilité de l'accueil amèneront des crises financières, des ruines partielles, et l'œuvre se relèvera difficilement, épuisée par l'excès même de son zèle et la grandeur de sa pitié. Que dire à cela ? Certains peuvent blâmer. J'avoue que je suis plus disposé à m'émerveiller de cette charité fougueuse, et à goûter ces dévouements qui vont un peu au delà de la raison.

Un autre trait bien caractéristique, c'est le grand nombre de fondations en faveur des jeunes filles et des femmes, spécialement des orphelinats et des dots. On peut avancer très sûrement que l'immense majorité des œuvres pies, même les plus étrangères par leur objet immédiat à la protection de l'enfance, distribuaient et distribuent encore de petites dots de deux cents, trois cents, cinq cents francs, tantôt à des enfants trouvés, tantôt à des jeunes filles appartenant par leur naissance à une corporation, ou même à de jeunes patriciennes ruinées. Jamais en France cette forme de la charité n'a pris un pareil développement. Les Italiens, au contraire, ont toujours vu là une façon d'aumône délicate entre toutes, et l'on se souvient peut-être que le grand Buonaroti aimait à la pratiquer et disait à son neveu Léonard : « Cherche quelque citoyen de bonne famille dans l'étroitesse, ayant une fille dans sa maison ; je l'aiderai volontiers, en vue du salut de mon âme. » Nuances de sentiment chez les individus, sans doute, mais plus sûrement encore différences profondes dans l'état social des deux pays. A Naples, où le peuple est si pauvre, les enfants sont presque abandonnés. Ils sont confiés aux voisins, aux sœurs déjà grandes ; ils s'élèvent seuls ; ils ne savent rien ; ils n'ont rien. Si la mort prend le père, et la mort vient vite dans cette misère, que deviendront-ils ? Que deviendront les filles surtout, si un asile ne s'ouvre pas pour les recueillir, les instruire un peu, leur enseigner ce qu'elles n'ont peut-être pas vu chez elles, en quoi consiste la tenue d'un ménage ? Mais qu'au contraire à cette première charité une autre s'ajoute, une petite dot : aussitôt les abandonnées se transforment en bons partis. Elles seront recherchées. Et l'artisan, le pêcheur, le contadino qui les aura obtenues en mariage pourra dire avec un orgueil naïf : « *Sono contento, la mia moglie ha l'arte !* Je suis content ; ma femme sait travailler ! » Voilà pourquoi cette œuvre des dotations est une des plus populaires, là-bas. J'ajoute, des plus achalandées. Tout récemment je voyais la liste des heureuses gagnantes de la dot de six cent quarante-sept francs cinquante centimes laissée par la princesse de Linguaglossa à des filles pauvres de Palerme. Il y avait, pour quarante-six dots, onze mille trois cent trente-trois inscrites !

On est encore frappé, en parcourant les annales de la charité napolitaine, du rôle considérable joué, dans cette histoire, par les banques locales, et de la grande faveur où les habitants tiennent ces institutions de crédit, particulièrement le *Banco di Napoli*. A chaque instant, ces banques interviennent, soit pour donner, soit pour prêter à long terme dans les crises financières des hôpitaux, asiles, fondations de toutes sortes, si bien qu'elles participent de quelque manière au caractère bienfaisant des établissements qu'elles secourent. On comprend mieux alors comment le projet de fondre le Banco di Napoli avec d'autres banques du royaume rencontre tant de résistance à Naples. Il froisse les plus chers intérêts, les plus vieilles traditions. Et Naples sait bien que, le Banco disparu, la nouvelle Banque d'État n'aurait plus de ces tendresses pour la misère des petites gens.

Enfin, l'originalité des œuvres napolitaines se révèle jusque dans les causes qui les ont affaiblies. Celles-ci sont nombreuses. On peut citer les dissentiments entre les gouverneurs et les membres des confréries, dissentiments plus fréquents dans ce pays italien, terre d'individualisme, dont on a pu dire : *Troppo teste, troppo feste, troppo tempeste;* l'exagération des dépenses d'administration et des impôts; les excessives libéralités de certaines époques; les décrets de centralisation rendus sous la domination française, et d'autres causes encore. Mais il en est une dernière que je veux expliquer, parce qu'elle est curieuse et touchante à sa manière.

Une des raisons qui ont amené la décadence des œuvres pies à Naples, c'est le trop grand nombre des *oblates*. On appelait ainsi les filles qui, élevées dans les orphelinats ou les refuges et non établies par mariage, demeuraient dans le *pio luogo* souvent jusqu'à la mort. Il semblait aux généreux protecteurs des *conservatoires* ou des hospices qu'ils ne pouvaient refuser asile à ces délaissées qui avaient une fois été adoptées par eux. Elles vivaient, dans un état voisin de la vie religieuse, non astreintes cependant à des vœux. Et leur nombre diminuait, jusqu'à les épuiser, les ressources destinées à un tout autre emploi. On se demande alors pourquoi elles ne se plaçaient pas, pourquoi elles n'entraient pas au service des riches. C'est là précisément que j'en voulais venir. Non, elles ne se faisaient pas servantes. Et le motif est des plus jolis qu'on puisse trouver.

« Elles étaient bien peu, dit la duchesse Ravaschieri, les orphelines admises dans les maisons aisées ou princières, non pas que ces enfants, sorties des établissements charitables, ne fussent pas capables de gagner leur vie en travaillant, mais pour une raison de sentiment des anciens habitants de Naples. De même qu'il arrive encore à nos braves femmes du peuple d'aimer de tendresse particulière, et plus que leurs propres enfants, les pauvres abandonnés de l'Annunziata qu'elles appellent enfants de la Madone, ainsi, dans les familles patriciennes, au temps jadis, l'orpheline n'aurait jamais été confondue dans le travail commun de la domesticité. Un sentiment de pitié et de charité, né de cette foi qui avait tant exalté les pauvres, la faisait considérer, je dirais presque comme la fille adoptive de la noble dame ou de la pieuse bourgeoise qui l'avait recueillie. Et, si un serviteur se fût permis de traiter sans respect, et d'égal à égale, la petite orpheline, elle aurait répondu, — cela s'est vu plus d'une fois : « Mais vous ne savez donc pas que je vis ici de la charité de mes maîtres? »

C'est sur ce mot-là que je veux finir. Lui et plusieurs autres m'avaient touché. Je les ai répétés. Peut-être me fais-je illusion? Il m'a semblé qu'ils complétaient heureusement la physionomie d'un peuple renommé seulement pour sa folle gaieté. Aujourd'hui, quand je songe à Naples, et j'y songe souvent, je revois la ville au très beau ciel, au golfe bleu, aux sérénades en parties chantées devant les hôtels; mais je revois aussi, et je l'en aime mieux, Naples qui souffre, Naples qui pleure, Naples qui donne.

FIN

TABLE

ÉMILE COLIN — IMPRIMERIE DE LAGNY — 10096-1-04.

www.ingramcontent.com/pod-product-compliance
Ingram Content Group UK Ltd.
Pitfield, Milton Keynes, MK11 3LW, UK
UKHW031832260826
14628UKWH00001B/343

9 782013 623919